GPS捜査と
プライバシー
保護

位置情報取得捜査に
対する規制を考える

保護

指宿 信 編著

現代人文社

◎はしがき

1 刊行の目的

　2017年3月15日、最高裁判所大法廷は、被告人所有の車両を含め19台の車両に約7カ月間にわたってGPS記録装置を承諾のないまま取り付けてその位置情報を収集する捜査が行われていた事案に関わって、そうした手法について「個人の行動を継続的、網羅的に把握することを必然的に伴う」ため、「個人のプライバシーを侵害し得る」と位置づけた上で、刑訴法上特別の根拠規定がなければ許されない強制の処分に当たるという歴史的判断を全員一致で下した。

　最高裁判所が、特定の捜査手法に関して立法府の定めを求める異例の態度を示したことは驚きをもって迎えられた。しかし、それにとどまらず、GPS捜査の強制処分性の根拠に関して、憲法35条による保護が条文上明記されていない「私的領域」に及ぶという解釈を示した上で、GPS捜査がかかる領域を侵害することになるという法創造とも呼べる理由づけを示したことも大いに議論を呼ぶこととなった。

　その大法廷判決から1年が経とうとしている。これまで判決の射程や理由づけについて多様な解釈や見方が示されてきたが、判決が「立法の必要」を明言した以上、わが国でGPS捜査やそれに類する位置情報を探索するための捜査手法を実行するとすれば、それを規律する法制度が必要となるはずである。今後、立法を進めるとすれば、プライバシーに配慮しつつ情報技術の発達した今日の状況に相応しく、位置情報取得捜査の手続から、用いられる技術や執行報告、取得された情報の管理や被処分者の権利保護にまでわたるきめ細かなルールの制定が求められるはずである。

　本書は、GPS捜査（あるいは類似の監視型捜査）を規律する立法論の前提となる視点や知見を提供することを目的として編まれている。そのために、若手研究者を中心に、憲法や刑事訴訟法、比較法分野から気鋭の研究者に寄稿をお願いすることとなった。加えて、法的規制の前提となる技術論や、GPS捜査が争われた裁判例で捜査の違法性を争った弁護人にも経験を元にした寄稿を求めた。

2 本書の構成

　本書は大きく3部に分かれる。第1部は総論に該当し、GPS技術を用いた捜査手法の特性とプライバシー論との関わりが技術的観点を含めて網羅的に論じられる。第2部は比較法的検討で、諸外国でのGPS等を利用した捜査手法を規律する法制度を概観する。第3部は、大法廷判決の意義の分析とともに我が国におけるGPS捜査裁判に関与した弁護人からのケース報告を収める。

　まず序章では、GPS技術を用いた位置情報取得捜査全般について、今般の大法廷で取り扱われた「GPS捜査」を含めて、手法・手段を異にする捜査方法を概観し、その定義を確認する。

　第1部では、第1章「追尾監視型捜査の法的性質」が、これまで知られてきた様々な監視型捜査手法とGPS捜査との比較を通じてGPS捜査の特性を描き出す。

　第2章「GPS捜査とプライバシー保護」は、立法に当たって踏まえるべきポイントについて憲法学の立場から問題を整理する。とりわけ、技術の進歩が現在においては予測できないほどのプライバシーと自由への脅威となることを踏まえた未来志向の立法を強調する。

　第3章「GPS大法廷判決とGPS監視捜査立法」は、刑事訴訟法学の見地から大法廷判決の論理について考察を加え、GPS捜査に令状が必要となった場合、憲法35条の求める「正当な理由」の判断につき令状裁判官が位置情報と犯罪との関連性を判断することの困難性が指摘される。

　第4章「GPS捜査の技術的発展と最高裁判決の射程」は、技術論の観点から、メディア、裁判例そして法学者におけるGPSという仕組みに対する無理解を指摘するとともに、GPS機能を内蔵した携帯端末から位置情報を取得する手法について問題を提起する。

　第5章「監視の時代とプライバシー」は、公道上での現行犯時の写真撮影を適法とした1969年の大法廷判決と、今般の大法廷判決の2つを比較しながら、公共空間においても憲法35条の侵害可能性が認められた以上、これまで任意捜査とされてきた様々な監視型捜査について見直しの必要性があると論

じる。

　第２部では最初に、今般の大法廷判決に影響を与えたと言われている2012年の最高裁ジョーンズ判決を産んだ米国について、第１章が取り扱う。州レベルでは20以上の州で立法があることが紹介されるが、理論面については、一個一個のプライバシーの期待に対する侵害が小さい場合でも情報を紡ぎ合わせることによって大きな侵害を生み出されるとする、いわゆる「モザイク理論」の視点を取り込むことの困難さが示される。

　第２章は秘匿捜査に対する包括的な規制の枠組みを擁するイギリスを扱う。位置情報取得のみならず、通信・会話の傍受や身分秘匿捜査まで幅広く規律の対象とするイギリスでは、行動監視を「特定監視」と「侵害監視」に分けてGPS捜査は侵害性の低い前者に分類されていることが紹介され、司法による規律対象となる行動監視とそうでないものとを区別し段階的に規律手法を分けている点を参照すべきとする。

　第３章はドイツを扱う。ドイツではGPS捜査のみを対象とした立法は存在せず、監視捜査を短期監視捜査（24時間以内もしくは２日以内）と長期監視捜査（３カ月以内）に区分して規制する法律が制定されており、要件や手続がそれぞれ異なっている。GPS捜査はそうした監視立法の枠組みの中で統制され、裁判官による事前規制（予防的規律）を中心に組み立てられ、秘密捜査全般について事後的に聴聞の機会を保障するなど重層的な個人のプライバシー情報を保護する。

　第４章は、2014年に規制法を制定したばかりのフランスの紹介である。フランスでは、検察官許可の場合は15日以内の、裁判官許可の場合は１カ月以内の、GPS利用が許されている。失踪者捜索や盗品捜査を目的とした場合や死因不明の場合まで利用を具体的に許容するなどきめ細かな制度設計が特徴的である。

　第５章は、令状審査による事前規制のみならずオンブズマン制度を利用した事後的な査察を含む、監視機器を利用した捜査を包括的に規制するオーストラリアを紹介する。令状発付の詳細な要件が定められる一方で、説明責任

の観点からオンブズマンが捜査機関により収集された記録の保管や廃棄まで幅広い査察項目を実施している点がユニークである。

第6章は、現在直接GPS捜査を規制する根拠を持たないEUにおいて、個人情報の保護に関わる法的制度的枠組みが概観した後、それらを手がかりに位置情報の取得が規制される可能性として、法規、独立機関による監督、司法的救済の3つの道筋を示す。今後、自動車等の公道上での位置履歴のみならず、盗品や船舶・飛行機など国境を超えた対象物の移動を探索する捜査の場合に大いに参考となろう。

最後に、わが国と同様、現在GPS捜査を直接規律する法規を持たない韓国についてコラムを置いた。通信秘密保護法を利用して位置追跡資料を収集しているが、学説もまだ発展途上にあるようで、わが国で位置情報取得捜査に関する規制法が成立した場合、その影響は小さくはないだろう。

最後の第3部では、第1章「最高裁判例と強制処分法定主義、令状主義」が、強制処分法定主義と令状主義の関係について従来の伝統的な解釈から離れる契機を大法廷判決の中に見出すと共に、GPS捜査を立法により規律しようとする際に直面すると予想される課題について整理する。第2章では、今般の大法廷判決の事案について弁護人の立場からGPS捜査の強制処分性を争うために取り組んだ多彩な弁護活動が、第3章では、令状主義違反を認めた裁判例について弁護側の主張内容が整理されると共に証拠を排除した決定内容が、第4章では、重大違法を認めるに至った裁判所の判断と弁護活動のポイントが、それぞれ報告されている。これらの報告には、個別事案におけるGPS装置の利用実態が紹介されており、警察庁からこれまでのGPS捜査の実態について何ら公表されていないところ捜査現場での使用状況の一端が明らかになっている。

終章では、立法に向けた基本的な視座を提示し、立法の効果や監視捜査全般との関わりなど総括的な展望を示す。

巻末には資料として、堀田尚徳氏（北海道大学大学院助教）の協力により本書編集時点までに確認された国内関連文献がリストされている。また、公

刊物未登載を含めた国内の関連裁判例と海外の立法比較が収められている。

3　急がれる立法

　さて、大法廷判決後に警察庁からGPS捜査を見合わせる内容の通知が出された伝えられている一方で、最近、大法廷判決後にも捜査官が自分でリースした私物のGPS発信装置を捜査対象車両に装着していた事実が発覚したと報道がなされている（2017年12月27日付朝日新聞名古屋版23頁など）。このことは、これまで任意捜査という位置付けで実施されてきた捜査手法が、たとえ違法と判断されたとしても容易に継続できる監視捜査の特性を如実に示すと同時に、監視装置の規制を含めた「私的領域」の侵害可能性を有する捜査手法に対する規律の困難さを示している。そしてまた、捜査現場では位置情報取得捜査が必要不可欠と考えられていて立法による統制が喫緊の課題であることも明らかにしている。

　本書が今後のGPS捜査を含めた監視捜査に対する規律のための法整備の必要についての理解を促すとともに、具体的な法案の策定に関わって参考とされることを心から願う次第である。

大法廷判決一周年を前に
執筆者を代表して　指宿　信

◎編者・著者一覧

●編著者

指宿　　信　いぶすき・まこと　成城大学教授

●執筆者（執筆順）

宮下　　紘　みやした・ひろし　中央大学准教授

斎藤　　司　さいとう・つかさ　龍谷大学教授

高木　浩光　たかぎ・ひろみつ　産業技術総合研究所

尾崎　愛美　おざき・あいみ　慶應義塾大学大学院助教

丸橋昌太郎　まるはし・しょうたろう　信州大学准教授

小木曽　綾　おぎそ・りょう　中央大学教授

中西優美子　なかにし・ゆみこ　一橋大学大学院教授

安部　祥太　あべ・しょうた　青山学院大学助教

緑　　大輔　みどり・だいすけ　一橋大学教授

亀石　倫子　かめいし・みちこ　弁護士

有馬　　慧　ありま・けい　弁護士

坂根　真也　さかね・しんや　弁護士

堀田　尚徳　ほった・ひさのり　北海道大学大学院助教

GPS捜査とプライバシー保護

位置情報取得捜査に
対する規制を考える

GPS技術とGPS捜査の定義

指宿 信

成城大学教授

1. はじめに

　捜査対象者の位置情報を技術的に取得する手法は様々に存在するが、GPS機能を利用した捜査とプライバシー保護との関係が問題となった平成29年3月15日最高裁大法廷判決が本書刊行の契機となっていることから、本書各章の内容は、GPSを利用した捜査手法が検討の素材となっている。

　GPSとはGlobal Positioning Systemの略称で、「全地球的測位システム」などと訳されるように、衛星通信から発せられる信号を個々の受信機が受信して自らの位置を割り出す（測位する）仕組みであって、衛星が個々の端末を監視するようなシステムではない。すなわち、受信されたGPS位置情報を第三者が取得することによって初めて「監視」と呼べるような状態が作出されることになる。

2. GPSの仕組み

(1) 位置情報取得のプロセスとその仕組み

　GPSの仕組みはGPS衛星から発信されるGPS信号を受信したGPS受信機が自己の位置情報を認識するという単純なものだが、その運用にはシステム全体の理解が不可欠であるため、システムのコンポーネントである「セグメント（構成要素）」を簡単に説明する。GPSは米国の軍事用に開発されたもので、

米国空軍によって現在も運航管理されている[*1]。

① スペース・セグメント（衛星）

現在のところ、GPS衛星は地球の周囲を回る6つの軌道面に4基以上が配置されており、2018年3月現在31基が稼働中とされている[*2]。

その軌道は高度20183kmで、一周11時間58分で周回しており、地球の自転を加えると同一地点には23時間56分後に戻ってくるようになっている。

② コントロール・セグメント（管制）

GPSシステムを支えるシステムの要である。コントロール・セグメントは地上に設置され、世界各地5カ所にあるモニタ局で衛星の動きを観測し、観測データをコロラドにあるマスタ・コントロール局に集約している。さらにモニタ局は衛星の軌道や原子時計の誤差を計算して衛星に送信している。こうした管制が正確なGPSシステムの運用に不可欠とされている。

③ ユーザ・セグメント（GPS受信機）

GPS端末であり、GPS衛星から発信される信号をキャッチしその位置を確認する機能を持つ。そうした端末が自己の位置情報を別の受信端末に転送したり、事後的に端末の記録を収集することで、移動体を監視したり、位置履歴の収集をおこなったりすることができる。

GPS受信機のモジュールは、「アンテナ部」、「RFブロック」、「ベースバンドIC」などに分かれている。アンテナはGPS衛星が発信する電波を受信するセンサである。RFブロックはアンテナからの信号を増幅し、デジタル信号に変換して次のベースバンドで処理できるような信号に変換する。ベースバンドICはCPUを内蔵し、GPS信号をトラッキングする働きを担っている。GPS衛星からの信号を一時的に受信するだけではなくこれを継続的に追尾（トラッキング）する機能で、測位計算や予測計算、外部とのインターフェイスの役割を果たしている。外部とは、それぞれのナビゲーション・ユニットで、GPS信号をどのような形で利用転用するかを決定する（たとえばカーナビゲーションなど[*3]）。

＊1　管理主体である米国空軍によるGPSに関するホームページ参照。http://www.gps.gov/systems/gps/

＊2　https://www.gps.gov/systems/gps/space/ "operational（稼働中）"の表示は31機（2018年3月8日確認）。

＊3　詳細については、トランジスタ技術編集部『GPSのしくみと応用技術』（CQ出版社、2009年）を参照。

GPSがもともと軍用に開発されたため、GPS衛星から送られてくる位置情報の提供目的は軍事用と民生用に分かれている。米国政府は前者を米国5軍の利用に供することとし、後者については標準時刻、気象、航空、船舶、農業、災害軽減、緊急事態、生活という分野で供することを認めているに過ぎない。そのため、国あるいは地域で独自に衛星を設置して米国のGPSに依存しない衛星位置測位システムが構築されている。欧州にはGalileo、ロシアにはGLONASS、中国には北斗がそれぞれ存在する。わが国でも独自の衛星測位システムの計画が進められており2018年中に本格実施される予定である。[*4]

(2) GPS技術の応用

こうしたGPS技術は様々な産業の事業で利活用されている。スマートフォンへの搭載やカーナビゲーションのみならず、今日では経済社会に深く組み込まれている。

GPSの場合、そこから得られる位置履歴や位置情報が、プライバシー侵害としてこれまで争われる理由となった写真撮影や動画映像のような情報とは異なって、まったく可視的でないのが特徴である。GPSによって得られるのは単なるデータ（経度緯度を示す数値）に過ぎない。画像・映像のように取得された成果（記録）を人間の五官によって直ちに認識することは、本来はできない。アプリケーションを使って地図上に表示するサービスが伴って初めて、五官による認識が可能となる。

現在、GPSの様々な利用例として知られているものとしては以下のようなものがある。①地上ナビゲーション（カーナビ）、②携帯電話等の位置情報サービス、③運行管理、④航空航法、⑤船舶操作、⑥測地測量、⑦地図作成、⑧測地学、⑨水路調査および測量、⑩高層建造物の垂直度測定、⑪海底ケーブルの敷設・位置確認、⑫地球物理学における調査、⑬海洋・海上機器の位置確認、⑭土木建設車両・重機の位置確認、⑮石油リグ*航行および位置確認、⑯パイプライン埋設、⑰ブイの位置確認、⑱構造物の設置や橋梁工事、等である。[*5]

＊4　わが国におけるGPS衛星打ち上げに関して、例えば「衛星『みちびき』、11月運用開始 日本版GPS精度調整」日刊工業新聞2018年3月3日付記事参照。https://www.nikkan. co.jp/articles/view/00464330

＊5　ITS情報通信システム推進会議編『図解これでわかったGPS　第2版』（森北出版、2005年）3頁。

＊石油リグとは、海底から石油や天然ガスを掘削・生産するために必要な労働者や機械類を収容する、海上に設置される大きな構造物のこと。

(3) GPSを利用した製品ならびにサービス

GPSによって得られるデータを利用したサービスとしては大きく2つに分けることができる。第1は、GPSデータを利用者自らの位置情報把握のために用いる自己位置検索型サービスである。第2は、他者や対象物の位置情報を把握するために用いられる他者位置検索型サービスである。

船舶の位置情報、車両搭載を目的としたカーナビゲーション・システム、スマートフォンや携帯端末に搭載されている各種の地図アプリケーション、登山者にルート情報を提供する山岳ルート提供アプリケーション等は前者のサービスに当たる。これに対して、営業車等の位置把握や物流管理、徘徊行動や子どもの安全見守り等を目的として対象物・対象者にGPS発信装置を取り付けてその位置情報を取得するのが、後者のサービスに当たる。

GPS捜査は他者位置検索型サービスを利用したものであるが、一般にGPS発信装置を取り付けて他者位置検索サービスを提供する事業者においては、契約上、各種装置のレンタルに当たってはプライバシー侵害に留意するよう促している。

たとえば、ある事業者はGPS発信装置のサービスに関わって以下のような表示をおこなっている。

《同意事項》
1、本サービス契約の利用者は未成年ではありません。
2、本サービス契約申込みは利用者本人が行います。
3、本サービス契約に必要な利用者個人情報に虚偽はありません。
4、犯罪行為および公序良俗に反する行為、第三者の不利益となる行為には使用しません。（以下略）[6]

上記「第三者の不利益となる行為」とは具体的にどのような行為を指すのかは不明であるが、プライバシーの侵害となりうることを前提とした規定のように思われる。

---

[6] http://nextwing-reserch.com/agreement.html

⑷ GPS技術の特性と濫用の危険性

2007年にスマートフォン、携帯電話へのGPS機能の搭載が義務づけられたことから、そうした機能を利用したアプリケーションを悪用した私人による不正な監視が問題となっている。たとえば、2011年8月末に報道された、「カレログ」というアプリケーションは、インストールしたスマートフォン所有者の行動履歴を搭載されているGPS機能を使って把握させ、そのデータを逐次任意の端末に送信する機能を持っていた。[7]

スマートフォンや携帯電話の場合は、衣服のポケットや鞄等の所持品といった身体に近い所持・携帯が一般的なため、GPSデータの発信をおこなうと、公道上や第三者に容ぼうが認識される公共空間のみならず私的空間でも間断なく続けられることになる。こうした位置履歴を無断で収集すると、相手方のプライバシーへの期待を侵害し、その侵害の程度は非常に大きいと言えるだろう。

従って、GPSは様々な産業分野で活用されている一方で、プライバシー侵害を伴う危険性のあるサービスとして位置づけられる必要がある。相手方の同意のないまま第三者がその位置情報を承諾なく取得する行為を直接禁ずる法令の必要が検討されるべきであろう（例えばオーストラリアでは一般的使用を禁じて捜査機関の正当な使用を除外する立て付けとなっている。後述第2部第5章参照）。

我が国には、位置情報サービスを用いたプライバシー侵害行為に対する直接の法的規制が存在しない。せいぜい、ストーカー規制法に基づいて、その利用を停止させたり、「つきまとい行為」に該当するとして規制するか、アプリの無断インストールについては不正指令電磁的記録供用の罪で対応しているようである。[8]

---

*7　アンドロイド系スマートフォンのアプリであったが、2012年にサービスを終了、現在も同種のものが提供されている。「スマホ遠隔操作摘発　通信記録の傍受に行動監視も」2016年12月13日エコノミックニュース　https://www.excite.co.jp/News/column_g/20161213/Economic_69269.html

*8　「元交際相手の自動車にGPS発信器、ストーカー容疑で男逮捕」日本経済新聞2014年11月11日、「妻のスマホに無断で遠隔操作アプリ　35歳会社員を逮捕　奈良」産経新聞ウェブ版2015年4月9日http://www.sankei.com/west/news/150409/wst1504090065-n1.ht5ml

(5) GPS技術の特徴

1) 精度

GPS技術の特徴はその精度にある。たとえば、GPS端末をリースしている業者はその精度について次のように記載している。

「最良の条件下であれば5〜10mの誤差で位置の確認ができます。ただし、建物の多い市街地では、誤差が100mから数100mと大きくなる場合があります。」[*9]

こうした精度は製品の性能によって必ずしも同一ではないようだが、移動体の位置履歴を探索するには、GPS衛星からの電波を受けられる状態であれば支障がない。位置情報の正確な捕捉という点で、人間の認識と記憶に依存した尾行、行動確認、監視活動とは質的に異なっている。これまで、GPS捜査についてこれを「尾行の代替」とか尾行中の「目視の代替」といった類推により任意処分相当とする見解が多く見られてきたが、技術的な観点からは誤った理解というほかない。

2) 稼働時間

GPS機器がどの程度の時間(期間)稼働するかという点については、製品やバッテリーの性能に依存しているようであり、GPS発信装置についてはおおむね100時間から200時間の持続時間をうたっている。

あるサービス提供事業者の説明では次のように記載されている。

「携帯電話の電波がしっかり届いているエリアでご使用の場合は、1度の充電で最大240時間、連続で使用することができます(使用環境等により、この連続動作時間は半分以下になる場合があります)。」[*10]

このように、GPSサービスでは移動体の位置情報を10日間も記録することが可能であり、充電を繰り返したり、機器を交換したりすることで長期にわたりその捕捉が可能となる。

3) 記録性

GPSサービスの特徴は、何と言っても端末の位置情報を記録し、コンピュータやスマートフォン等に転送させて記録する点である。サービスを開始して記録を収集しデータとして保存しても、そのデータの保存期間について何ら制約は受けない。

---

*9　http://www.855756.com/car/ijoukanshi/faq02.html#q01

*10　http://www.855756.com/car/ijoukanshi/faq05.html

4) 小型化・軽量化

GPS機器の小型化、軽量化は著しい。たとえば、ある商品の場合、「縦75mm×横50mm×高さ37mm」といった仕様が公開されており、車両に取り付ける磁石も内包されている。この程度の大きさであれば車両利用車が底部からこうした装置を発見することは容易ではない。

5) 経済性

先に紹介したように、他者位置検索サービス業者の提供する内容は多用である。「荷物（移動体）」「人（高齢者、子供、成人）」「車両」といった対象別にGPS装置のリース（レンタル）がおこなわれている。

これらのリース端末機器は安価で、ある業者は月に60回、それ以上は毎回100円の通知料金が設定されている[*11]。低価格化の理由は、GPSサービスをおこなう際の製品に組み込まれているGPSモジュール（センサー）の価格が劇的に低下したからに他ならない。1990年代に標準的な価格は数万円であったが2000年代には数千円へと下がり、現在は数百円で調達が可能とされている。

(6) 位置情報に関する事業法上の規制

通信事業者は、通信事業に関わって三種類の位置情報を取得している。第一は、利用者の端末との通信を実施するため利用者がどの基地局に接続しているかを確定する「基地局に係る位置情報」がある。第二に、GPSデータを利用したサービスをおこなうために「GPS位置情報」がある。第三に、Wi-Fiサービスをおこなうため「Wi-Fi位置情報」を取得している。

こうした利用者の位置情報はサービス提供のために不可欠の情報であることから、通信内容そのものではなくとも取扱に慎重を要する情報であると考えられ、以下に見るようなガイドラインの整備がおこなわれてきた[*12]。

携帯電話が普及し、通信傍受法が定められた1998年に、『電気通信事業における個人情報保護に関するガイドライン（1998年12月2日郵政省告示第570号）』が策定され、その第11条に「位置情報」規定が置かれた。同条では、外部提供について令状取得が例外とされ、第三者提供の際の必要な措置が求められた。

---

*11 http://www.855756.com/car/ijoukanshi/charge.html
*12 詳細については、総務省の次のサイトhttp://www.soumu.go.jp/main_sosiki/joho_tsusin/d_syohi/telecom_perinfo_guideline_intro.html 参照。

2004年には同ガイドライン（2004年8月31日総務省告示第695号）が大幅に改編され、第26条に「位置情報」が定められた。令状以外の提供禁止、第三者提供への不正防止義務が付けられると同時に、移動体位置情報を通信の秘密の外に置いてプライバシーとして保護し、通信の秘密に準ずる強い保護が適当とされ、位置情報につき原則として利用者の意思に基づかない取得を禁じた。

この第26条には、2011年に第三者提供への不正提供防止のため利用者の同意要件が置かれ、捜査機関による要請の場合には令状要件が追加された。2013年、東日本大震災を受けて生命身体切迫時における警察、消防等からの人命救助のために必要な場合に同意なく位置情報取得を許容する改正がなされ、2015年には令状に基づく携帯電話のGPS情報取得に義務づけられていた利用者への通知義務が廃止されている。

GPS捜査は、確認されている限り平成18（2006）年に警察庁から出された内部通知に基づいて実施されてきたようだ[13]が、位置情報提供サービス事業者の保有するGPS機器をリース契約し、通信を介して位置情報を収集していたところ、直接に対象となる機器等から位置情報を取得していたわけではないため、この第26条の規制を掻いくぐるかたちで実施されてきたと評価することができるであろう。

3．GPS捜査の定義

今般、最高裁大法廷判決がGPS発信装置の装着によって位置情報を取得する手法について強制処分性を認めて立法の必要を明示したけれども、GPSを用いた捜査を含めた位置情報取得捜査をどのように規律していくべきかについて大法廷はなんら示すところではない。

現在、捜査機関が捜査対象者の位置情報を取得する方法には、GPS位置情報を記録する機器を取り付けて行うか（これを「装着型」と呼ぶ）、捜査対象者自身が有する移動体端末のGPS位置情報を何らかの手段で取得するかのいずれかの方法が考えられる（これを「非装着型」と呼ぶ）。平成29年最高

＊13 「GPS捜査"記載するな"　警察庁　文書で指示　人権侵害の手法隠す」しんぶん赤旗2017年1月24日付　http://www.jcp.or.jp/akahata/aik16/2017-01-24/2017012401_01_1.html

裁大法廷の事案では捜査機関は前者の方法を用いていたが、かかる位置情報取得捜査について最高裁からは次のような定義が与えられていた。

すなわち、

「個人のプライバシーの侵害を可能とする機器をその所持品に秘かに装着することによって，合理的に推認される個人の意思に反してその私的領域に侵入する捜査手法」

を"GPS捜査"と呼ぶというのである。

裁判が具体的事案で争われた事実に対して法的判断が示される場である以上、位置情報取得捜査全体を俯瞰し体型的に定義を付与することまでは期待できない。そのため、大法廷で言及されることのなかった非装着型について、どのように取り扱うべきか解決する必要がある。本書でも複数の章が今般の大法廷判決の射程問題として他の手段・方法の規律の可否を論じている（例えば第1部第2章、第3部第1章など）。

以下では、GPS位置情報を取得する捜査方法を装着型と非装着型に分類すると共に、それぞれの方法について技術的観点から更に細かな分類を試みる。こうしておくことで位置情報取得捜査に対する規律のあり方を検討する際の前提となる手段・方法に関する理解の混乱を避けることが可能となるだろう。

本書では、大法廷判決の定義に従い、捜査機関が被処分者の承諾・同意を得ることなく車両等のGPS位置情報（位置ないし位置履歴）を取得するためGPS記録装置を対象となっている車両等に装着して位置情報を取得する方法を「GPS捜査」と呼んでいる。今般の大法廷の事件をはじめわが国のほとんどの裁判事案で確認された"GPS捜査"は、捜査対象者の車両等に取り付けられた機器がそのGPSデータを記録し、そのデータが通信キャリアを通して契約者に送信されるサービスが捜査機関により契約利用されていたもので、端末機器は警察の所有物ではなく業者からリース契約で提供されたもの（GPS情報発信装置付き）が使われていた（こうした手法を「**送信型**」と呼ぶ）。

ところが、そうした通信サービスによらず単にGPS情報を記録しておくだけの「GPSロガー」と呼ばれる記録装置を対象車両等に装着して、これを回収して事後的に位置履歴を取得する手法も存在している（こうした手法を「**蓄積型**」と呼ぶ。後掲「資料2　GPS捜査関連判例一覧」⑮事件参照）。この場合、上記大法廷判決の定義で示された"継続的、網羅的な"位置情報の把握は可能であるものの、通信サービスを伴った送信型とは異なり、位置情報のリアルタイム収集はできないこととなる。

以上の送信型と蓄積型のいずれもGPS記録装置を取り付ける点では共通している
ているため、両者をまとめて「装着型」と呼び、特に断りのない限り本書では両方を「GPS捜査」と称し、次に紹介する装置装着を含まない位置情報取得捜査と区別する。なお、各章の執筆者間で用語法には若干揺らぎがあり、「GPS動静捜査」、「GPS監視捜査」といった用語が使われることもあるが、留保がつけられていない限り同義と解していただいて構わない。

　他方で、機器装着の場合とは異なり、スマートフォンや携帯電話等の端末に備わっているGPS機能にアクセスしてGPS情報の収集を行うよう通信業者に依頼して、捜査対象者の同意なく間接的にGPS情報にアクセスする手法もこれまで行われてきている（これを「**アクセス型**」という）。また、端末所有者の承諾なしにGPS位置情報取得アプリケーションをインストールする方法によっても同じようにGPS情報の収集が可能となる（これを「**インストール型**」という）。

4．まとめ

　そこで、大法廷の事案のような装着型のGPS捜査のみならず、非装着型のGPS位置情報取得方法までマッピングすると次のようになる。

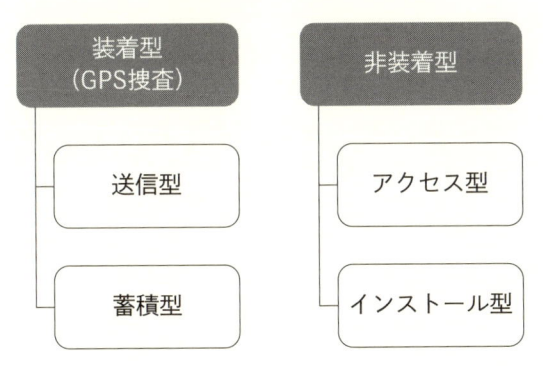

GPS位置情報取得捜査の分類

　2015（平成27）年に改正された『電気通信事業における個人情報保護に関するガイドライン』によれば、非装着型のうちの“アクセス型”については、

捜査機関は検証許可状を取得した上で通信事業の協力によって対象者のGPS位置情報を取得しているようである。[14] 諸外国では、捜査機関自らが移動体の位置を取得可能な装置（IMSIキャッチャー）を使って、通信事業者の協力を得ることなく監視・追跡をおこなっていて、これもアクセス型に分類することができよう。[15] 他方で、"インストール型"の手法については、捜査機関による行使は現在までのところ我が国では確認されていないが、本書第2部で紹介されるように、諸外国、例えばオーストラリアなどではこうした手法も直接、規律対象とされているところである。

（いぶすき・まこと）

＊14　虎井寧夫『令状審査・事実認定・量刑──刑事裁判官の思索と実践』（日本評論社、2013年）121頁等参照。

＊15　拙稿「偽装携帯基地局を用いた通信傍受─携帯電話の無差別傍受装置『スティングレイ』」法学セミナー2015年11月号1頁等参照。

第 1 部

GPS捜査と
プライバシー

第1章

追尾監視型捜査の法的性質

指宿　信

成城大学教授

1. はじめに

　いわゆる監視型捜査には2つのタイプがある。ひとつ目は場所的監視に基づくタイプ、「**定点監視型**」であり、主として被疑者が特定されていない場合に行われるものである。特定地点における「張り込み」が典型的で、テクノロジーを利用したケースとしては継続的撮影記録（具体例としては、監視カメラによる撮影記録やNシステム等）の場合と、逐次的撮影記録（自動速度取締装置、移動体探知〔モーションセンサー〕撮影等）の場合がある。

　ふたつ目は、対象者ないし対象車両等の対象を特定して監視下に置くタイプの監視型捜査で、被疑者ないし重要参考人といった犯人と目される人物が既にある程度絞られている場合におこなわれるものである。これを「**追尾監視型**」と呼ぶ。捜査対象者に対する「尾行」がその典型例である。GPS装着による位置情報探索とは、監視型捜査テクノロジーを利用したケースであり、尾行中のビデオ撮影が実施され裁判で争われたこともある。

　本章では、テクノロジーを用いた諸種の追尾監視型捜査を取りあげてGPSとの類似性を検討し、GPS利用捜査の法的性質の考察の手がかりとしたい。

2. 追尾監視型捜査手法とGPS捜査の比較

⑴　携帯電話位置情報の取得

1）　概要

被疑者の所有する携帯電話の発する電波から割り出される位置情報を捜査

に利用する場合には、わが国では検証許可状を請求するのが通例とされている
ようである。[*1]大野教授は、携帯電話位置情報探索を任意処分として捉え
ることに問題がある根拠として以下を挙げている。[*2]すなわち、①被処分者
が自らの位置情報を探索されることはないという期待を有している、②長期
間・継続的な被処分者の行動を把握することが可能である、③電話会社が契
約内容外で利用者の位置情報探索をおこなったり捜査機関に開示したりする
ことは、正当な業務の範囲内とはいえない、④電気通信事業者向けのガイド
ラインにおいても情報提供を禁じている、といった点である。

　おそらく、そうした諸点から、捜査実務では検証許可状を得た上で、これ
を実施しているものと考えられる。

　同様に、携帯電話のGPS機能を利用してその所在位置を検索するためにも
検証許可状が利用されているようである。[*3]従来の携帯電話位置情報探索と
の違いは、これまでは携帯電話の電源が入っている場合に発せられる微弱電
波を受信した基地局の位置を携帯電話会社のコンピュータ端末によって探知
する方式であったのに対して、GPS機能を利用する場合は、「携帯電話の
GPS機能を作動させて位置情報を取得させ」る方式になっている点である。
いわば、GPS機能を利用する場合は、通信をサービスしているキャリアから
情報を得るのではなく、より能動的に利用者の端末を用いて位置情報探索が
おこなわれているわけである。

2)　学説

　このような位置情報取得については、裁判所が、携帯電話会社の協力を得
るために令状が必要とされているのか、それとも、いわゆる「権利侵害説」
に拠りプライバシーの侵害の大きい処分であることを理由に令状を必要と考
えているのかについて、これまではっきりとした議論はなされたことがな
い。[*4]だが、虎井寧夫元裁判官は上記位置取得を目的とした検証令状の必要
な数を論じるに当たって、権利侵害を被る、あるいは不利益を被る者が二者

＊1　池田弥生「携帯電話の位置探索のための令状請求」判例タイムズ1097号（2002年）28
　　　頁参照。
＊2　大野正博「GPSを用いた被疑者等の位置情報探索」『曽根威彦先生・田口守一先生古稀祝
　　　賀論文集〔下巻〕』（成文堂、2014年）485頁。
＊3　虎井寧夫『令状審査・事実認定・量刑──刑事裁判官の思索と実践』（日本評論社、2013
　　　年）121頁参照。
＊4　大野・前掲注2論文においても検証許可状発付に当たっての令状様式や要件が仔細に検討
　　　されているが、一通の令状であることが当然の前提として論じられている。

あるため2通の令状が必要であるとの考え方を退け、「1個の検証実施に利害を持つ者の数は直ちに令状の通数に影響するものではない」とした上で、検証の執行手続においても1個不可分なものであることから1通の検証許可状を発付すれば足りる、と述べている。[*5]

　虎井氏の令状一通説はいわば実質的効果に主眼を置いたもので、不利益を被る主体が2つあることを否定しているわけではない。あくまで執行手続を念頭に置いた考え方であって、通信傍受令状も同様の思考を持つ。なぜなら、いずれも相手方に令状を提示すれば必要とする情報を得ることは国難になってしまうからだ。これが通常の被処分者のみに令状が向けられる検証許可状との違いであろう。

3)　GPSとの比較

　そのように考えていくと、GPS搭載電話を対象とするのではなく、GPS装置を車両に装着することによる所在情報探索実施に当たっては、法執行機関がGPSサービスをおこなう事業者の協力を得ることなく自ら位置情報を得られるからといって直ちに令状が不要になると解されるわけではなく、被処分者に向けた令状を用意しておくことは、事前提示をおこなわないまでも事後告知とする場合については不合理ではないという結論を支持しよう。

(2)　コントロールド・デリバリーとビーパー（追跡用発信装置）

1)　概要

　コントロールド・デリバリーは「監視付き移転」と呼ばれ、捜査機関が禁制品の発見後にこれを直ちに検挙せずに泳がせ、追跡監視して犯罪に関与する者を特定する捜査手法である。

　禁制品が抜き取られて代替物と取り替えるクリーン・コントロールド・デリバリーと呼ばれる手法と、禁制品をそのまま追跡するライブ・コントロールド・デリバリーという手法の2種がある。[*6]

＊5　虎井・前掲注3書121頁。
＊6　コントロールド・デリバリーに関する文献は多数あるが、以下の文献を参照。黄朝義「コントロールド・デリバリーといわゆるプライヴァシー法理──アメリカ合衆国を中心として」法学政治学論究（慶応義塾大学）13号(1992年)159頁、同「麻薬新条約及び麻薬特例法におけるコントロールド・デリバリーに関する一考察」法学政治学論究（慶応義塾大学）17号（1993年）169頁、行政法制研究会「コントロールド・デリバリー（重要法令関係慣用語の解説153）」判例時報1513号(1995年)54頁、徳永崇「『おとり捜査』、コントロールド・デリバリー等新しい捜査手法について」警察学論集48巻8号（1995年）91頁、宇川

いずれも1991年に国内法に採り入れられ麻薬特例法に規定され（同第3条、第4条、第8条）、その後、銃刀法にも1995年に加えられた（同第31条の17）。もっとも、前者は立法当局の答弁によれば特例法第4条第1項第2号にいう「必要な措置」には明示的に含まれていない[*7]。いずれの手法も任意処分として位置づけられており、実務では令状取得はおこなわれていない。

　では、こうしたデリバリー追跡のために追跡用発信器の装着をおこなうときにその法的性質は変化するであろうか。上記法令にはそのような手法についての定めがなく解釈に委ねられているため、許容説（任意処分説）と否定説（強制処分説）に分かれている。

　追跡用発信器は海外では「ビーパー」と呼ばれており、合衆国最高裁判例においてこれを用いた追跡は公共空間での利用であることを理由に令状は不要と解され、修正第4条違反とならないと判示されたことがある[*8]。わが国においては「間欠発信器」という名称で、市場では数万円で販売されている。その性能はまちまちであるが、高性能なものとなると1秒間に数回の発信をおこない信号の到達距離は2キロメートルにまで及ぶ。使用期間は20日程度のようだが、電池の性能と発信頻度に依存するため、たとえば毎秒当たりの

　　春彦「コントロールド・デリバリー」現代刑事法3巻9号（2001年）51頁、佐藤隆之「コントロールド・デリバリー」『刑事訴訟法の争点〔第3版〕』（2002年）86頁等。
＊7　平成3年9月20日衆議院厚生委員会における大蔵省関税局監視課長（当時）の答弁による。
＊8　ビーパーの捜査使用に関する米国の判例状況の紹介として以下を参照。山名京子「科学捜査とプライバシーに関する一考察（1、2）──アメリカ合衆国ビーパー（電子追跡装置）の判例を中心に」関西大学法学論集33巻6号(1984年)17頁、34巻1号(1984年)119頁、大塚裕史「ビーパーの使用と修正4条　＜アメリカの刑事新判例紹介88＞」判例タイムズ532号(1984年)84頁、同「ビーパーの使用と修正4条（2）（アメリカの刑事新判例紹介106）」判例タイムズ566号(1985年)70頁、香川喜八朗「ビーパーによる監視について」立川達彦編『社会と秩序』（東海大学出版会、1986年）45頁、加藤克佳「United States v. Karo, 486 U.S. 705, 104 S.Ct. 3296 (1984)──無令状のビーパーによる監視が第4修正に違反するとされた事例＜最近の判例＞」アメリカ法1986-Ⅱ463頁、檀上弘文「科学機器・技術を用いた行動監視の適法性とプライヴァシー──electronic tracking deviceいわゆるビーパーの有効かつ適切な利用とその限界及び要件についての検討」法学新報112巻1＝2号（2005年）185頁。米国法状況の一般的解説として、J.ドレスラー＆A.ミカエル（指宿信監訳）『アメリカ捜査法』（レクシス・ネクシスジャパン、2014年）126頁以下の「電子追跡装置」の項を参照されたい。なお、移動監視にビーパーが用いられたノッツ事件最高裁判決の結論については、最高裁自身、公共空間における継続的監視を政府が思うがままに行えることに危惧を抱いており、「もしそのような地引き網的実務が……ゆくゆく行われることになれば、異なった〔あらためて強調するが、異なった〕憲法原理が適用可能であるかどうかを判断する時間は、そのときに十分あるだろう」と警告していた点は重要である。ドレスラー128頁参照。

発信回数を減らせば相当の長期間連続使用が可能な製品も存在する。[*9]

2) 学説

許容説は、写真撮影に関する裁判例に照らすと公道上等の物の移動が公衆に晒されている状況下にあるとき任意捜査として許容されること、任意捜査として許容される肉眼による捜査官の監視の補助手段として位置づけられ、[*10]尾行追尾とも同視できることといった論拠に基づく。[*11]

白取祐司教授は、既に禁制品の存在が捜査機関に覚知されていて犯罪が行われた後の捜査であることに着目し、必要性・緊急性の要件をみたし、方法も相当であれば任意処分として適法であるとする（同『刑事訴訟法［第9版］』127頁〔日本評論社、2017年〕）。上口裕教授（同『刑事訴訟法［第3版］』92頁〔成文堂、2012〕）、安冨潔教授（『刑事訴訟法〔第2版〕』〔三省堂、2013年〕）等も同様の見地に立つ。

また、コントロールド・デリバリーとは離れて、ビーパー（追跡用発信装置・間欠発信器）利用一般について、檀上弘文准教授は「監視活動が、具体的な不審事由に基づいた、監視対象者の公共の空間における行動に対するものである以上、そのような場所での干渉に対しても憲法が令状要件まで要求していると考えることはできない」と述べて、公共空間におけるプライバシーの合理的期待の欠如を根拠に任意処分説を支持している。検察官の井上宏氏も、「プライバシーの権利を侵害するおそれは、捜査官による尾行・張り込みと比べて必ずしも大きいとはいえない」との比較論を根拠に、住居内への入り込みやのぞき込みとは本質的に異なるとして任意捜査であるとする。[*13]

---

*9 こうした製品はインターネットを通しても購入可能である。たとえばhttp://www.touchouki-jic.com/SHOP/225037/225042/list.html など。ある製品には「鉄板には簡単に装着できる脱着可能な強力磁石を付属」といった説明も付されており、明らかに車両等への設置をうたっている。

*10 井上宏「コントロールド・デリバリーの可否」平野龍一＝松尾浩也編『新実例刑事訴訟法I』38頁（青林書院、1998年）参照。

*11 宇川春彦「コントロールド・デリバリー」現代刑事法3巻9号（2001年）51頁、中村芳夫「コントロールド・デリバリー」松尾浩也＝岩瀬徹編『実例刑事訴訟法I』68頁（青林書院、2012年）参照。

*12 檀上・前掲注8論文202頁参照。

*13 井上宏「科学的捜査—検察の立場から」三井他編『新刑事手続I』（悠々社、2002年）409頁参照。

これに対して**否定説**は、発信装置を付けた場合、デリバリーの対象物が住居内に搬入された場合にプライバシーの正当な期待が失われてしまうこと[14]、肉眼では得られない住居内での挙動が捜査機関の知るところとなってしまうこと等をその根拠としている。[15]

また、ビーパー利用一般について否定説に立つ弁護士の岩田務氏は、ビーパーの精密な監視は「人間による監視よりもはるかに広範囲、長期間、継続的な監視」に至るだけでなく、住居等の私的領域での監視も可能になるとして強制処分説を採っている。[16]

米国の最高裁判例において捜査対象者の車両にビーパーを装着して位置情報を取得した捜査について修正第4条違反がないとされた影響もあって、わが国においてはビーパー利用について肯定説が強いように思われる。特に、禁制品の発見後にコントロールド・デリバリーに付随して位置情報を伝えるビーパーを装着する場合には肯定説が有力である。しかしながら、学説においても未だ一般的なビーパー使用の是非について議論が重ねられているようには思われない。

3) GPSとの比較

前述の肯定説がGPS捜査の法的性質論争に大きな影響を与えていたことは明らかであろう。GPS捜査について任意処分説に立つ論者の論拠はこの肯定説とほぼ同一であった。そこで、GPS利用とビーパーとを比較してみると、両者は技術的な点で明らかに異なっており、そのことがGPSの法的性質を検討するのに有益と思われる。それは、①位置情報取得の必要な理由、②位置情報取得の期間や範囲、③取得された位置情報の利用、である。

①については、コントロールド・デリバリーにおけるビーパー装着が禁制品運搬ルートの追跡の最中に万が一遺漏が生じた場合に備えての捜査開始後の必要性から実施されるのに対し、GPSの場合は尾行の補助手段の他に、常時監視の下、犯行機会を待ち受けて犯行後に情況証拠としてその記録されたデータを利用したり、行動パターンを割り出したりできるのであり、必要性や緊急性という観点から見て両者の差違は大きい。

---

*14 佐藤隆之「コントロールド・デリバリー」『刑事訴訟法の争点［第3版］』（有斐閣、2002年）86頁参照。

*15 長沼範良「刑事訴訟法＜演習＞」法学教室221号（1999年）137頁参照。

*16 岩田務「科学的捜査—弁護の立場から」三井他編『新刑事手続Ⅰ』（悠々社、2002年）420頁参照。

②については、コントロールド・デリバリーの場合は追跡が１回きりであるのに対して、GPSの場合は長期間の記録が不可欠で、相当性の観点から違いがある。

③については、コントロールド・デリバリーの位置情報は禁制品が輸送された最終目的地のデータが捜査結果として利用されるに止まるが、GPSによって得られたデータは、犯罪が発生しなかった場合にどのように利用されたり転用されたりするのかが判然としない。そうした点で、GPS利用捜査には事後的あるいは事前的な介入の必要性が高い。

以上のような比較検討から、GPS利用捜査は、プライバシーの期待に対してビーパー利用とは比較にならないほど重大な影響を及ぼす可能性があると言わなければならない。とすると、任意処分として捜査機関にその使用の可否について判断を委ねるのではなく、強制処分として規制に服させることが望ましいと考えられる。アメリカの最高裁が、ジョーンズ判決（本書第２部第１章参照）において、ビーパー利用の合憲性を認めたノッツ判決から離れて無令状のGPS利用捜査について違憲論へと転換したことも、こうした技術的な差異を抜きに評価することはできないであろう（本書第１部第５章参照）。

(3) 尾行撮影

1) 概要

尾行はこれまで、公共空間における肉眼による視認活動であることからプライバシーの合理的期待がなく、物理的制圧も権利侵害も生じていないことから任意捜査として位置づけられてきている。

路上での被疑者等の撮影についても、いわゆる京都府学連デモ事件において最高裁が証拠保全的な路上での撮影を任意処分として一定の要件の下にではあるもののこれを許容したため（最大判昭和44年12月24日刑集23巻12号1625頁）、一般に任意捜査の一環として広く実施されている。

しかしながら、公共空間であることから尾行撮影がいかなる場合においても許容されるわけではない。とりわけ、本書の主題であるGPSを利用した追尾やビーパーを用いた追尾監視が「視認による尾行と同視」されると主張されている点に照らすと、かかる捜査手法の限界についてどのような法的評価がなされるかは、GPS利用捜査の法的性質を検討する上で極めて重要な比較材料となるはずである。

「尾行」とは、「警察官が警察責務遂行のため、被疑者、容疑者、不審者

及びその関係者に追随して監視警戒することをいう」と定義される[*17]。犯罪捜査規範には、任意捜査の章において「聞込その他の内偵として、「捜査を行うに当つては、聞込、尾行、密行、張込等により、できる限り多くの捜査資料を入手するように努めなければならない」（第101条）と言及されているところである。もっとも、判例においては尾行に関する直接の法的根拠を明示することなく、その適法性が認められる場合が多い。

たとえば、司法警察活動としての尾行に関するものとして、「公道において衆人環視のもとに犯罪行為を行っている者に対し警察職員が、その証拠保全のために現場の写真を撮影することは、捜査のため必要な行為であり、かつ、適法な任意捜査の範囲に属する事柄であって、尾行や張込みと同様、被撮影者の意思にかゝわらず、なしうる」としたもの（神戸地裁姫路支判昭和37年１月17日下級裁判所刑事裁判例集４巻１＝２号64頁）や、公安調査庁による尾行・張り込みの適法性が問われたケースで、「尾行や張り込みのごときも私的生活の安穏を圧迫しないよう必要最小の局面においてのみ許されよう」としたもの（金沢地判昭和33年２月19日第一審刑事裁判例集１巻２号251頁、判例時報143号６頁）が公刊物に見られる。

2) 裁判例

もちろん任意手段に属するといっても、無制限に尾行が許容されるものではないのは当然である。憲法第22条第１項に保障された居住移転の自由が、単なる居住地の自由ばかりでなく、移動の自由も保障していることに鑑みると、制約なしに公共空間を移動することばかりでなく、みだりに人に監視されたり追尾されたりすることのない自由を有していると言うべきであろう。

従って、対象者の人格権に対する侵害が大きいと批判される余地があるような捜査手法の場合には違法となると考えられ、それは多くの任意捜査の限界に関する裁判例で適法要件として示されている、目的の正当性・手段の必要性（補充性）・当該手段の相当性から判断されなければなるまい。

尾行の適法性が裁判で争われた事案としては、大阪高判昭和51年８月30日判例時報855号115頁がある。この事案では、隠密尾行がおこなわれていたケースで尾行発覚後もなお公然と数名の警察官がつきまとうといった態様による尾行行動の適法性が争われた。

判決は、一般的な尾行の適法性は、「任意手段としての情報収集などの警

---

*17　宮橋一夫「警察活動における尾行」警察学論集33巻10号（1980年）14頁15頁参照。

察活動は、その目的が警察法二条一項に規定されている警察の責務に副う正当なものであり、それが右目的達成のために客観的に必要と認められ、かつ、その行為自体が社会通念上相当と認められるものでなければならないものと解すべきであるところ、その相当性の判断に当たっては、当該警察活動の必要性とこれによって蒙るべき対象者の自由の制限とが権衡を保つことがその判断の基準とされるものと解すべき」として、尾行活動につき目的の正当性・当該手段の必要性、そして手段の相当性という3要件に基づいて判断されなければならないとした。その上で、本事案では"密着尾行"と言われる、対象者に認識された上でなお尾行を継続した認定事実につき、かかる尾行行動は具体的な状況の下で相当性を欠き違法であると判断されている。

本件は警職法上の尾行行為とされた事案であるが、必要性については「以前よりも接近して尾行しなければ被告人らを見失うおそれが生じたとは認め難く、その他K、M両巡査らが被告人に極端に接近して尾行しなければならない必要性は何ら認められない」と断定され、第3要件である相当性の判断においても、当該事案の公然尾行行為が「実質的な強制手段とはいえないにしても……相当な尾行行為であるとは到底認め難く、違法である」と評価され、違法判断が導かれた。

憲法レベルで尾行行動の適否が問題とされた事案もある。たとえば、大学自治会の学生に対する情報収集活動の限界が争われたケースだが、尾行によって個人の尊厳が侵害されたという判断が示されたものがある。大阪地判昭和37年5月23日下級裁判所刑事裁判例集4巻5・6号455頁・判例時報307号4頁は、尾行や張り込みといった任意の手段による警備活動が憲法上の権利侵害を構成する場合があることを次のように認めている。

　　「被告人中辻その他の学生に対してなした尾行、張込の如きは、同人らの私生活の自由、平穏に干渉するもので前記人権に関する世界宣言にいうプライバシイを侵犯したものであり、且被告人中辻の当公廷における供述によれば、鍋谷英治は自らが警備警察当局より対象とされてその言動につき組織的な検討を加えられているとともに更に学大平野分校の自治会活動を把握しようとの目的に利用されていたことを知らなかつたことが認められるのであるから、右鍋谷英治個人の尊厳を破壊したものと断ぜざるをえない。」（傍点筆者）

このように、任意処分とされる尾行であっても、当然その方法や態様に応じて法的規制に服さなければならないことは条理上も判例上も明らかであろう。

　対象者尾行時におこなわれたビデオ撮影の適法性が検討された事例として、大阪地決平成２年７月18日（判例集未登載）がある。同決定は、「右東京高裁（昭和63年４月１日判例時報1278号142頁──筆者注）が判示する条件の下で撮影した場合であっても、証拠として許容されるのは、「現に犯罪が行われ、もしくは行われた後間がないと認められる」場合及びそれと密接に関連する前後の場面を撮影したフィルムやビデオテープ等であると解するのが相当」として、現行犯性がその適法要件として示された。その上で、そうした要件に照らして、「『現に犯罪が行われ、もしくは行われた後間がないと認められる』場面を撮影するに至らなかったとき」が問題となるとして、「右撮影自体は違法でないとしても、個人の容貌等を撮影したフィルムやビデオテープ等はもはや証拠とすることは許されないというべきである」との判断を示した。

　裁判所は、この判断をおこなうに当たって、本事件での撮影には適法要件そのものを欠いていたとして次のように指摘している。

　　　「警察官５名が右撮影前から被告人らを尾行していること、発生が予想される犯罪は、被告人ら３名ないし４名による仮睡者狙いという態様の窃盗であること、犯罪発生が予測される場所は電車内かプラットホームであり、時刻も乗客らの人数が少ないと認められる時間帯であることなどを考え併せると、……予め被告人らの容貌等をビデオカメラで撮影し、あるいは被告人らの犯罪行為をビデオで撮影しておかなければならない状況であったといえるかどうか、すなわち、証拠保全の必要性及び緊急性があったといえるかどうかもかなり疑問」（傍点筆者）

　そして、そのような撮影は、「結果的に……客観的には日常生活における通常の行動とほとんど区別がつかない被告人らの行動を撮影したに過ぎないから、結局、本件ビデオ撮影は、前記最高裁の判示する許容条件はもとより、東京高裁が判示する許容条件も完全には満たされずに」実施されたものとなると捉えている。

　その上で、当該撮影行為によって得られたビデオテープは、「憲法で保障

された私生活上の自由の一つである同人らのみだりにその要望等を撮影されない自由を違法に侵害して得られた証拠であるといわざるを得ない」と結論づけられた。[*18]

被処分者（被撮影者）らが撮影された場所は、本件では公然とその姿や肖像が晒されているところであって、高度のプライバシーが期待される空間ではなかった。けれども、そうした場所・空間においても私生活上の自由の保障が市民に与えられていることを明示した点は見逃すことができない。

また、最近では国家公務員の政党ビラ入れが問題となったいわゆる「国公法違反事件（堀越事件）」においても尾行撮影が問題となった（東京地判平成18年6月29日公刊物未搭載・刑集66巻12号1627頁に所収）。この事件では、警察によって、被告人が政党事務所から配布ビラを受け取って各戸に配布する様子だけでなく、広範囲にわたる被告人の公道上の移動、すなわち私生活が撮影記録されていた。平日でも最低1台が、週末や祝日には4，5台のビデオカメラが行動確認に用いられた。撮影されたデジタルビデオカセットは33本に及び、被告人の公訴事実に関わる撮影はその内の9本であった。裁判所はこうした尾行について警察比例の原則に反するところはなく、適法というべきとした。

他方で、尾行時の撮影については、その記録性に鑑みて次のように判示しているところがGPS利用捜査との関係で参考となる。同判決は、

> 「捜査機関がビデオ撮影によって証拠収集を行った点は、それにより被告人の動作等が機械的に電磁的媒体等に記録され、保存されることになるため、被告人の肖像権やプライバシー権等の侵害の程度には、尾行等による場合と比較して質的に相違があることは明らかであり、尾行等と同様に、ただ警察比例の原則を考慮すれば足りるというのは相当でなく、その許容性については、より慎重な検討がなされるべき」（傍点筆者）

とした。

すなわち、公共空間におけるプライバシー侵害の有無という基準だけではなく、撮影後の「記録・保存」という技術特性にも目を配り、そうした特性

＊18 出典は小島吉康「捜査官によるビデオの撮影、録画行為が違法であるとして、ビデオテープの証拠申請が却下された事例」研修512号（1992年）55頁に拠る。

が「尾行」との質的相違につながることを明らかにした点が重要であろう。

判決は、本件で実施された個別の撮影記録の検討をおこない、殆どのポスティング前後の撮影について適法性を認めつつも、被告人が出入りした政党事務所に立ち寄った場面の撮影について具体的状況の下で限度を超えて相当とは認められないとの判断を示した。政党事務所も公共空間に接しているにもかかわらず、そうした場所への出入りにプライバシーの期待が増加するという判断が示されており、これは思想信条の自由という観点から相当性判断がおこなわれたと考えられる。

3) GPSとの比較

本件ポスティング自体は、その後、高等裁判所によって無罪と判断され、最高裁がこれを支持することとなるような[*19]、平均的な表現活動のひとつである個人の休日の政治活動であった。公務員であるという一事をもって大量の警察官を動員して長期にわたって監視しなければならない合理的必要はきわめて乏しいケースと言えよう。重要な監視対象者としてマークされているテロリストというのであればそれはまた別の検討が必要であろうが、このような下級公務員の休日の選挙運動を対象としてこれだけの公費を投入することには合理的根拠が乏しく、警察比例の原則に全く合致しないと考えられるものである。そうした点にメスを入れなかった同判決は警察活動の事後的規制の必要という面から大いに不満が残るところであり、筆者は本判決の結論を首肯し難いと考えている[*20]。それでも、同判決が、捜査員の尾行活動と撮影記録行為とを比較し、後者についてプライバシー侵害の観点から質的違いを指摘した点については評価するものである。

すなわち、同判決が触れたとおり、記録媒体に記録される際には警察比例の原則のみならず、肖像権やプライバシー権の侵害の程度を勘案して法的評価がおこなわれるべきである。その点で、GPS利用捜査につきこれを尾行と同視し、目視の代替であると主張する任意処分説の限界がここにおいて明らかにされているといえよう。

---

*19 控訴審（東京高裁平成22年3月29日）、上告審（平成24年12月7日刑集66巻12号1627頁）参照。

*20 一審判決に対する評釈としてたとえば、宇賀克也「国家公務員の政治的行為の制限(1)」自治実務セミナー53巻7号（2014年）38頁、長岡徹「国家公務員の政治活動の自由をめぐる二つの東京高裁判決：堀越事件判決〔2010.3.29〕と世田谷事件判決〔2010.5.13〕の意義」法と政治61巻4号（2011年）37頁等参照。

本件のようなマニュアル操作される撮影記録動作が人的判断に依存している撮影に対してですらこのような検討がおこなわれているのであるから、対象者の同意のないまま継続的かつ長期にわたる移動履歴＝位置情報が包括的に記録されて蓄積されるGPS利用捜査は、たとえ公共空間を移動する間であったといっても、そのプライバシーへの期待に対する侵害は格別に大きいと言わなければならないだろう。

(4) Nシステム

1) 概要

Nシステムとは、「その設置地点を通過する車両すべてを自動的に撮影し、その画像及び車両ナンバーをコンピュータデータの形式で保存し、随意に検索できるシステム」であって、「Nシステム端末には、様々なタイプがあるが、いずれも車両検知機（センサー）、撮影機（CCDテレビカメラ、赤外線ストロボ等）、情報処理装置（ナンバー・文字認識装置、伝送制御装置）及びこれらを道路上に固定するアーチ等の構造物から構成されている」。そして「センサーによって車両の接近を感知したNシステム端末は、設置地点を通過する車両につき、その車種、通過速度、交通違反の有無、手配されていることの有無を問わず、旧型のものは一枚の静止画で、新型のものでは毎秒60枚の速さのテレビ画像で、車両前面を撮影し、撮影された車両ナンバープレートの判読を行い、これに関する情報を、各都道府県警察本部のコンピュータ及び警察庁のホストコンピュータに送信する」ようになっている[21]。

記録されたデータについては、警察側の主張によれば「保存されているナンバーデータについて、一定期間経過後は逐次消去される仕組みとなっており、保存期間中であっても一定の重要犯罪の捜査に必要な場合以外は使用しないこととし、各都道府県警察に設置された検索用端末装置を操作できる職員を限定するなど、厳格な管理措置を講じている」とされている[22]。

これまで、Nシステムに記録されたデータが刑事裁判の証拠として用いられた例が殆ど存在しないため、その証拠能力や証明力が問題となったケースは見当たらない（管見する限り、唯一の例外はいわゆる今市事件の公判であろう〔宇都宮地判平成28年4月8日判時2313号126頁〕）。裁判例としては、N

---

*21　後掲東京高裁平成21年判決より。

*22　同上。

システムによる肖像権侵害を理由とした民事裁判ないし刑事事件での証拠開示請求の対象として同システムの収集したデータを求めたケースがあるのみで、いずれの裁判においても裁判所は肖像権の侵害を認めていない。報道等では犯人逮捕のためのツールとしてNシステムが頻繁に利用されていることが窺えるに止まる。1987年に始まったとされるこのシステムを構成するカメラは、2012年には全国に540台配備されているとされる。[*23]

2) 裁判例

東京高裁は、Nシステムの合憲性が争われた損害賠償請求事件控訴審判決において、次のように述べて番号読み取り装置としての同システムの合憲性を説明した（東京高判平成21年1月29日判例タイムズ1295号193頁）。

> 「我が国においては、警察は、警察法2条1項の規定により、強制力を伴わない限り犯罪捜査に必要な諸活動を行うことが許されていると解されるのであり、上記のような態様で公道上において何人でも確認し得る車両データを収集し、これを利用することは、適法に行い得るというべきある」

本判決はこの箇所において、交通検問の合憲性を承認した最高裁判例である最決昭和55年9月22日刑集34巻5号272頁を先例として掲げている。

なお、Nシステム等の情報収集の目的については、「自動車使用犯罪の犯人の検挙等犯罪捜査の必要及び犯罪被害の早期回復にあると認められる」として、原告の主張した目的外利用の問題については、「他に真の目的があることを認めるに足りる証拠はない」と退けている（上告棄却）。

ところで、本判決の引用した55年決定は、警察法を単なる行政組織法としてのみならず、警察活動の一般的根拠規範であると解した判例として著名である。[*24] その際にも、任意処分の域を超えた公権力行使を必要とする場合には別に法令の定めが必要と解している。55年決定で争われた検問を用いた行政警察活動の必要性について、同決定は交通事故や違反の防止という政策的

---

*23 Nシステムを論じたものとして、たとえば櫻井光政「Nシステム訴訟の現状」法学セミナー48巻4号（2003年）62頁等。

*24 55年判例についてはさし当たり、原田和往「自動車検問」『刑事訴訟法判例百選第9版』（別冊ジュリスト、2011年）12頁を参照。交通検問についてはたとえば拙稿「自動車検問」『刑事訴訟法の争点』（ジュリスト増刊、2013年）62頁参照。

根拠を掲げていた。だからこそ、検問地点において警察は告知をおこなった上で個々のドライバーの協力を要請するような手続を踏んでいる。そうした決定の趣旨を踏まえるとするなら、設置箇所も明らかにせず告知もしないで通過車両のデータを一括網羅的に収集するNシステムに対して、警察法第2条第1項だけでその全ての権限を付与されていると認めることは余りに判例の射程を逸脱した類推と言わねばならないだろう。

3) 学説

小泉良幸教授は、55年決定を引用した本判決の考え方の危険性を指摘すると共に、次のように述べてNシステムが現実に道路交通利用者に「萎縮効果」を与える、基本的人権にとって危険な存在であることを指摘している。

> 「Nシステムによるいわば≪検問≫は、生身の警察官によるそれとは異なり、自動的・継続的かつ広域にわたり、自動車移動情報を取得する。それと膨大な警察保有情報との照合により、個人行動履歴の追跡可能性は拡大する。その運用・管理が内部法に委ねられていることと相まって、そのこと自体を、基本的人権保障にとって「危険視」できよう。[25]」

すなわち、一過性のある路上での交通検問とは異なって、Nシステムで利用されているテクノロジーの性質や性能に着目し、その異質性を検討することが不可欠であると指摘されているのである。

同様の民事訴訟において裁判所がNシステムに関して初めて合憲判断をおこなったケース（東京地判平成13年2月6日判例時報1748号144頁）について評釈をおこなった小林直樹教授も、システムの情報が市民に開示されていないこと、無差別に警察が情報を取得・保有・利用しているにもかかわらずこれを統制する法的手続が不十分であることから、同システムが「自己情報コントロール権」の侵害を最小化することに失敗していると批判した。[26]

また、山本未来氏は、監視装置の高度化がもたらす影響を勘案すると、公共空間だからといって直ちにプライバシー侵害がないとの結論は妥当でない

---

[25] 小泉良幸「車両ナンバー読取システムと憲法13条」『ジュリスト平成21年重要判例解説』10頁。

[26] 小林直樹「Nシステムと自己情報コントロール権」法律時報78巻8号（2006年）80頁。また、同「自動車ナンバー自動読取システム（Nシステム）事件」獨協法学68号（2006年）96頁参照。

という立場を示した。[27]

> 「確かに公道におけるナンバーや一過性の移動情報にはプライバシーがない、あるいは極めて低いとしても、本来の目的以外の利用がなされる場合や情報が集積される場合についてはプライバシーへの客観的期待や過度の干渉が成立する余地もあり得る」[28]

というのである。山本氏は、かかるNシステムについて、「干渉の度合いが極めて高い」ため、場合によっては令状要件の具備がない限り、許容され得ない場合がある（筆者の理解ではこれは次に述べるデータ照合の問題を指すものと解される）と示唆している。

4) GPSとの比較

NシステムとGPSとを比較すれば、先におこなった監視型捜査についての定点監視型と追尾監視型という区分に従うと、Nシステムは前者に区分され、定点一括監視に止まり、特定の車両追跡には利用されていないということになる。ところが、Nシステムが上記区分による定点監視と分類するに止まらないようなデータ収集をおこなっていた事実を窺わせるケースがある（東京地判平成21年2月17日判例時報2052号53頁、判例タイムズ1315号112頁）。

原告は、自己の運転する車両のナンバーが盗難車両としてNシステムに登録されたため、一日のうちに4回も職務質問を受けることとなった。そのため警察庁や群馬県、国等を相手取って損害賠償を求めたものである。

すなわち、「本件第一職務質問（最初に原告が職務質問を受けたもの——筆者注記）以降は、本件車両が手配車両ではないことが判明していたにもかかわらず、本件車両が手配車両であるとの情報を削除しなかったことにより、本件車両を手配車両としてNシステムに該当させ、所轄警察官をして本件車両に対する無用な職務質問を実施せしめる事態を招来した」のである。

そもそも、本件原告は、不当解雇反対の組合運動や自衛隊イラク派兵反対運動に従事しており、移動の当日は「反弾圧・反警察」を標榜する集会に参加する途上であったとされている。そうすると、Nシステムとは、盗難車両

---

*27 山本未来「自動車ナンバー自動読取システム（Nシステム）の許容性と限界」明治学院大学法科大学院ローレビュー6号（2007年）95頁参照。
*28 同106頁参照。

のナンバーを登録して自動的に照合検出をおこなうという犯罪捜査目的ばかりではなく、何らかの公安警察の警備上の観点から同システムが用いられていたのではないかという疑い、すなわち目的外利用の懸念に一定の合理的根拠があることが本判決を通して明らかになったともいえる。

　国はおそらくかかる運用はないと主張するであろうが、盗難車両等ではない特定車両のナンバーを事前に登録しておけば、上記盗難車両検出プロセスと同様、リアルタイムで監視撮影ポイントの通過をモニターすることが可能なシステムとなっているわけである。

　実際、判決では次のように認定されている。

> 「被告国は、全国の警察からの手配車両データを警察庁情報管理システムにより一元的に蓄積、保存して各都道府県警察本部に利用させていることから、警察庁は、情報管理システムの設置、運用責任者として、取り扱う情報の適正管理義務を負うところ、誤情報がホストコンピュータに登録され、その情報が都道府県警察本部の自動車ナンバー照合装置に送信され、当該都道府県の道路上に設置された端末装置を通過した車両について誤ったNシステムに該当させたような場合には、情報の適正管理義務を怠ったか、警察庁情報管理システムの管理の瑕疵があるというべき」

　実は、現在に至るまで、Nシステムにおいていかなるナンバー照会制度の運用管理がなされているのかは不透明なままである。[*29] であるならば、Nシステムは1個のカメラによる撮影記録システムとしてではなく、システム全体として追尾監視も可能となっていると評価でき、単に公共空間においてこれらが設置されているからプライバシーへの合理的期待が放棄されていると解するのは相当ではなく、何らかの事前抑制ないし事後的検証の機会が保障される必要があると言えるだろう。

　この点、2008年3月11日にドイツ連邦憲法裁判所においても、自動的自動

---

*29　平成27年6月16日衆議院法務委員会における、三浦政府参考人による以下の答弁参照。「自動車ナンバー自動読み取りシステムにつきましては、設置場所等が明らかになれば今後の捜査に重大な支障が生ずるおそれがあるため、警察庁は、従前から、都道府県警察に対し、具体的事件での運用状況等について保秘を徹底するよう指導を行っているところでありまして、このことは現在においても同様であります」とする。

車ナンバー記録装置の導入を試みる州法について「自己情報決定権」侵害を理由に違憲判断をおこなっており、参考とされるべきであろう。[*30]

同裁判所は次のように判示した。

> 「基本法上の保護は、自動車登録番号のように、特定個人を識別することができる情報を公然と知ることができると規定されている場合でも、基本法上の保護を失うのではない。個人が、公益のために放棄している場合であっても、自己情報決定権は、個人情報が、他に利用される可能性を有する蓄積のための自動的な情報収集において、把握されない利益を保護している。[*31]」

とりわけ、先の平成21年東京地判の事例で問題にされたように、同裁判所が移動の自由に対する制約について言及している点が注目される。

> 「自己情報決定権に対する侵害は、例えば、自動車の現在地又は走行方向などに関する情報が追加される場合には拡大される。登録番号標の把握が、他の情報、例えば、個人の動きを知るためにも利用されるのであれば、侵害の程度は高まる。登録番号の把握が、危険防止のための具体的な措置、例えば、自動車の停止又は押収の原因となる場合には、それは、その合法性が憲法上別個の授権において正当化されねばならない、独立の侵害である。[*32]」（傍点筆者）

更に日本における民事裁判の原告が指摘していたように、目的外利用の危険性についてもこれを正面から認め「どのような目的が追求されるべきなのかは、開かれたまま」だとして次のように危険性を指摘した。

> 「利用目的が確定されていなければ、そのために収集されたのではない目的のために利用される危険が生じる。目的拘束性が欠けておれば、収集された情報は、蓄積後、特に他の個人情報と結合した上で、例えば、

---

*30 平松毅「独逸連邦憲法裁判所ビデオ監視及び自動車登録番号自動記録装置違憲判決」大東ロージャーナル５号（2009年）123頁参照。
*31 同134頁参照。
*32 同135頁参照。

他の目的のためのデータベースに蓄積されるなど、将来予測できない措置のために利用される原因となる。」[*33]

　こうしたドイツ連邦憲法裁判所が指摘した諸点も合わせて考えると、公共空間においてナンバーを記録しているNシステムと、公共空間において第三者にその位置を示している車両や移動体の位置情報を常時そして継続的に長期にわたって取得しているGPSとは、肉眼による監視を超えた情報収集という点で共通した性質を持っている。それだけではなく、とりわけGPSの場合には個人を特定して常時追跡監視が行われる点で、Nシステムのような行政警察活動に属する一括監視システムとは異なって、明らかに司法警察活動に属するところ、任意捜査としておくことは妥当ではなく、何らかの事前抑制もしくは事後的検証のいずれか、あるいは両方が必要とされるというべきだろう。

(5)　小括

　このように追尾監視型のハイテク技術利用捜査を概観したところ、強制処分と捉えられている携帯電話位置情報、任意処分として捉えられている尾行監視まで幅広いことが了解された。その中でもNシステムのように警備体制の一貫として司法警察活動としてではなく行政警察活動として位置づける裁判例の立場も明らかになっている。

　そうした法的位置づけは、利用されているハイテク技術の性質に照らして判断されている。統一的な判断基準や方法は定まっていないが、個々の事例において用いられる技術の特性に配慮した判断も散見されるところである。また、市民生活におけるプライバシーの合理的な期待ばかりでなく、他の憲法上保護された諸権利や利益への侵害ないし侵害可能性を踏まえて判断されているように思われる。

　そうすると、GPS技術を用いた捜査についても、公共空間での移動情報を収集しているという一事をもって任意処分と考えることは適切ではないと言えるであろう。本項の考察のとおり、GPSの広範で継続的で包括的な移動履歴情報収集は、個別の追跡対象者(物)に装着する同様の手法であるビーパー(間欠発信器)よりも、また、一括採取方式のNシステムよりも、更にプラ

---

*33　同138頁参照。

イバシーの侵害が深刻であり、人の移動の自由に対する萎縮効果が大いに懸念されよう。

　何より、わが国では警察がそうした移動履歴情報を取得した後の記録保存について何らの法的規制が存在しておらず、内規に運用が委ねられてきた点は看過できないところである。[*34]

　加えて、わが国の場合、パーソナルデータの収集ならびに保存に関しても、捜査機関を対象とした統制が全くおこなわれていないことに鑑みると、移動（位置）履歴情報の収集について事前ないし事後的規制が不可欠であると言わねばならない。

（いぶすき・まこと）

---

*34　平成18年6月30日付警察庁刑事局刑事企画課長発出の「移動追跡装置運用要領」である。

第2章

GPS捜査とプライバシー保護

憲法論からの考察

宮下　紘

中央大学准教授

1. 大法廷判決の憲法論

　2017（平成29）年3月15日、最高裁判所大法廷判決は、憲法35条に基づき「住居、書類及び所持品」に限らずこれらに準ずる私的領域に「侵入」されることのない権利の保障を明らかにした[*1]。本判決は、「個人のプライバシー」と「公権力による私的領域への侵入」を憲法の視点から考察するにあたり、次の3つの点において重要な手掛かりを残している。

　第1に、GSP捜査の特徴について次のように指摘する。すなわち、GPS捜査が「個人の行動を継続的、網羅的に把握することを必然的に伴う」とともに、「公権力による私的領域への侵入を伴う」ことが明らかにされた。

　第2に、GPS捜査は、「合理的に推認される個人の意思に反してその私的領域に侵入する捜査手法である」とされ、「個人の意思を制圧して憲法の保障する重要な法的利益を侵害するものとして」、強制処分に当たることが示された。

　そして、第3に、GPS捜査を今後利用する場合、「憲法、刑訴法の諸原則に適合する立法的な措置が講じられることが望ましい」とされた。

　今後、新たな技術を駆使した捜査が行われるとすれば、大法廷判決の含意は、単にGPS捜査にとどまらず、GPS以外の機器を用いた捜査にも影響を及ぼすこととなろう。また、仮にGPS等の新たな技術を用いた立法措置が行われるとしても、憲法が保障する私的領域に「侵入」されることのない権利に

---

*1　最大判平29・3・15刑集71巻3号13頁。

反するものであれば、その立法は違憲とされる運命にあり、さらに、仮に合憲の立法であっても運用において私的領域に「侵入」されることとなれば同じく適用において違憲とされる運命にあろう。

そのため、大法廷判決は、今後の適正な捜査の在り方と個人のプライバシーとのバランスをいかに図るべきかという重大な争点を提起している。本章では、憲法の視点から、この争点に示唆を提供する目的で、上記の3つの手掛かりを基に考察を行うことを目的としている。

2. 私的領域に「侵入」されることのない権利

(1) 憲法35条

憲法35条にいう「私的領域に『侵入』されることのない権利」とはいかなる権利であるか。従来より、侵入を受けることのない権利とは、「公権力によって侵入等を受けることのない権利」を指し、ここで「侵入」とは、「住居内に、その管理者の意によるのでなしに入ること」を言うものと理解されてきた。[*2] そして、「侵入」の理解については、「やり方が通常の程度を超えたものであるとき」[*3] には、特別の機械を使って外部から屋内の会話等の模様を盗み聞くことなどが住居への侵入と同じに扱われることが示されてきた。また、「住居」についても、およそ人が私生活の保護について合理的期待を抱く場所と観念されてきた。[*4] さらに、住居侵入に令状を必要とする趣旨は、空間に侵入する目的である「強制的な情報収集からの保護に主眼がある」[*5] とも理解されてきた。

このように35条が解釈される背景には、同条の実体的側面と手続的側面について理解する必要がある。35条の実体的側面とは、プライバシー権の保護である。[*6] 他者の侵入を排除しうる私的な空間を保有することは、人として生きるための必須の条件である。[*7] また、35条の手続的側面については、私

---

*2　宮沢俊義・芦部信喜『全訂日本国憲法』（日本評論社、1978年）307〜308頁。
*3　宮沢・芦部・前掲注2、307頁、杉原泰雄「被疑者の権利」芦部信喜編『憲法Ⅲ人権（2）』（有斐閣、1981年）163頁、参照。
*4　佐藤幸治『憲法〔第3版〕』（青林書院、1995年）581頁、参照。
*5　渋谷秀樹『憲法〔第3版〕』（有斐閣、2017年）239頁。
*6　芦部信喜・高橋和之補訂『憲法〔第6版〕』（岩波書店、2015年）248頁、高橋和之『立憲主義と日本国憲法〔第4版〕』（有斐閣、2017年）290頁。
*7　長谷部恭男『憲法〔第6版〕』（新世社、2016年）261頁、参照。

的領域への侵入等の強制手続が恣意的に行われないよう、中立的な第三者である裁判官の判断を介在させるという趣旨が含まれる[*8]。

かくして、35条が保障する住居等の不可侵の原則は、立憲主義における不可欠の要素をなす「立憲的公理[*9]」と位置付けられてきた。そして、大法廷判決は、この「立憲的公理」について、「住居、書類及び所持品」に限らずこれらに準ずる私的領域に「侵入」されることのない権利が含まれるものと解するのが相当であると判断した。

(2) 個人の行動の継続的、網羅的な把握

GPSを用いた捜査手法は、①「個人の行動を継続的、網羅的に把握することを必然的に伴うから、個人のプライバシーを侵害し得るものであり」、また②そのような侵害を可能とする機器を用いて「公権力による私的領域への侵入を伴うもの」であると位置づけられた。下級審においてGPS捜査が違法であるとするものと違法でないとするものに判断が割れたが、その主たる原因の一つにこのGPS捜査の特性の理解があると考えられる。確かに、個々の事案において用いられたGPSの機器の性能により誤差が生じたり、その運用において位置情報の保存状態が異なれば、位置情報の把握の実態は異なり得る[*10]。

しかし、大法廷判決は、実際に捜査機関がGPSを用いて個人の行動を網羅的継続的に把握しているか否かといった点のみを問題としているのではなく、むしろGPS捜査が個人のプライバシーを侵害「し得る」という特性、またそのような侵害を「可能とする」機器の特性に着目している。大法廷判決が念頭に置いた個人のプライバシーへの侵害の「可能性」については、名古屋高裁判決が的確に示していると思われる。すなわち、位置情報が分析されるこ

---

*8 松井茂記『日本国憲法〔第3版〕』（有斐閣、2007年）530頁、奥平康弘『憲法が保障する権利』（有斐閣、1993年）326頁、参照。

*9 大石眞「憲法35条解釈の再構成」法学論叢136巻4・5・6号（1995年）172頁。なお、憲法35条の文言解釈として同条がもっぱら被疑者の権利の保障に関する規定をしているものと理解することも不可能ではないが、住居等の私的領域の不可侵性の原則は「何人」に対しても及ぶ権利であると理解すべきであろう。なお、刑事訴訟法の視点から憲法35条の理解については、緑大輔「無令状捜索押収と適法性判断（1）～（3完）」修道法学28巻1号・同28巻2号・同29巻1号（2005年～2006年）、参照。

*10 GPS端末により、位置情報の測位誤差が生ずることが言及された事例として、名古屋地決平成27年12月24日（判時2307号136頁）及び福井地決平成28年1月26日がある。これらの決定をご紹介いただいた指宿信教授にこの場を借りて御礼申し上げる。

とで、「対象者の交友関係、信教、思想・信条、趣味や嗜好などの個人情報を網羅的に明らかにすることが可能[11]」となり、その運用次第では、対象者のプライバシーを大きく侵害する危険性を内包している。これは情報の「取得」ではなく、情報の「利用」に着目したプライバシーの侵害態様であり、現代的なプライバシーの議論の主戦場となりつつある[12]。

　なお、このような日本の最高裁や名古屋高裁が言及するGPS捜査の特性については、アメリカ連邦最高裁判所の判決における「情報収集の装置[13]」という理解や、欧州人権裁判所の判決におけるGPS監視による「人の行動、意見又は感情に関するより多くの情報の開示[14]」という理解と軌を一にする。

(3) 位置情報の把握とプライバシー・個人データ保護の侵害

　位置情報という点の情報であっても、それが記録・保存され、そして分析されることで、点と点が結びつき線になり得る。ビッグデータの時代においては、個人に関する情報が自ら了知しないところで収集、利用、分析及び提供される可能性があり、またそのように取り扱われてきたのが現実である[15]。

　この点、GPS捜査における位置情報の利用については、第1に、GPS捜査は、仮に位置情報が捜査のためのみにおいて利用されることとなるとしても、どの事件においてどの対象者のどの情報がどの程度の期間収集・保存されたかについての利用目的の特定が必ずしも容易でない場合がある。特に自動車の追跡の場合には運転者が対象者と異なる場合があることにも注意を要する。第2に、捜査以外の場面にも共通するが、位置情報の把握は当初から捜査機関による選択をすることができない。つまり、対象者の移動場所が公道以外の私有地等を含むことがあり、本来管理者の承諾なしに立ち入ることができ

---

*11　名古屋高判平28・6・29判時2307号129頁。
*12　山本龍彦『プライバシーの権利について考える』（信山社、2017年）89頁以下、参照。大法廷判決がモザイク理論に親和的であると評価するものとして、中島宏「GPS捜査最高裁判決の意義と射程」法学セミナー752号（2017年）13頁。
*13　*United States v. Jones*、565 U.S. 400、410、January 23、2012.
*14　ECtHR、*Uzun v. Germany*、September 2、2010、Application no. 35623/05、para 52. See also ECtHR、*Ben Faiza v. France*、Application no. 31446/12 (pending).
*15　調査官による解説においてもこの指摘がみられる。伊藤雅人・石田寿一「車両に使用者らの承諾なく秘かにGPS端末を取り付けて位置情報を検索し把握する刑事手続上の捜査であるGPS捜査は令状がなければ行うことができない強制の処分か」ジュリスト1507号（2017年）109頁、参照。GPS捜査における情報の分析類型については、尾崎愛美「装着型GPS捜査とプライバシー」法学政治学論究111号（2016年）46頁、参照。

ない場所までの追跡の対象となることがある。第3に、GPS捜査は「秘かに」行わなければその意義が損なわれる可能性もあるが、この密行性は仮に違法に情報収集が行われた場合の対象者の原状回復を図るための救済の方途が失われてしまうこととなる。

日本における電気通信事業者による位置情報の取扱いについて、捜査機関からの要請により位置情報の取得を求められた場合においては、裁判官の発付した令状に従うときに限り、当該位置情報を取得することができるとされてきた（総務省「電気通信事業における個人情報保護に関するガイドライン」35条4項）。このような厳格な規定は、「ある人がどこに所在するかということはプライバシーの中でも特に保護の必要性が高い」ことが前提とされており、同時に通信の秘密にも関係する事項となるためである。[16]

また、従来より公道における位置情報についてプライバシーが問題とされてきたが、民事法における人格権論からは、プライバシー保護が一定程度及ぶことが確認されてきた。たとえば、公道上のプライバシーについて、「公道においても、通常は偶然かつ一過性の視線にさらされるだけであり、特別の事情もないのに、継続的に監視されたり、尾行されることを予測して行動しているものではないのであって、その意味で、人は一歩外に出るとすべてのプライバシーを放棄したと考えるのは相当ではない」とされた。[17]

このようなデータ分析がもたらすプライバシーへの脅威に照らし、位置情報をめぐりこれまで諸外国では、プライバシー及び個人データの保護の観点から現実に法執行が行われた事例がみられる。オランダにおいて、運転者のスピード違反の確認及びスピード違反のしやすい場所を確認する目的で自動車のカーナビゲーションから位置情報が警察に提供された事案において、データ保護監督機関は、一部のデータが匿名化されていたものの、リアルタイムで提供された個人データについては本人からの明確な同意がなかった

---

*16 総務省「電気通信事業における個人情報保護に関するガイドラインの解説」平成29年9月103頁、総務省「位置情報プライバシーレポート」平成26年7月7頁、参照。

*17 大阪地判平6・4・27判タ861号160頁。「容ぼう・姿態以外の私的事項に対する撮影も、プライバシーを侵害する行為として、法的な保護の対象となる」といった裁判例（福岡高判平24・7・13判時2234号44頁）もある。また、乗車履歴といった位置情報についてもその取扱いによってはプライバシー及び個人情報の保護の観点から問題とされてきた（たとえば、東日本旅客鉄道株式会社「Suica に関するデータの社外への提供についてとりまとめ」2015年10月、同「Suica に関するデータの社外への提供について中間とりまとめ」2014年2月、参照）。

め個人データ保護法に違反すると判断された事例がある。[18] また、EUでは、GPS端末を用いた労働者の位置情報を把握する場合やスマートモバイル端末を用いて位置情報サービスを提供する場合、対象者・利用者への事前の周知と明確な同意が条件とされるなど、厳格な運用が行われてきた。[19]

3. 憲法の保障する重要な法的利益を侵害するGPS捜査

(1) 「通達」と「立法」

大法廷判決では、GPS捜査が「個人の意思を制圧して憲法の保障する重要な法的利益を侵害するものとして」、強制処分に当たるとされた。[20] ここでは、強制処分と任意処分の区分を立法論と関連付けて整理してみることとする。

プライバシーが問題となった捜査において、強制処分が否定された事例として、京都府学連事件において、「現に犯罪が行なわれもしくは行なわれたのち間がないと認められる場合であつて、しかも証拠保全の必要性および緊急性があり、かつその撮影が一般的に許容される限度をこえない相当な方法をもつて行なわれるとき」[21] には個人の容ぼう等の撮影が認められるとした。また、「ビデオ撮影は、捜査目的を達成するため、必要な範囲において、かつ、相当な方法によって行われ」[22] る限り、捜査活動として適法とされた事例もある。これらの事例からは、憲法35条に照らし、必要性・緊急性と被侵害利益とを衡量して捜査活動に対する一定の歯止めをある程度客観的に評価し得る

---

*18 Autoriteit Persoonsgegevens、Official investigation by the CBP into the processing of geolocation data by TomTom N.V.、December 20、2011.

*19 *See* Article 29 Data Protection Working Party、*Opinion on Geolocation Service on Smart Mobile Devices*、May 16、2011; *Opinion on Data Processing at Work*、June 8、2017.

*20 強制処分とは、「個人の意思を制圧し、身体、住居、財産等に制約を加えて強制的に捜査目的を実現する行為など、特別の根拠規定がなければ許容することが相当でない手段を意味するもの」とこれまで捉えられてきた（最決昭51・3・16刑集30巻2号187頁）。大法廷判決における強制処分の意義について、刑事訴訟法からの考察として、堀江慎司「GPS捜査に関する最高裁大法廷判決についての覚書」論究ジュリスト22号（2017年）138頁、斎藤司「GPS捜査大法廷判決の論理とその影響」自由と正義2017年10月号（2017年）15頁、大野正博「いわゆる『現代型捜査』の発展と法の変遷」法学セミナー752号（2017年）22頁、平江徳子「GPS（全地球測位システム）を用いた捜査」福岡大学法学論集62巻1号（2017年）279頁、等参照。

*21 最大判昭44・12・24刑集23巻12号1625頁。

*22 最決平20・4・15刑集62巻5号1398頁。

ことから、捜査の適正を担保しうると考えられる。

　これに対し、最高裁は、強制処分に該当するとして事例として、宅配便荷物のエックス線検査について、「荷送人や荷受人の内容物に対するプライバシー等を大きく侵害するものである」[23]と判断した。また、「電話傍受は、通信の秘密を侵害し、ひいては個人のプライバシーを侵害する強制処分である」[24]とされた。宅配便荷物のエックス線検査や電話傍受は写真撮影やビデオ撮影とは異なり、対象者に気づかれないように「秘かに」行うことが想定されている。少なくとも大法廷判決の事案が裁判に係争されるまでの間、警察庁のGPS捜査に関する「通達」の存在すら必ずしも明らかにされてこなかった。

　このように「秘かに」行われる捜査活動は、場合によっては、「憲法の保障する重要な法的利益」を侵害したことすら公にならない場合があり、令状捜査のため裁判所においてもチェックが困難な場合が生ずる。そのため、GPS捜査における個々の事案における裁判官の令状審査においても困難が伴うことがあるため、民主的議論という要請を通じた「立法」の要請があるのみならず、捜査への信頼性を担保するための透明性ある議論を通じた「立法」が求められたものと考えることができる。

　そして、大法廷判決が対象とした事件において、GPS捜査が警察庁の「通達」によって実施されていたとされる。むろん専門技術的な捜査活動に関する事項について、警察庁が通達を発すること自体に大きな異論はない。しかし、大法廷判決において「秘かに」行われる捜査活動への懐疑を看取することができるならば、それは本件における行政組織内部の「通達」とその運用への不信の表れであるとも推察することができ、そのため民主的統制のある「立法」を要求したと受け止めることが可能であろう。仮に警察庁の「通達」により「憲法の保障する重要な法的利益」を侵害することがないことが十分に担保されうると考えられれば、あえてGPSに特化した「立法」作業を求める必要がどれだけ残されていたかは疑問がある。すなわち、大法廷判決は、もっぱら司法と立法との間における権限を意識して立法を呼びかけたにとどまるのではなく、それと同時に、明示的にされてはいないものの、また、本来通達は審査の対象とはならないものの、行政による「通達」に対比させる

＊23　最決平21・9・28刑集63巻7号868頁。
＊24　最決平11・12・16刑集53巻9号1327頁。

形で国会の「立法」への言及をしたものと読むことができる。[*25]

　ここにGPS捜査における強制処分法定主義の趣旨は、単に令状発付の技術的困難さに伴う司法の限界のみから生ずるものではなく、行政の「通達」への民主的統制の観点から「立法」による裏書きの必要性にも求めることができると考えらえる。

(2) 「把握」と「装着」

　強制処分の判断については、刑事訴訟法の分野において多くの研究が蓄積されているところ、憲法論としては、「憲法の保障する重要な法的利益」の内容を明らかにしたうえで、その侵害の有無が重要となる。大法廷判決における私的領域への侵入の理解には困難を伴う。それは、13条と35条の距離をどう理解するべきかという問題が存在するためである。

　従前、最高裁は、憲法13条が「国民の私生活上の自由が、警察権等の国家権力の行使に対しても保護されるべきことを規定している[*26]」ことを明らかにしてきた。長らく憲法13条に基づくプライバシー権論は、刑事事件のみならず、民事事件においても最高裁において論じられてきたところである。[*27] ところが、大法廷判決は、憲法13条ではなく、憲法35条に依拠して、「私的領域」の保護を言明した。この点、13条と35条のプライバシーの間に格差をもたらし、13条は軽く、35条は重い、との認識を生み出した、という鋭い指摘がある。[*28] すなわち、GPS捜査が憲法13条から導かれる「個人の私生活上の自由」への侵害を構成するという論理ではなく、ここで、35条における「私的領域」とはいかなる性格を有するかが問題となる。

　大法廷判決は、第1に、「個人の行動を継続的、網羅的に把握することを必然的に伴う」としてこの「把握」が個人のプライバシーを侵害し得るとす

＊25　通達とは、上級行政機関が下級行政機関に対して発するところの、法令解釈の基準であり、外部効果をもつものではない。そのため、裁判所は、通達に示されたところを考慮する必要はなく、むしろ考慮してはならない」（塩野宏『行政法Ⅰ〔第6版〕』〔有斐閣、2015年〕102頁）。また、大法廷判決から議会と裁判所の関係を論じるものとして、山田哲史「GPS捜査と憲法」法学セミナー62巻9号（2017）28頁、参照。

＊26　最大判昭44・12・24刑集23巻12号1625頁。

＊27　最判平20・3・6民集62巻3号665頁（個人の私生活上の自由の一つとして、何人も、個人に関する情報をみだりに第三者に開示又は公表されない自由を有する）、最判平7・12・15刑集49巻10号842頁（個人の私生活上の自由の一つとして、何人もみだりに指紋の押なつを強制されない自由を有する）。

＊28　山本龍彦「GPS捜査違法判決というアポリア？」論究ジュリスト22号（2017年）152頁。

る。第2に、個人のプライバシーの「侵害を可能とする機器を個人の所持品に秘かに装着すること」から、この「装着」が公権力による私的領域への侵入を伴うとする。[29]すなわち、35条の私的領域論は、あらゆる「場所や空間」についてその保障が及ぶのではなく、GPS端末の「装着」という行為によって個人の行動の継続的・網羅的な「把握」を可能にする点を被侵害利益と捉えている。私的領域は、「把握」のみならず、「装着」によって侵害されうる領域である。この2段階の「把握」と「装着」論理から、私的領域への侵入が認められうるとすれば、35条における私的領域論は、主に「把握」を規律するための13条におけるプライバシー権と、主に「装着」を規律するための29条における財産権をある種併有した性格を帯びているとも捉えることができる。

　もっとも、「場所や空間」を保護の主眼に置く35条に依拠することは、GPS捜査における情報の収集、保存及び利用の特殊性に対処するには「ミスマッチ」[30]であるという主張もみられる。これまで13条に基づく情報も保護の対象としてきたプライバシー権論の方が従来の最高裁の立場とより整合的に説明がつくと考えることは不当ではなかろう。いずれにしても、ここでの憲法の保障する重要な法的利益とは、従来の先例にみられる単純に個人のプライバシーないし私生活上の自由のみを指すのではなく、プライバシーを含むがそれに収まりきらない「私的領域」への侵入を指すものと理解することができる。

4．憲法の諸原則に適合する立法的な措置

(1)　類型論の克服

　大法廷判決は、GPS捜査の特質に着目して「憲法、刑訴法の諸原則に適合する立法的な措置が講じられることが望ましい」と言い渡した。この「立法的な措置」という課題は、「憲法の保障する重要な法的利益」を侵害するも

---

*29　ここで「装着」の意味を単なる財産権の侵害と捉えることには疑問が残る。宇藤崇「GPS捜査大法廷判決について」刑事法ジャーナル53号（2017）62頁、参照。また、大法廷判決は、個人の排他的支配が及ぶ「固有領域」に加え、秘密性の保護が要請される「私的領域」を保護の対象としていると理解するものとして、松田岳士「令状なしのGPS捜査が違法とされた事例」季刊刑事弁護91号（2017）101頁、参照。
*30　山田・前掲注25、29頁。

のであってはならず、憲法論の観点からも吟味が必要である。

　この点、まず依然としてGPS捜査を任意処分と位置付ける可能性があるか否かについて考えてみる。ひとえに位置情報の収集といってもその態様は様々なものが想定され、大法廷判決において問題とされたのはいわゆる装着型GPS捜査である。これに対し、任意処分としてのより謙抑的な尾行補助手段型のGPS捜査も想定されるところである。

　しかし、両者の区別を類型的に行うことはそもそも困難であり、少なくともビッグデータの現実においてデータ収集の機器を補助手段で用いたとしても、そのことがプライバシーへのリスクを消滅させる要因とはならない。[31] 問うべき問題は強制処分か任意処分かという類型論ではなく、「憲法の保障する重要な法的利益を侵害する」か否かが主たる争点であることを想起する必要がある。

(2)　未来志向の立法論

　立法論について、大法廷判決は、「実施可能期間の限定、第三者の立会い、事後の通知等様々なものが考えられる」と具体的技術的な項目を提示した。[32] これらの項目は、情報の取得それ自体のみならず、収集後の情報の保存と利用の場面を想定においている。[33] すでに個人情報の保護に関する法律及び関連ガイドラインにみられるように、情報の保存と利用の場面における規律の立法例は存在している。特に、電気通信事業者が遵守するべき位置情報に関するプライバシー保護及び通信の秘密については、総務省ガイドラインが存在しており、これまでの位置情報プライバシーに関する議論の蓄積も参考に

---

*31　伊藤・石田、前掲注15、110頁、参照。

*32　この点については、緑大輔「監視型捜査」法学教室446号（2017年）24頁、辻本典央「監視型捜査に対する法規制の未来」法学セミナー752号（2017年）33頁、中谷雄二郎「位置情報捜査に対する法的規律」刑事法ジャーナル48号（2016年）48頁、池亀尚之「GPS捜査」愛知大学法学部法経論集209号（2016年）77頁、植村立郎・太田茂・指宿信・清水真・小木曽綾『《座談会》GPS捜査の課題と展望』刑事法ジャーナル53号（2017年）26頁、が参考になる。

*33　山本龍彦「監視捜査における情報取得行為の意味」法律時報87巻5号（2015年）60頁、緑大輔「監視型捜査における情報取得時の法的規律」法律時報87巻5号（2015年）65頁、参照。

されるべきであろう。[34] また、大法廷判決は車両を対象として装着された
GPS端末による位置情報を念頭に置いたものであるが、スマートフォン等の
携帯型GPS機能を有する端末とともに位置情報に関する捜査一般について立
法による実体及び手続における包括的な規律の整備が求められている。[35]

　ちなみに、スノーデン事件以降、監視社会という懸念に対処し、公共の安
全とプライバシーのバランスを図るため、捜査機関等における個人データの
取扱いに対して、司法による事後の個別の事例審査とは別に、独立した第三
者機関による個人データの取扱い(たとえば、データベースの運用そのもの)
に対する監査を設ける仕組みや、[36] 捜査機関等が電気通信事業者等の民間企
業の保有する個人データへの紹介件数を公表する透明性を担保する複層的な
仕組み[37] が諸外国では採られてきていることをここで喚起しておく。このよ
うな複層的な仕組みにより、プライバシーを効果的に保護することは、捜査
への信頼性を高めることにもなる。

　なお、アメリカでは、連邦最高裁においてGPS捜査が争われた事例におい
て、アリート裁判官が「技術の劇的変化を伴う環境において、プライバシー
への懸念の最善策は立法である」とする補足意見を示した。[38] 実際に、アメ
リカでは州法のレベルではあるが、GPS捜査の期間を設けるなどして、プラ
イバシーと公共の安全とのバランスを図る立法がみられる。[39]

＊34　総務省「位置情報プライバシーレポート」(平成26年7月)、参照。通信の外形情報とプ
　　　ライバシー保護に関する刑事法的考察は、堀田周吾「サイバー空間における犯罪捜査とプラ
　　　イバシー」法学会雑誌56巻1号(2015年)569頁、参照。

＊35　指宿信「監視の時代とプライバシー」世界2017年6月号(2017年)54頁、宍戸常寿「情
　　　報通信分野における個人情報保護」Nextcom31号(2017)13頁注12、参照。総務省ガイ
　　　ドラインを踏まえた考察として、尾崎愛美「位置情報取得捜査に関する法的規律の現状と課
　　　題」自由と正義2017年10月号(2017年)22頁、参照。

＊36　United Nations、*Resolution 68/167 The Right to Privacy in the Digital Age*、December
　　　2013.

＊37　*See e.g.*、37th International Conference of Data Protection and Privacy Commis-
　　　sioners、*Resolution Transparency Reporting*、October 27、2015.

＊38　*Jones*、565 U.S. at 429 (Alito, J.、concurring).

＊39　指宿信「アメリカにおけるGPS利用捜査と事前規制」季刊刑事弁護85号(2016年)93頁、
　　　松前恵環「位置情報技術とプライバシー——GPSによる追跡がもたらす法的課題を中心と
　　　して」堀部政男編著『プライバシー・個人情報保護の新課題』(商事法務、2010年)235頁、
　　　参照。連邦議会にいわゆる「位置情報プライバシー及び監視法案」(H.R. 3470; H.R.1062;
　　　S.395)が提出されてきたが、本論文執筆時点で成立の見込みは立っていない。See Com-
　　　mittee on the Judiciary、House of Representatives、Hearing on Geolocational Pri-
　　　vacy and Surveillance (GPS) Act、May 17、2012 (Serial No. 112-125).

かつてルイス・ブランダイスは、弁護士時代に論文でプライバシー権を生み出し、後に連邦最高裁裁判官になりこのプライバシー権を擁護した。1928年、捜査機関による令状の発付がされていない通信傍受が問題となった事案において、ブランダイス裁判官がプライバシー権を展開するに際して、「科学の進歩」に言及し通信傍受にとどまらない技術を言い当てていた。ブランダイス裁判官は、当時まだ十分に発達していなかったテレビが将来プライバシーに脅威になると考え、反対意見を執筆した[*40]。技術の進歩がプライバシーと自由の脅威になることを予想した未来志向の立法論が求められている。

5. 憲法上のプライバシー権再考

(1) 大法廷判決後の課題

大法廷判決の後、下級審ではGPS捜査の違法性を指摘してきたものがみられる[*41]。他方で、一部の集団は捜査目的のGPS端末を警戒し、かなりの部分が回収されてしまっているといった実情がある[*42]。立法が整備されるまでの間、GPS捜査は実質的に封印されることとなったが、GPSをはじめとする新たな技術を用いた捜査活動の必要性が失われたわけではなかろう。

大法廷判決では「GPS捜査が今後も広く用いられ得る有力な捜査手法であるとすれば」という指摘がみられ、また大法廷判決の補足意見において「ごく限られた極めて重大な犯罪の捜査のため」という言及は、まさにGPS捜査の実務上の必要性の表れであると評価することができる。少なくとも、大法廷判決は、GPS捜査そのものを排除する論理を導いたわけではない。一般論として、捜査機関が最先端技術を用いて捜査活動を行うことは、その適正手続が十分に担保されている限りにおいて、これを否定するべき積極的な理由を見出すことは困難である。

そこで、大法廷判決以降、ますます捜査の場面における公共の安全とプライバシーとのバランスを図る必要性が高まることになると考えられる。しか

---

*40 Brandies Papers、Box 48 File 6、February 4、1928 (Harvard Law Library、Manuscript Division). *See also Olmstead v. United States*、277 U.S. 438 (1928). ブランダイス裁判官のメモランダムには、テレビの発明に関する新聞記事が収められていた。

*41 名古屋高裁金沢支判平29・9・26（2017WLJPCA09269004）、奈良地裁葛城支判平29・6・19（2017WLJPCA06199003）、東京地判平29・5・30（2017WLJPCA05309009）等。

*42 前田雅英「いわゆるGPS捜査の合憲性」捜査研究798号（2017年）41頁、参照。

し、本来、憲法の刑事手続に関する規定は、このような公共の安全とプライバシーとのバランスを図るべき主題をつきつけており、これに向き合う必要がある。また、GPS捜査が明らかにした公共の安全とプライバシーの問題は、サイバー犯罪対策においても応用しうるものが含まれており、主題の広がりを意識した民主的な議論が必要となる。

(2)　プライバシー権はどこへ向かう？

　大法廷判決に至るまでの下級審における結論が割れた理由の1つに、プライバシーへの見方の違いがあるように思われる。これは、GPS端末から得られる位置情報に対するプライバシーへの見方が個々の裁判官によって異なっていたことが背景にあると考えることができる。適正な捜査と個人のプライバシーとのバランスを論じるにあたり、プライバシーをある種の感覚論で議論することを克服することから始めなければならない。言い方を替えれば、捜査における個人のプライバシーへの影響がいかなるものであるかについて、憲法・民事法分野を含めたプライバシー権や人格権の議論を踏まえた考察が求められている。

　少なくとも大法廷判決は、古典的な「個人の私生活の自由」論としてのプライバシー権にとどまることをせず、従来のプライバシー権論に収まりきらない私的領域論を展開した。このことは、大法廷判決が、優れて現代的プライバシーの理論と歩調を合わせて進化してきたことであると評価することができる[*43]。すなわち、新たな技術は、「個人の行動を継続的、網羅的に把握すること」を可能とし、収集した情報がプロファイリングのために用いられることが現実となり、これに伴うプライバシー保護の法制度が整備されており、

＊43　プライバシーの進化からGPS捜査をとらえるべきであるとする主張として、指宿信「GPS利用捜査とその法的性質」法律時報87巻10号（2015年）62頁、指宿信「GPSと犯罪捜査」法学セミナー619号（2006年）4頁、亀井源太郎・尾崎愛美「車両にGPSを装着して位置情報を取得する捜査の適法性」刑事法ジャーナル47号（2016年）42頁、大野正博「GPSを用いた被疑者等の位置情報探索」『曽根威彦先生・田口守一先生古稀祝賀論文集下巻』（成文堂、2014年）485頁、稲谷龍彦「刑事手続におけるプライバシー保護（七）」法学論叢173巻3号（2013年）1頁、参照。

GPS端末から得られる情報はまさに「視線」[*44]が作り出したプライバシーリスクを反映している。

　かつてプライバシー権は、独りにしておいてもらう権利、そして自己情報コントロール権として理解されてきた。[*45]しかし、プライバシーの核心はすでに時代と共に変遷しており、情報処理の収集、保存及び利用に至るあらゆる過程における規律が求められている。我が国の判例にみられるプライバシーに係る情報の適切な管理についての「合理的な期待」[*46]論や「システム技術上又は法制度上」[*47]のプライバシーの構造論はこの文脈において位置付けることができよう。そして、プライバシー権が個人の主観的な権利のみを意味するのではなく、むしろ政府の権限を統制するための「客観原則」[*48]であるとして理解されつつあるのはこのような変遷を反映している。

　他方で、このような現代的なプライバシーの理論に基づく立法作業というのは容易なものであるとは言い難い。第1に、前述のとおり、従来の憲法13条プライバシー権論と35条の私的領域論との関係が、大法廷判決により問われることとなり、両者は立法論の根幹となるプライバシー権・私的領域の哲学である。さらに、GPSのみならず、モノのインターネットや人工知能が捜査の場面において用いられることになれば、憲法21条における通信の秘密の文脈におけるプライバシー権論もまた問題となってくる。これらの憲法典において拡散したプライバシーを体系的に論じるためには、日本国憲法が想定するプライバシー権の思想を明るみに出す作業が必要となろう。[*50]

---

*44 駒村圭吾「『視線の権力性』に関する覚書」慶應の法律学公法Ⅰ（慶應大学出版会、2008年）283頁、新保史生「監視・追跡技術の利用と公法的側面における課題」堀部政男編著『プライバシー・個人情報保護の新課題』（商事法務、2010年）193頁、また、ダニエル・J・ソロブ著・大島義則、松尾剛行、成原慧、赤坂亮太訳『プライバシーなんていらない！？』（勁草書房、2017年）、参照。ビッグデータのプライバシーリスクについては、宮下紘『ビッグデータの支配とプライバシー危機』（集英社、2017年）、参照。

*45 GPS捜査が自己情報コントロール権の前提となる条件や環境を破壊しかねないという指摘として、中曽久雄「GPS捜査の合憲性」愛媛法学会雑誌44巻1・2号（2017）141頁、参照。

*46 最判平15・9・12民集57巻8号973頁（早稲田大学江沢民主席講演会名簿提出事件）。

*47 最判平20・3・6民集62巻3号665頁（住基ネット訴訟）。

*48 千葉邦史「日本国憲法における個人主義とプライバシー」法律時報84巻3号（2012年）100頁。

*49 プライバシー権は当初憲法21条の通信の秘密と最も親和的であると解釈されてきた。宮沢俊義『憲法2基本的人権〔新版改訂〕』（有斐閣、1974年）286頁、参照。

*50 宮下紘『プライバシー権の復権』（中央大学出版部、2015年）、参照。

第2に、仮にこのような憲法論を回避することができたとしても、我が国ではすでに2015年9月に個人情報の保護に関する法律が改正されたが、そこでも課題が明らかにされている。たとえば、個人情報として「識別」できることの要件とプライバシーへの侵害リスクを低減させる匿名加工情報との区別については、その境界が依然として十分に明確であるとは言い難い。また、多くの自治体の条例のモデルとなっている行政機関の保有する個人情報の保護に関する法律では、「特定の個人を識別することができるもの（他の情報と照合することができ、それにより特定の個人を識別することができることとなるものを含む。）」を保護の対象としており、個人識別の可能性に着目している点は、プライバシー侵害の「可能性」に焦点を当てた大法廷判決と整合的である。保護の対象が明確にされなければ、GPS捜査のための立法においても実務上の困難が伴う。

　第3に、GPS捜査における継続的、網羅的な把握についてみれば、いわゆるモザイク理論またはプロファイリングを前提として、いかなる監視を行った場合にモザイク理論等に該当するのかという問いへの回答が難しく、これに対応するプライバシーを保護するための立法とはいかなるものなのか、といった課題が残されている。[51]

　確かにこのような立法的課題が伴うとしても、諸外国では新たな技術に対処するためのプライバシー保護立法がみられる。たとえば、アメリカでは、プロファイリングを正面からプライバシーリスクの問題として受け止め、これに対する法規制が整備されてきた。[52]EUでは、個人データに対して本人の権利（忘れられる権利、データポータビリティ権、プロファイリングされない権利など）を拡充するとともに、捜査機関を含め公的機関における個人データの処理を監視する独立した監督機関の設置とこの機関による法執行が

＊51　モザイク理論に対する立法の困難さについては、柳河重規「捜査における位置情報の取得」刑事法ジャーナル48号（2016年）37頁、参照。一般にプライバシー保護におけるプロファイリングは、自然人に関する仕事の成果、経済状況、健康、個人的選好、関心、信頼度、行動、位置や移動に関する特性を分析または予測するための個人データ処理を意味する。

＊52　*See e.g.*、White House、*Big Data: A Report on Algorithmic Systems、Opportunity、and Civil Rights* (2016); Federal Trade Commission、*Big Data: A tool for inclusion or exclusion?* (2016).

みられる。また、技術の開発段階においてプライバシー保護設定を施す「プライバシー・バイ・デザイン」は、捜査活動にも応用することができるとして、国際的に注目を集めてきた。[*54]また、いうまでもなく、これらの立法は、司法による統制が行われるように仕立て上げることも重要となる。

　いずれにしても、憲法上のプライバシー権を抜きにGPS捜査の将来を語ることはできないのであって、今後憲法上のプライバシー権論はますます刑事訴訟法分野における議論と協働していくことが求められる。

（みやした・ひろし）

---

*53 Regulation (EU) 2016/679 of the European Parliament and of the Council of 27 April 2016 on the protection of natural persons with regard to the processing of personal data and on the free movement of such data、and repealing Directive 95/46/EC (General Data Protection Regulation).「特集EU一般データ保護規則への対応」ビジネス法務17巻8号（2017年）12頁以下、参照。

*54 Ann Cavoukian、Privacy by Design (2009). 堀部政男編『プライバシー・バイ・デザイン』（日経BP社、2012年）、参照。

第3章

GPS大法廷判決とGPS監視捜査立法——その展望と課題

斎藤　司
龍谷大学教授

1．本稿の問題意識と内容

　GPS監視捜査の活用とその問題の顕在化は、捜査法を中心とする刑訴法の議論に大きなインパクトを与えた。そのインパクトは、GPS監視捜査という個別の捜査の適法性判断に関する議論にとどまらず、強制処分該当性に関する判断構造、「プライバシー」の内容やその重要性・必要性[*1]、そして科学技術を用いた捜査手法に対する（法的規律だけにとどまらない）規律のあり方にも及ぶものである。また、実務においてもGPS捜査の適法性判断は複数の事件で争われ、いくつかの裁判例が登場した。

　このような状況のもとで示された、最大判平29・3・15刑集71巻3号13頁（以下、「大法廷判決」とする）も、また、大きなインパクトを有するものであった。そのインパクトの理由は、大法廷判決が、GPS監視捜査を「強制の処分」に当たるとしただけでなく、「その特質に着目して憲法、刑訴法の諸原則に適合する立法的な措置が講じられることが望ましい」と判示したことにもある。もっとも、大法廷判決の論理には明確とはいいがたい部分も存在し、後述のように複数の理解が存在する。そして、大法廷判決の論理の理解次第で、GPS監視捜査に関する立法のあり方も変化しうる。本稿は、大法廷

---

*1　なお、「プライバシー」の詳細かつ具体的な内容を明らかにすることを通じた捜査の統制について疑問を提示するものとして、稲谷龍彦『刑事手続におけるプライバシー保護——熟議による適正手続の実現を目指して』（弘文堂、2017年）。

判決の論理についてありうる理解を検討しながら、これを踏まえてGPS監視捜査関連の立法についての展望と今後検討すべき課題を提示しようというものである。[*2]

2. GPS大法廷判決の意義とその検討

(1) GPS監視捜査の性質と強制処分性

大法廷判決は、GPS監視捜査について、最決昭51・3・16刑集30巻2号187頁を参照しながら、「個人の意思を制圧して憲法の保障する重要な法的利益を侵害するものとして、刑訴法上、特別の根拠規定がなければ許容されない強制の処分に当たる」としている。[*3]また、大法廷判決は、強制処分性を根拠づける「重要な法的利益」について、憲法35条1項が保障する（と大法廷が判示した）「私的領域に『侵入』されることのない権利」をあげている。

問題は、GPS監視捜査における「被制約利益」を大法廷判決がどのように理解しているかである。大法廷判決がGPS監視捜査の被制約利益について言及しているのは、以下の判示部分である（見出しや丸数字、下線は引用者）。

> (a) GPS捜査は、対象車両の時々刻々の位置情報を検索し、把握すべく行われるものであるが、その性質上、公道上のもののみならず、個人のプライバシーが強く保護されるべき場所や空間に関わるものも含めて、対象車両及びその使用者の所在と移動状況を逐一把握することを可能にする。
>
> (b) このような捜査手法は、①個人の行動を継続的、網羅的に把握することを必然的に伴うから、個人のプライバシーを侵害し得るものであり、また、②そのような侵害を可能とする機器を個人の所持品に秘かに装着することによって行う点において、公道上の所在を肉眼で把握したりカメラで撮影したりするような手法とは異なり、公権力による私的領域への侵入を伴うものというべきである。

---

*2 その影響が語られているものとして、笹倉宏紀ほか・小特集「強制・任意・プライバシー[続]——GPS捜査大法廷判決を読む、そしてその先へ」法律時報90巻1号（2018年）56頁以下など。

*3 なお、具体的な立法提案をしめすものとして、五十嵐二葉「GPS捜査立法への課題」法律時報89巻13号（2017年）250頁以下。

(a)の部分は、GPS監視捜査の性質を示したものと理解できる。ここでは、GPS監視捜査が、「公道上のもののみならず」、「個人のプライバシーが強く保護されるべき場所や空間に関わるものも含めて」「対象車両及びその使用者の所在と移動状況を逐一把握することを可能にする」ものとされている。ここでは、「個人のプライバシーが強く保護されるべき場所や空間に関わる」「対象車両及びその使用者の所在と移動状況を逐一把握することを可能にする」点が、特に重視されている。

　そのうえで、(b)の部分で、GPS監視捜査の被制約利益が示されている。しかし、この判示部分の読み解きはかなり困難を伴う。上述のように大法廷判決は、強制処分性を根拠づける被制約利益として、「私的領域に『侵入』されることのない権利」をあげている。しかし、同権利の内容については明示されていない。

　下線部①は、GPS監視捜査の被制約利益として「個人のプライバシー」をあげている。もっとも、下線部②の判示では、「個人のプライバシー」（の侵害）に加えて、GPS機器を「密かに装着することによって行う点」をあげている。このように考えると、「個人のプライバシー」は、GPS監視捜査の被制約利益とされているものの、GPS監視捜査の強制処分性を「直接」根拠づけるものとはされていないといえる（そうすると、判例の論理においては、「個人の行動を継続的、網羅的に把握することを必然的に伴う」という理由のみでは、強制処分とまではいえないことになろう）。

　とはいえ、これで判示部分(b)の論理が明らかになったとはいえない。大法廷判決は、「個人のプライバシー」の侵害可能性との関係で、「個人の行動の継続的、網羅的に把握することを必然的に伴うこと」を指摘している。この判示部分、さらには「密かに装着」が、強制処分性を根拠づける「私的領域」性とどのように関係するかは不明確だからである。判示部分(b)の論理の理解としては、複数ありうる。[*4] この点について、以下検討する。

(2)　GPS監視捜査の強制処分性に関する大法廷判決の論理

　ありうる第1の理解としてあげられるのが、大法廷判決は、GPS監視捜査

＊4　これまでの判例や学説との関係について、井上正仁「GPS捜査」『刑事訴訟法判例百選（第10版）』（2017年）64頁以下、池田公博「車両位置情報の把握に向けたGPS端末装着の強制処分性」法学教室444号（2017年）72頁以下、笹倉ほか・前掲注2小特集59頁以下など。

が「個人のプライバシーが強く保護されるべき場所や空間」における「対象車両及びその使用者の所在と移動状況」（個人のプライバシー）の把握・侵害を可能とすることを、強制処分性の根拠としているという理解である[5]。この理解では、強制処分性を根拠づける「私的領域への侵入」とは、「個人のプライバシーが強く保護されるべき場所や空間」における位置情報の取得を意味することになる。

　また、この理解によれば、大法廷判決は、「個人の行動の継続的・網羅的な把握」を可能とする「機器の密かな装着」という捜査機関の「行為」の時点で、捜査機関が、私的領域におけるプライバシー（大法廷判決のいう「個人のプライバシーが強く保護されるべき場所や空間に関わる」「対象車両及びその使用者の所在と移動状況」）を把握が可能になることを、強制処分性の根拠としていることになる。GPS機器が「秘か」に装着された時点で、捜査機関は意のままに対象者の位置情報を取得することが可能となり、それは、上記の意味での「私的領域への侵入」への「着手」（「私的領域への侵入の危険の創出」）にほかならないことになるからである。

　ありうる第2の理解は、大法廷判決は、GPS監視捜査の強制処分性の根拠を、「対象車両及びその使用者の所在と移動状況を逐一把握」や「個人の行動を継続的、網羅的に把握することを必然的に伴う」ことにあるとしたとするものである[6]。この理解によれば、大法廷判決は、「個人のプライバシーが強く保護されるべき場所や空間に関わる」という理由（プライバシーが強く保障される「領域」への「侵入」）ではなく、個人の行動の継続的・網羅的な把握（継続的・網羅的な監視）こそが、強制処分性の根拠であると考えたことになる[7]。この理解においては、大法廷判決のいう「私的領域」への「侵入」は、個人の私的生活に対して実質的に介入（監視）する行為を意味する

---

*5　この点、詳細に検討するものとして、堀江慎司「GPS捜査に関する最高裁大法廷判決についての覚書」論究ジュリスト22号（2017年）138頁以下、宇藤崇「GPS捜査大法廷判決について」刑事法ジャーナル53号（2017年）60頁以下など。

*6　このような理解に立つものと思われるものとして、井上・前掲注4論文、伊藤雅人＝石田寿一「時の判例」ジュリスト1507号（2017年）109頁以下、中島宏「GPS捜査最高裁判決の意義と射程」法学セミナー752号（2017年）10頁以下、池田・前掲注4論文10頁以下、斎藤司「GPS捜査大法廷判決の論理とその影響」自由と正義68巻10号（2017年）15頁以下、宇藤・前掲注5論文22頁以下など。なお、笹倉ほか・前掲注2小特集64頁[笹倉発言]では、「装着の時点で強度のプライバシーの危険の発生（危険犯）ないしは実行の着手（未遂犯）」と表現されている。

*7　堀江・前掲注5論文145頁、宇藤・前掲注5論文61頁以下など。

ことになり、その継続的・網羅的把握の開始行為であるGPS機器の「秘かな装着」の時点で、強制処分性が肯定されることになる。

　この考え方との関係では、いわゆる「モザイク理論」も重要であろう。このモザイク理論とは、価値のない断片的な情報であっても、大量に収集し、分析し、相互に関連付けることによって、1つの「モザイク画」が描かれるという見解である。[*8]このモザイク画の完成が、個人の思想良心、信教の自由や重要なプライバシーの侵害を意味することになると理解される。

　上記のうち、第2の理解は、大法廷判決が、わざわざ憲法35条の保護と関連付けて強制処分性を論じている意味を理解することが困難となる。「個人の私生活」は憲法13条を根拠として判示すれば足り、また憲法35条が保障する「私的領域」を持ち出す必要性も低いからである。[*9]このように考えると、大法廷判決の理解としては、さしあたり第1の理解が妥当であるように思われる。もっとも、この理解に対しては、「私的領域」における位置情報等の取得が、どのような論理で「私的領域への侵入」を意味するかが不明確であるという批判も可能である。私的領域における位置情報の取得と公的空間における位置情報の取得には実質的差異があるか（私的領域における位置情報は、尾行や張り込みにおいても把握可能ではないか）、私的領域における位置情報と私的領域における物の形状や材質、品目等（最決平21・9・28刑集63巻7号868頁を参照）という情報（荷物の内容物に対するプライバシー）は、プライバシーの重要性として同等といえるかなど、疑問が残るからである。[*10]

(3)　大法廷判決の論理と令状主義

　以上のような大法廷判決の論理の理解は、GPS監視捜査に対する令状主義による統制方法と密接に関わる。[*11]まず、第1の理解によれば、憲法35条にいう令状主義によって統制すべき捜査機関の行為は、「私的領域」における「対

＊8　辻本典央「監視型捜査に対する法規制の未来」法学セミナー752号（2017年）34頁など。

＊9　モザイク理論については、三井誠＝池亀尚之「犯罪捜査におけるGPS技術の利用——最近の合衆国刑事判例の動向」刑事法ジャーナル42号（2014年）55頁以下、池亀尚之「GPS捜査——近時の刑事裁判例の考察と法的問題点の整理」愛知大学法学部法系論集209号（2016年）77頁以下、尾崎愛美「GPS監視と侵入法理・情報のプライバシー——アメリカ法からのアプローチ」季刊刑事弁護89号（2017年）など。

＊10　山本龍彦「GPS捜査違憲判決というアポリア?」論究ジュリスト22号（2017年）150頁以下など。

＊11　堀江・前掲注5論文143頁以下など。

象車両及びその使用者の所在と移動状況」を把握する行為（「私的領域」における位置情報を取得する行為）を中核とする、その侵害の危険性が認められる行為となる。その結果、令状主義の統制対象は、GPS機器の「秘かな装着」という行為を開始点とする、「個人の行動を継続的、網羅的に把握する」行為全体（私的領域に侵入する危険性を有する行為）ということになる。

　第2の理解によれば、憲法35条の令状主義によって統制すべき捜査機関の行為は、GPS機器の「秘かな装着」という行為を開始点とする、捜査機関による「個人の行動の継続的・網羅的な把握」だということになる。

　以上のように、いずれの理解によっても、その論理に相違はあるものの、憲法35条の令状主義によって統制するべき捜査機関の行為は、GPS機器の「秘かな装着」という行為を開始点とする、「個人の行動を継続的、網羅的に把握する」行為全体（私的領域への侵入の類型的危険を有する行為全体）であることになる。このような理解は、後述のように、大法廷判決が、現行法の規定では「GPS端末を取り付けるべき車両及び罪名を特定しただけでは被疑事実と関係のない使用者の行動の過剰な把握を抑制することができない」（圏点引用者）としていることからも裏づけられる。傍論とはいえ、この判示部分からは令状主義による規制対象が「使用者の行動の把握」であることが示唆されていると理解できるからである。

　このような令状主義による統制論理（重要な権利侵害の類型的危険性に着目した情報取得時点での令状主義による規制）は、アメリカのJones判決（United v. Jones, 565 U.S.400（2012））のようなTrespass doctrine（不法侵入法理）、そしてプライバシー侵害という禁止される包括的監視に至らないための予防的措置として裁判官留保を設けたドイツの規制方法[*12]と比較しても、特徴的である。

　大法廷判決の特徴は、「捜査及び令状発付の実務への影響に鑑み」、傍論ながら、GPS監視捜査の強制性処分としての性質を詳細に検討している点にある。その内容は以下の通りである（見出しや丸数字、下線は引用者）。

＊12　この点に関する詳細な検討を行うものとして、緑大輔「監視型捜査」法学教室446号（2017年）24頁以下。さらに憲法35条を持ち出したことの問題点については、山田哲史「GPS捜査と憲法」法学セミナー752号（2017年）29頁、山本・前掲注10論文150頁以下、笹倉ほか・前掲注2小特集59頁以下など。

　(c)　③GPS捜査は、情報機器の画面表示を読み取って対象車両の所在と移動状況を把握する点では刑訴法上の「検証」と同様の性質を有するものの、④対象車両にGPS端末を取り付けることにより対象車両及びその使用者の所在の検索を行う点において、「検証」では捉えきれない性質を有することも否定し難い。仮に、検証許可状の発付を受け、あるいはそれと併せて捜索許可状の発付を受けて行うとしても、⑤GPS捜査は、GPS端末を取り付けた対象車両の所在の検索を通じて対象車両の使用者の行動を継続的、網羅的に把握することを必然的に伴うものであって、GPS端末を取り付けるべき車両及び罪名を特定しただけでは被疑事実と関係のない使用者の行動の過剰な把握を抑制することができず、裁判官による令状請求の審査を要することとされている趣旨を満たすことができないおそれがある。さらに、⑥GPS捜査は、被疑者らに知られず秘かに行うのでなければ意味がなく、事前の令状呈示を行うことは想定できない。刑訴法上の各種強制の処分については、手続の公正の担保の趣旨から原則として事前の令状呈示が求められており（同法222条1項、110条）、他の手段で同趣旨が図られ得るのであれば事前の令状呈示が絶対的な要請であるとは解されないとしても、これに代わる公正の担保の手段が仕組みとして確保されていないのでは、適正手続の保障という観点から問題が残る。

　大法廷判決は、GPS監視捜査の性質として、「情報機器の画面表示を読み取って対象車両の所在と移動状況を把握する点」で検証と同様の性質があるとした（下線部③）うえで、「対象車両にGPS端末を取り付けることにより対象車両及びその使用者の所在の検索を行う点」（下線部④）を検証では捉えきれない性質であるとしている。下線部④の部分は、「検索」（Search）というフレーズを用いていること、その直後の文章で捜索許可状との関係に触れていることを踏まえると、GPS監視捜査について、捜索（検証のための捜索）としての性質も認められるとするものと理解できよう[13]。このように、大法廷判決においては、強制処分としてのGPS監視捜査の性質として、「対象車両にGPS端末を取り付けることにより対象車両及びその使用者の所在の

＊13　本書第2部の各国の状況なども参照。

検索を行う」こと（捜索）、そして「情報機器の画面表示を読み取って対象車両の所在と移動状況を把握する」こと（検証）が示されている。[*14] これらの性質は、下線部⑤でも判示されているように、いずれも令状主義により統制されるべきものである。

　他方で、大法廷判決は、上記のような性質を有するGPS監視捜査について、下線部⑤のように、令状主義の観点から「GPS端末を取り付けるべき車両及び罪名を特定しただけでは被疑事実と関係のない使用者の行動の過剰な把握を抑制することができず、裁判官による令状請求の審査を要することとされている趣旨を満たすことができないおそれ」を指摘している。大法廷判決も指摘するように、この問題は立法との関係で検討すべき問題であるから、後に検討する。

　さらに、下線部⑥のように、GPS監視捜査について、事前の令状提示を行うことが想定できない点も指摘されている。もっとも、大法廷判決は、これを憲法35条の問題として捉えず、憲法31条にいう適正手続の保障という観点の問題（公正の担保手段の制度的保障）として捉えている。この点についても、後に検討する。

(4)　立法の必要性に対する大法廷判決の態度

　下線部⑤や⑥の問題点などを踏まえ、大法廷判決は以下のように、「その特質に着目して憲法、刑訴法の諸原則に適合する立法的な措置が講じられることが望ましい」（(f)部分）としている（見出しや丸数字、下線は引用者）。

　(d)　これらの問題を解消するための手段として、一般的には、実施可能期間の限定、第三者の立会い、事後の通知等様々なものが考えられるところ、捜査の実効性にも配慮しつつどのような手段を選択するかは、刑訴法197条1項ただし書の趣旨に照らし、第一次的には立法府に委ねられていると解される。

　(e)　仮に法解釈により刑訴法上の強制の処分として許容するのであれば、以上のような問題を解消するため、裁判官が発する令状に様々な条件を付す必要が生じるが、事案ごとに、令状請求の審査を担当する裁判官の判断により、多様な選択肢の中から的確な条件の選択が行われない

---

*14　井上・前掲注4論文68頁以下。

限り是認できないような強制の処分を認めることは、「強制の処分は, この法律に特別の定のある場合でなければ、これをすることができない」と規定する同項ただし書の趣旨に沿うものとはいえない。[*15]

　(f)　以上のとおり、GPS捜査について、刑訴法197条１項ただし書の「この法律に特別の定のある場合」に当たるとして同法が規定する令状を発付することには疑義がある。GPS捜査が今後も広く用いられ得る有力な捜査手法であるとすれば、その特質に着目して憲法、刑訴法の諸原則に適合する立法的な措置が講じられることが望ましい。

　大法廷判決は、(d)のように述べ、下線部⑤や⑥の問題点を解決する手段として、「実施可能期間の限定、第三者の立会い、事後の通知等」が考えられるところ、その手段の選択は、刑訴法197条１項但書の趣旨に照らして、「第一次的には立法府に委ねられている」としている。このような最高裁の態度は、「強制処分法定主義に忠実な姿勢」[*16]であるとして高く評価されている。[*17]

　問題はこの判示の理由である。大法廷判決は、その理由の１つとして(e)をあげている。このような論理自体は妥当であるとしても、強制採尿や電話検証に関する最高裁判例（最決昭55・10・23刑集34巻５号300頁、最決平11・12・16刑集53巻９号1327頁）が、立法によることなく、（刑訴法上明文の規定がないのに）裁判官が令状に条件を付すことによって、強制採尿や電話検証を許容してきたこととの関係が問題となる。

　第１に考えられるのが、強制採尿や電話検証と比べ、付すべき条件に関する選択肢がより多様であるという理由である。前掲の平成11年決定は、通信傍受について、「傍受すべき通話、傍受の対象となる電話回線、傍受実施の方法及び場所、傍受ができる期間をできる限り限定することによって、傍受対象の特定という要請を相当程度満たすことができる」とし、さらに第三者

＊15　これに対し、井上・前掲注4論文68頁は、「対象車両の位置や移動状況こそ検証すべき事項であり、上記の探知行為は、機器を補助手段としてそれらを認知するという検証のプロセスの前半部をなすもの（機器の取付けは、そのための「必要な処分」）と位置づけるのが、むしろ、事柄の実体を正しくとらえるものであり、かつ可能な解釈であったようにも思える」とする。なお、検証との関係については、笹倉ほか・前掲注２座談会69頁以下も参照。

＊16　後藤昭「法定主義の復活？──最大判平成29年３月15日を読み解く」法律時報89巻6号（2017年）４頁。

＊17　なお、この点、山本・前掲注10論文152頁以下、笹倉ほか・前掲注２座談会69頁以下なども参照。

の立会いやそれによる遮断措置を令状に付すべき条件として判示している。これに対し、大法廷判決は、「GPS捜査は、GPS端末を取り付けた対象車両の所在の検索を通じて対象車両の使用者の行動を継続的、網羅的に把握することを必然的に伴うものであって、GPS端末を取り付けるべき車両及び罪名を特定しただけでは被疑事実と関係のない使用者の行動の過剰な把握を抑制することができず」とする。この判示部分は、通信傍受は、対象者による通信が行われた場合にのみ傍受が行われるという、いわば「受動的な」権利侵害行為とならざるを得ないのに対し、GPS監視捜査の場合は、対象者の行動に限定されることなく、積極的（「恣意的」）な権利侵害行為（対象者の所在の検索を通じての継続的・網羅的監視）が可能であることを示唆するものと理解することは可能であろう。そうすると、GPS監視捜査は、通信傍受以上に「恣意的な捜査」が可能であり、立法による規制が望ましいということにもなろう。

　第2に、情報技術の革新との関係である。平成11年決定が示された時代に比べ、現在は、情報技術の革新により、GPSによる位置検索の精度の高度化、GPS端末の小型化・軽量化などが可能となっている[*18]。このことは、尾行や張り込みなどと比較して、GPS監視捜査の権利侵害性だけなく、位置情報収集や利用等にかかる「コスト」が劇的に低下することを意味する。そして、そのコストの低下は、GPS監視捜査の活用、さらには濫用のインセンティブを高めることになる。このようなことを意識して、大法廷判決は、情報取得捜査に対して、立法府における議論を通じた法的規制創設の高い必要性を認識したのかもしれない。

　第3に、電話検証との比較では、立法の必要性を左右するほどの差異が認められないとしても、両者の事案の違いが関連しているという理解である。平成11年決定が示された時点は、すでに詳細な要件や手続などを定めた通信傍受法が制定されており、また実務においてもさまざまな条件を付した検証令状による運用が定着していたことからすれば、その時点における付すべき条件の選択肢はかなり限定されていたといえる。これに対し、GPS監視捜査については、立法も存在せず、また捜査実務においては、令状を得る運用が定着しておらず、その実施の有無や状況についても徹底した秘密主義がとら

---

*18　名古屋高判平28・6・29判例時報2037号129頁以下。さらに、稲谷・前掲注1書24頁なども参照。

れていたことからすれば、令状に付すべき条件は非常に多様であるといえよう。そうすると、事案や裁判官による条件の違いがもたらす捜査実務の混乱を防止するという強制処分法定主義の意義を、大法廷判決は重視したということができよう。[19] これに加えて、GPS監視捜査の実務状況に鑑みて、捜査機関による恣意的濫用の危険を封じ込めるために、立法府による解決を求めたと理解することも可能であろう。

　以上のように、大法廷判決が、立法が望ましいとした理由の1つは、捜査機関による捜査権限濫用の危険性の高さが意識された点にあるということができる。GPS監視捜査について立法しようとする場合、GPS監視捜査、さらには技術的手段を用いた監視捜査の特質（濫用の危険性）も考慮する必要があることになる。以下では、これまでの内容を踏まえ、立法のあり方について検討する。

3．大法廷判決の論理を踏まえた立法のあり方 ──令状主義との関係を中心として

　まず、憲法35条の令状主義との関係で立法のあり方を検討する。GPS監視捜査の「目的」は、特定の犯罪の被疑事実に関する未解明の場所や状況（共犯者の有無やその居場所、窃盗品の保管場所など）を解明すること、そして、具体的犯罪と同種・類似の犯罪を継続して行うかどうかの把握などにあると考えられる。このGPS監視捜査との関係で、憲法35条1項の「正当な理由」の内容を検討すると、「具体的犯罪の嫌疑の存在」と「当該犯罪に関連する対象者の移動・行動の情報が、『特定の移動手段』の監視によって得られる蓋然性」とすることができよう。このうち、後者の実質的内容は、「対象者が、引き続き、当該特定の犯罪について行動し、また関与しうるか」ということができる。[20]

　憲法35条の令状主義の意義は、裁判官による事前の令状審査を通じて、強制処分の「正当な理由」が認められる範囲に限定すること（捜査権限の濫用による過剰な権利・利益の侵害の防止）にある。[21] また、捜査機関に強制処

＊19　井上・前掲注4論文69頁など。

＊20　緑大輔「監視型捜査と被制約利益」刑法雑誌55巻3号（2016年）402頁以下など。

＊21　令状主義の意義については、井上正仁『強制捜査と任意捜査（新版）』（有斐閣、2014年）58頁以下など。

分の正当化根拠を求めることにより（捜査機関に説明責任などの「コスト」を課すことにより）、強制処分の濫用を未然に防ぐ「障壁」を設ける点にも求められよう。[*22]このように考えると、GPS監視捜査における「正当な理由」は、「特定の犯罪に関する対象者の今後の行動」という予測判断・抽象的内容を中核とするということができる。

　捜索・押収の場合の「正当な理由」とは、裁判官による令状審査により、捜索場所や差押えの目的物を事前に限定して、その範囲外についての捜査機関による恣意的な捜索・差押えを防止するという目的から、「当該特定の犯罪に関連する証拠物が特定の捜索場所に存在する蓋然性」であると理解されている。[*23]これと比較すると、GPS監視捜査において「正当な理由」を示すことで、捜査機関による恣意的なGPS監視捜査を十分防止できるか（GPS監視捜査の対象や範囲を十分特定できるか）については疑問の余地が残ることになる。また、位置情報と犯罪との関連性判断は、位置情報を取得すればすぐに判明するわけではない。収集した位置情報を分析することなどにより初めて関連性が判明する場合もある。そうすると、GPS監視捜査前における「関連性」判断はより機能しなくなることになろう。これに加え、「対象者の今後の行動」に関する予測の説明を義務づけることが、十分な「障壁」となるかについても疑問が残ることになる。

　このように考えると、GPS監視捜査の立法は憲法35条1項の「正当な理由」という観点から疑義が生じるという見解もあり得よう。もっとも、令状主義の趣旨からすれば、上記のようなGPS監視捜査における「正当な理由」の特徴を踏まえ、裁判官の令状審査を通じてGPS監視捜査の対象を「特定」（捜査機関の恣意・裁量の余地を封じ込める程度に、捜査活動の空間的・時間的範囲を適切に限定すること）できるか（被疑事実と関係のない使用者の行動の「過剰な」把握の抑制は可能か）が問われるということになろう。[*24]

　捜索・差押えの場合、裁判官は憲法35条1項にいう「正当な理由」の有無を審査し、その審査を通じて「正当な理由」の認められる捜索場所や差押え目的物を限定・特定し、この限定・特定が記載された令状により、捜索活動の許される範囲や差押えの目的物が限定・特定され（場所及び物を明示した

---

*22　緑・前掲注12論文26頁以下。なお、「捜査活動の最適化」という観点から令状主義の意義を検討するものとして、稲谷・前掲注1書290頁以下など。

*23　井上正仁『捜査手段としての通信・会話の傍受』（有斐閣、1997年）38頁以下。

*24　井上・前掲注23書40頁以下など

令状）、捜索や差押えについての誤りや恣意的な権限濫用が防止される（令状主義の趣旨としての特定性の要請）。これを受けて、捜索・差押えや検証に関する刑訴法219条1項は、令状の必要な記載事項を「罪名」、処分の対象となる「場所」、「身体」、「物」などに限定している。これとの関係では、GPS監視捜査では、罪名に加え、GPS装置を装着する車両等、使用するGPS機器や台数、位置情報を表示する機器と台数が特定されるべきことになろう。

　しかし、大法廷判決が、現行法の規定では「GPS端末を取り付けるべき車両及び罪名を特定しただけでは被疑事実と関係のない使用者の行動の過剰な把握を抑制することができない」とするように、「罪名」やGPS監視捜査の対象の「特定」だけでは、捜査機関は被疑事実と関係のない使用者の行動の過剰な把握を抑制（GPS捜査についての恣意・裁量の余地を封じ込める程度に、捜査活動の空間的・時間的を適切に限定すること）はできないというべきである。

　上述のように、大法廷判決が憲法35条の令状主義の統制対象と想定しているのは、GPS機器の「秘かな装着」という行為を開始点とする、「個人の行動を継続的、網羅的に把握する」行為全体（「私的領域への侵入」の類型的危険性を有する行為全体）である。このような行為について、捜査機関の裁量・恣意を許さないよう抑制・限定しようとする場合、「継続性」と「網羅性」という2つの観点から規制することが考えられよう。まず、「継続性」との関係でいえば、GPS監視捜査の「期間」が限定されれば、「私的領域への侵入」の危険も限定される関係に立つことを考えると、「特定」のためには「期間」の特定が不可欠であることになろう。[*25]

　これに加え、「網羅性」との関係を考えると、GPS捜査の場所的範囲（監視対象となる移動範囲）の限定も必要であろう。被疑事実やGPS監視捜査の目的との関係で考えると、特定の犯罪の共犯者の把握という目的や窃盗品などの証拠物の発見という目的とは、およそ無関係な場所の位置情報の取得（当該犯罪の捜査目的から外れた対象者の「監視」）を、「場所的範囲」の観点から「特定」し封じることは可能であろう。もっとも、GPS監視捜査の性質を考慮すると概括的な表示に限られよう。

　これらの「期間」と「場所的範囲」の「特定」は、憲法35条1項の「特定性の要請」であるとして、立法においても必須の令状記載事項とされること

---

*25　緑・前掲注12論文27頁など。

が考えられる。[*26] これらの記載事項は、当該犯罪の捜査という目的を超えた恣意的な「監視」の濫用を防止するためのものといえる。

以上のように考えると、憲法35条1項にいう「特定性の要請」から導かれるGPS監視捜査令状の記載事項としては、(c)罪名、(d)GPS装置を装着する車両等、(e)使用するGPS機器と台数、(f)位置情報を表示する機器、(g)GPS監視捜査の期間、(h)GPS監視捜査が許容される場所的範囲が考えられる（ここで示されない(a)(b)については、「要件」として後述する）。なお、GPS監視捜査の立法を、「装着型」に限らず、対象者所有の電子機器のGPS機能を利用したもの対象とする場合（この点は後述する）、(d)(e)は、対象となる電子機器の記録媒体ということになろう。

令状の記載事項として、(i)「条件」や(j)「実施方法」も考えられる。恣意的な（捜査目的外の）「監視」の防止という観点からは、令状の記載事項として「条件」を付すことも十分考えられる。例えば、尾行・張り込みといったローテクの監視捜査を現に行っている間に、対象者を見失った場合に限るといった「条件」を付すことも考えられる。これにより、GPS監視捜査という低コストの濫用危険性が高い情報取得処分の濫用を、裁判官によって抑制することが期待できる。また、GPS監視捜査の「実施方法」としては、GPS監視捜査の立法対象を「装着型」の場合にかぎらず、対象者が所有する電子機器のGPS機能を用いる場合、その区分などが記載されるべきであろう。

最高裁判例を出発点とした、令状主義によるGPS監視捜査の規制方法の概要としては、以上のことが考えられよう。[*27]

4. GPS監視捜査の要件と令状記載事項

以上を踏まえると、GPS監視捜査の要件としては、(a)「具体的犯罪の嫌疑の存在」、(b)「当該犯罪に関連する対象者の移動・行動の情報が、『特定の移

---

*26　なお、大法廷判決の論理について、「私的領域における位置情報の取得」に強制処分性の重点を置く場合、公道上の位置情報の取得自体は、強制処分性を根拠づけないという論理もあり得よう。このように理解する場合、私的領域外の位置情報の取得はGPS監視捜査にとってやむを得ない権利侵害とされ、令状主義の直接の規制対象ではないことにもなり得よう。

*27　なお、GPS監視捜査は令状主義の特定性の要請、さらには令状の事前提示という要請に反し違憲であるという見解もありうるところであろう。この点、小田中聰樹「盗聴立法の違憲性」、川崎英明「盗聴立法の憲法的問題」、村井敏邦「理論批判の憲法的視点」小田中聰樹ほか『盗聴立法批判』（日本評論社、1997年）58頁以下、87頁以下、104頁以下など。

動手段』の監視によって得られる蓋然性」が明記されるべきである。(a)との関係では、「高度の嫌疑」とするという見解もありうるが、高度の嫌疑が存在する時点でGPS監視捜査の必要性は存在しないのではないかという疑問が生じる。

このほか、要件としては、犯罪の限定が考えられるところである。もちろん、GPS監視捜査の対象としては、共犯事件や組織的犯罪などに限定すべきという考え方もあり得るところである。しかし、単独犯でも、窃盗品の隠し場所などの解明のためGPS監視捜査が必要な場合があり得ることも否定できない。比例原則との関係を踏まえて、軽微な犯罪については用いないなどの規定（刑訴法199条1項但書なども参照）も参考に値するかもしれない[29]。また、GPS監視捜査の濫用防止という観点などから、令状請求権者と令状発付権者を限定することが考えられる。この点については、通信傍受法4条が参考になろう。

次に問題となるのは、いわゆる将来の犯罪に対するGPS監視捜査も許容するかである。この点、紙幅の関係もあり、詳細に論じることはできないが、「すでに行われた特定犯罪」が、引き続き行われる嫌疑が存在する場合については、通信傍受法3条1項2号などのように許容される余地はあるかもしれない[30]。

これに加え、他の方法によっては共犯者の居場所や被害品の発見などの目的を達成できないという、いわゆる補充性要件を加えることも考えられる（通信傍受法3条1項柱書）。上述のように、この補充性の観点は、令状記載事項としても想定できるところである。

次に、令状記載事項について、上述の記述を踏まえて、さらに検討する。第1に、(a)については「罪名」だけでなく、「犯罪事実の要旨」も必要だという考えもあり得る。捜索・差押えのように空間的限定、通信傍受のような通信機器・通信手段による限定が困難である以上、被疑事実による限定・特定が重要といえるからである。

---

*28 三島聡「GPS装置による同静監視の解釈論的検討」季刊刑事弁護89号（2017年）121頁など。

*29 五十嵐・前掲注3論文254頁以下も参照。

*30 この点、井上・前掲注23書141頁以下など。なお、将来の犯罪の捜査に対する批判として、白取祐司「盗聴立法と警察機能」小田中ほか・前掲注27書56頁以下など。さらに、GPS監視捜査の現状と問題点について、五十嵐・前掲注3論文251頁以下。

第2に、令状審査により(g)GPS監視捜査の期間を特定することが可能かという問題である。しかし、逮捕・勾留の場合で身体拘束期間が法定されていない場合に、適切な身体拘束期間は困難であることが想定されるように、GPS監視捜査においても当該捜査期間を令状審査によってのみ特定することは困難であろう。そうすると、一定の実施可能期間の法定に加え、必要性が疎明された場合の期間延長が法定されるべきであろう。[*31]

5．GPS監視捜査とその手続

　GPS監視捜査の手続との関係では、大法廷判決のあげる第三者の立会いや事後の告知が重要となる。まず、第三者の立会いについては、これが機能するのは、取得・表示されている位置情報が被疑事実との関連性が、第三者により一定以上明確に判断可能なことが前提となる。しかし、「正当な理由」の認められる位置情報の取得か否かの判断は、当該犯罪事実やその他の位置情報も把握していることが必要となろう。[*32] もちろん、第三者がいる場での位置情報の取得自体が、捜査権限濫用の危険性を低下させるということも考えられる。しかし、傍受する会話内容から被疑事実との関連性判断が比較的容易な通信傍受と比べて、第三者の立会いの機能は低下することには注意が必要であろう。

　次に、事後の告知についてである。大法廷判決は、対象者に対する秘密の捜査というGPS監視捜査の性質も踏まえ、事前の令状提示は想定できないとしたうえで、適正手続保障の観点から、令状の事前提示に代わる手続の「公正の担保の手段」が要求されるとしている。この判示を前提とすると、事後の告知は、憲法31条にいう「告知」と「聴聞」を受ける権利の保障を具体化したものとして制度化されるべきことになる。このように考えると、基本的には、同様の趣旨に基づいていると理解される通信傍受法23条（改正後は30条）の規定が参考になろう。具体的には、GPS監視捜査令状の発付年月日や記載内容、GPS監視捜査の実施内容（日時や取得された位置情報）などが告知されるべきであろう。そのうえで、不服申立権の存在や期間、取得された位置情報へのアクセス・削除請求権などの存在なども告知されるべきことに

---

*31　緑・前掲注12論文27頁など。
*32　緑・前掲注12論文28頁以下など。

なる。もっとも、不服申立てを行う際に、（上述したように）取得された位置情報が「正当な理由」を欠く違法なものであるかを、対象者が明確に判断できるかについては不明確な部分も残る。

　また、GPS監視捜査の性質からすれば、対象者の現在地やその後の行動を「検索」する場合、当該対象者の現在地が不明であることが通常であろう（現在地が明らかなのであればGPS監視捜査を行う必要性は低いであろう）。そうすると、GPS端末を用いて対象者の位置情報の検索を開始する場合、被疑事実との関連性が不明確な場合が多いことになる。もっとも、この点については、通常の捜索においても、差押対象物の分別過程において、結果的に被疑事実との関連性のないプライバシー侵害も不可避的に生じることとの比較で、憲法35条1項との関係では問題は生じないという指摘もありうる。他方で、GPS監視捜査については、上述したように、位置情報と犯罪との関連性判断は、収集した位置情報を一定程度集積・分析することなどにより初めて関連性が判明する場合もあるという問題も存在する。

　このような問題について、いわゆる「スポット・モニタリング（傍受すべき通信かどうかを判断するため、必要最小限度の範囲に限り当該通信を傍受すること）」（通信傍受法13条、改正後は14条）を設けることも考えられる。GPS監視捜査の場合にスポット・モニタリングを導入する場合、位置情報の集積・分析し、被疑事実との関連性を判断するために「必要最小限度」の位置情報の取得を許すことになろうが、該当性判断に多くの時間がかかるのであれば、同制度は十分に機能しないということになろう[33]。

　以上のように、GPS監視捜査は、位置情報の取得と関連性の判明の間にさまざまな「ギャップ」を伴う。そのため、令状主義によって位置情報の取得そのもの（位置情報取得の時点）を厳格に規制しようとすれば、GPS監視捜査により得られる位置情報は大きく限定され（位置情報取得時に関連性がほぼ判断できるものに限られる）、位置情報の取得後における関連性判断も許容することになると、結果的に「正当な理由」の認められない位置情報の取得も許容することになり、令状主義との関係で疑義が生じることにもなろう。この点については、大法廷判決の論理において統制すべき対象とされているのは、位置情報の取得そのものではなく、対象者の行動の把握とされている

＊33　緑・前掲注12論文27頁以下。スポット・モニタリングと令状主義との関係については、井上・前掲注23書84頁なども参照

ことにも注意すべきかもしれない。この「行動」は位置情報の蓄積・分析の結果判明することもありうるからである。そして、位置情報そのものが「重要な法的利益」と位置づけられていないこと（この点は捜索や通信傍受の対象そのものが「重要な法的利益」を有するものであることとの違いでもあろう）を踏まえると、判例の論理においては、位置情報自体と被疑事実との関連性は直接かつ厳格に求められていないとも理解できそうである。いずれにせよ、GPS監視捜査の立法との関係では、GPS監視捜査に限らず情報取得捜査を統制する手段としての令状主義の意義・機能、そして妥当性（さらには、憲法35条にこだわった大法廷判決の論理の妥当性）が問われることになろう。

　前者の立場をとるならば、情報取得時の厳格な規制が必要となるため、関連性のない位置情報の取得自体を許さない法制度が必要となる。後者の場合、まず、その関連性判断のための一定の情報取得期間を法定し、その後、関連性の認められないと判断された位置情報を消去するといった制度などがありうることになる[34]（もちろん、この両者の組み合わせは論理的に親和性があるというにとどまる）。

6. GPS監視捜査により取得された位置情報の蓄積・利用・分析

　憲法31条の趣旨から、事後の告知が要請されることは上述のとおりである。そして、その告知の内容としては、不服申立権の存在や取得された情報へのアクセス権や削除請求権などが考えられる。その立法例としては、ドイツ刑訴法101条なども参考になるだろう[35]。取得された情報の保管や利用・分析などについては、近年、憲法13条などを根拠する情報自己決定権や情報プライバシー権という観点、さらには取得された位置情報の分析による思想・信条や信教などを含む相当詳細なプロファイルが容易に可能となるという観点か

---

*34　緑・前掲注12論文27頁など。
*35　本書第2部第3章を参照。

ら、その法整備の必要性が有力に主張されている。[36] 大法廷判決は、令状主義を根拠としてGPS監視捜査の「情報取得時」に関する法的規律を重視しているといえるが、情報取得後の法的規律について不必要と考えているわけではないであろう。GPS監視捜査を含めた情報取得捜査については、この情報取得後の法的規律の整備が必須であろう。この点、情報取得段階での令状主義による規律を重視する大法廷判決の論理との整合性が問題となるが、情報の分析・利用段階での監督体制を強化したうえで、情報取得時の制限を緩和するなどして、情報の取得と利用とを連続させた規律を構想すべきとの提案も示されており、傾聴に値する。[37]

この取得された情報の利用や分析のコントロールとしては、データベースを通じた捜査機関の監視、ブロック・チェーンのような行動記録技術とIoTとの組み合わせ、そして、それによって得られたビッグデータを分析するAIなどの技術の活用、さらにはプログラミングなどを活用して、位置情報のデータベースへのアクセス権限の限定、ワンタイムパスワードの導入、一定期間経過後の位置情報の自動削除なども行うべきとの見解がある。[38] 私見は、このような統制に賛成するものであるが、その場合には民間企業の関与が不可欠となるところ、その民間企業による情報の保管や利用に対する国家機関の「不当・不正な統制・介入」の危険性も否定できない点には注意を払うべきと考える。この点にも配慮した法的枠組みの設定が必要であろう。

7. むすびにかえて

本稿では、大法廷判決の論理を検討しながら、ありうるGPS監視捜査立法のあり方を検討してきた。大法廷判決は、GPS監視捜査の強制処分性を令状主義の観点から肯定したため、立法する際にも令状主義が1つの柱となる。

---

*36 稲谷龍彦「情報技術の革新と刑事手続」井上正仁＝酒巻匡『刑事訴訟法の争点』（2013年）40頁以下、同「警察における個人情報の取扱い」大沢秀介『入門・安全と情報』（成文堂、2015年）1頁以下、稲谷・前掲注1書335頁以下、笹倉宏紀「捜査法の体系と情報プライバシー」刑法雑誌55巻3号（2016年）51頁以下、斎藤司「捜査段階における証拠へのアクセス」佐藤博史編『捜査と弁護』（岩波書店、2017年）268頁以下、山本龍彦『プライバシーの権利を考える』（信山社、2017年）67頁以下、89頁以下、229頁以下など。

*37 山本・前掲注36書89頁以下、稲谷・前掲注1書335頁以下など。

*38 笹倉宏紀「捜査法の思考と情報プライヴァシー権──「監視捜査」統御の試み」法律時報87巻5号（2015年）76頁以下、笹倉・前掲注36論文49頁以下、稲谷・前掲注1書335頁以下など。

もっとも、上述したように、GPS監視捜査の性質などを踏まえると、令状主義の要請を十分に満たす法的規律が可能なのか、または（GPS監視捜査の必要性を前提とすると）GPS監視捜査の実効性を維持したうえでの法的規律が可能なのか、いくつかの疑問が残る。本稿では、この疑問について一定の検討を加えたつもりであるが、その不十分さは否定できない。

　また、GPS監視捜査を立法する場合、いわゆる装着型のGPS監視捜査だけでなく、携帯電話などの電子端末のGPS機能を用いた（内蔵型）監視捜査も対象とすべきかも問題となる。大法廷判決は、当該捜査手法の要件について判示したものではない。また、いわゆる「第三者法理」（民間企業などの第三者に情報を開示することによって、その明らかにされた情報についての、プライバシーの要保護性は低下・喪失するという法理）を踏まえると、装着型のGPS監視捜査と同様の法的規律は必要ないという主張もあり得よう。[*40]しかし、「個人の行動を継続的、網羅的に把握する」行為全体（私的領域への侵入の類型的危険を有する行為全体）を強制処分性という点、そして取得情報の利用・分析などの問題性など、装着型と内蔵型は同様の理解が可能であろう。そうすると、GPS監視捜査に対する包括的な立法が必要であろう。また、他の「技術的手段を用いた監視捜査」に対する立法も視野に入れられるべきであろう。[*41]

（さいとう・つかさ）

＊39　伊藤＝石田・前掲注６論文111頁など。

＊40　第三者法理に関するアメリカの議論については、稲谷・前掲注１書258頁以下など。

＊41　この点、ドイツの立法例（本書第２部第３章）、尾崎愛美「位置情報取得捜査に関する法的規律の現状と課題」自由と正義68巻10号（2017年）22頁以下なども参照。

第4章

GPS捜査の技術的発展と最高裁判決の射程

高木　浩光

産業技術総合研究所

１．誤解の多いGPSの仕組み

　GPSとは、Global Positioning System（全地球測位システム）のことであり、アメリカ合衆国が打ち上げた人工衛星を用いた仕組みであることは、説明を要しないであろう。しかし、どのように人工衛星を用いた仕組みなのかについて、誤解が多い。

　図１は、平成29年３月15日の最高裁大法廷判決の前後で、日本の新聞各紙が、GPS捜査の仕組みを説明するために示した図である。

　いずれの図も、捜査対象車両に取り付けられた「GPS端末」あるいは「GPS発信器」から人工衛星へと矢印で結ばれており、人工衛星から警察の捜査員へと矢印が結ばれている。すなわち、車両に取り付けられた「GPS発信器」から電波が発信されており、それをGPS衛星が適宜キャッチして、何らかの手段で捜査員のところへ位置情報を届ける仕組みになっていると理解されているようであり、そのような理解がこの図を描かせたものと思われる。

　しかし、実際の仕組みはこうではない。正しくは、人工衛星が放送している電波を車両に取り付けられたGPS受信機が受信するのである。

　GPSという仕組みによって位置を測定できる原理を確認しておくと、次のとおりである。

　まず、GPS衛星は、内蔵する原子時計に基づく正確な時刻の情報を持っており、これを地球に向けて常時放送している。

　次に、地球上のGPS受信機は、この電波を複数のGPS衛星から受信し、同

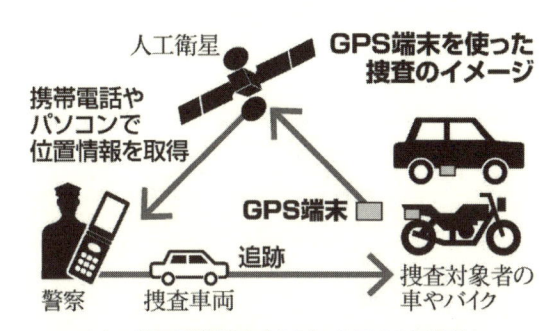

(a) 朝日新聞平成29年2月23日朝刊

(b) 毎日新聞平成29年3月16日東京朝刊　(c) 東京新聞平成29年3月16日朝刊

図1　最高裁判決について報じる新聞各紙の説明図

時に受信した時刻情報を比較すると、時刻に僅かな差が生じていることを観測できる。この差は、光の進む速さが時速30万キロ程度である（電波も光の一種である）ことから生ずるもので、受信機の各衛星からの距離が異なることを意味している。時刻の差は距離の差に比例しているので、受信機から各衛星までの距離を推測できる。

　もし、衛星までの距離を測定できたとすると、2機の衛星までの距離が分かれば、3次元空間上の一つの円周（2つの球の球面が交わる線）上のどこかに受信機が位置していると推測できる。3機の衛星までの距離が分かれば、これが1つ又は2つの点に絞られることになる。しかし、実際には、受信機

側は原子時計を内蔵しておらず、GPS衛星ほどの正確な時刻を把握できていないので、直接には衛星までの距離を測定することはできない。そこで、4機以上の衛星に対する距離の差を観測することにより、時刻と位置を同時に1つに絞ることができるのである。

電波の時速30万キロという速度は、3メートルの差が10ナノ秒（1ナノ秒は10億分の1秒）の差として現れるので、理想的には、ナノ秒オーダーの測定によりメートルオーダーの精度が得られることになる。実際には様々な要因でより誤差が生じるが、他の地点での観測情報を別の手段で共有して位置を補正するDifferential GPSと呼ばれる仕組み等を組み合わせることによって、結局は数メートルの精度が得られている。

以上が、GPSの基本的な仕組みであり、捜査対象車両に取り付けられた装置がGPS衛星に向けて電波を発信しているわけではないことがお分りいただけるだろう。

このように、GPS受信機は電波を受信するだけであり、基本的には単独で位置を測定するものである。では、警察の捜査員はどうやって、測定された位置情報を離れた場所から取得できるのか。

これは単純明快であり、捜査員が利用した「GPS端末」が、携帯電話回線を用いたデータ通信機能も持ち合わせているからである。つまり、捜査員が「GPS端末」の電話番号を指定して通信を開始すると、「GPS端末」がこれに呼応して、現在の位置を測定するとともに、携帯電話回線でそのデータを返信してくるのである。いわば、捜査員が「GPS端末」を遠隔操作している形態である。

実際には、捜査員が直接電話をかけるのではなく、「GPS端末」を貸し出しているサービス事業者のシステムがその携帯電話回線を扱っており、サービス事業者が、利用者向けに遠隔操作用の機能をWebサイトで提供し、捜査員はそれを利用していた。

また、このような遠隔操作方式の他にも、「GPS端末」が自律的に、定期的に位置を測定してサービス事業者のサーバに携帯電話回線を通じて送信する方式もある。こちらの場合は、利用者はサーバに蓄積された位置情報をWebサイトでいつでも閲覧できるという形となる。

図2は、図1と同じ時期に掲載された読売新聞の図である。こちらは、人工衛星からの電波が捜査対象車両に届き、車両からの電波が捜査員の携帯電話に届いているので、GPSについて正しい理解で描かれていると言えよう。

この図も、車両に取り付けられた「GPS端末」から捜査員の携帯電話までが直接通信しているかのようである点は正確さに欠けるが、これは許容範囲であろう。

　これに対し、図1のような誤った理解をしている場合、GPS衛星が地球上のあらゆる「GPS発信器」の位置を測定して、その情報をどこかへ送っていることになるのだが、衛星から捜査員までのルートがどのような方法で実現されていると空想されているのだろうか。GPS衛星はアメリカ合衆国が打ち上げた人工衛星で、同国の空軍が管理・運用しているものだが、国家間協定に基づいて日本の警察へ情報提供があるとでも考えられているのだろうか。

　このような誤解は、マスコミだけに見られるものではない。司法の場においても、このように誤解したまま判決が下されたと思しき裁判例がある。

　大阪地裁平成26年12月3日判決（平成24年（ワ）4184号事件。裁判所Webサイトに掲載）は、原告側の主張をまとめた部分においてではあるが、「列車見張員の位置情報は、GPS衛星が取得するものであるが、この位置測定の場面と、サーバから列車見張員の端末に情報が送信される場面のいずれかにおいて、電波の状態が不良であれば、列車が接近しても警報が鳴らない。」と記載している。「位置情報はGPS衛星が取得するものである」とあり、図

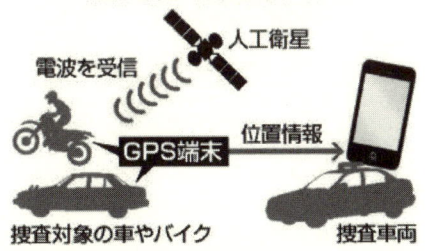

図2　読売新聞平成29年3月16日朝刊の説明図

1のような誤解があるものと疑われる。

　この誤解がいかほど広まっているのかは不明であるし、仮に誤解が多いにしても、重箱の隅をつつく技術屋の難癖だと法律家には一笑に付される話かもしれない。しかし、最高裁判決の射程がどこまで及ぶものかを理解するにあたり、GPSの仕組みの誤解が判断を誤らせる要因となる余地はないのか。

　例えば、最高裁判決の対象となった事件で用いられた「GPS端末」については、何らかの電波を出す（携帯電話回線用の電波を出す）ものには違いないが、GPS捜査で用いられ得るGPS機器の全てが電波を出すものとは限らないことには注意を要する。すなわち、データ通信機能を持たないGPS機器、つまりGPS位置情報を内部に記録するだけの機器（「GPSロガー」と呼ばれる）を用いたGPS捜査もあり得る。この場合、車両に取り付けたGPS機器を捜査員が回収した後で、事後的に当該車両の過去の位置を調べることになる。遠隔操作はできず、リアルタイムに位置を調べることはできないが、前記のようなサービス事業者が登場する以前に、警察において行われていた可能性もある。

　そのような「GPSロガー」を用いたGPS捜査にも最高裁判決の射程が及ぶのかというときに、図1の誤解があるようでは、正常な判断はできないだろう。

2．GPS捜査の違法性判断とGPS機器の呼称

　ここまで、「GPS発信器」「GPS端末」「GPS機器」「GPS受信機」と、一見して統一感のない用語を用いたが、これらは次の通り区別して用いた。図1の誤解があると想定しているときは「GPS発信器」、正しく理解されている想定では「GPS端末」[*1]の語を用い、両者を総称して「GPS機器」とした。「GPS

　＊1　「GPS端末」という用語にも違和感が残る。コンピュータ用語としての「端末」（terminal）は、人が操作するための入出力機器のことである。ここでいう「GPS端末」は人が操作するためのものではなく、取り付けて放置しておくものなので、この意味での「端末」と呼ぶ気がしない。他方、通信用語としての「端末」は、通信の端点となる機器のことであり、携帯電話の電話機はその意味で「端末」と呼ばれる。最高裁判決の対象となった事件で用いられた「GPS端末」は、携帯電話回線を用いたデータ通信機能を備えていたことから、その意味で「携帯電話端末」である。しかし、その意味で「GPS端末」と呼ぶなら、GPS衛星と通信する端末ということになるが、前記の通り、GPS衛星と通信し合っているわけではなく、GPS衛星から放送されてくる電波を受信しているだけなのであるから、テレビ受像機のことを「テレビ端末」と呼ばないのと同様に、「GPS端末」と呼ぶことには違和感がある。

受信機」は、「GPS端末」や「GPSロガー」を構成する部品である。

　最高裁判決を伝える新聞記事においても、「GPS発信器」を用いるものと「GPS端末」を用いるものとに分かれた。これは、裁判所の判決文においても用語が分かれていることから、それに影響されたものと考えられる。最高裁判決では「GPS端末」の語が用いられたが、その原審である大阪高裁平成28年3月2日判決（判例タイムズ1429号148頁）では「GPS発信器」の語が使われていた。そして、第一審の大阪地裁平成27年6月5日決定（判例時報2288号134頁）では、最高裁判決と同じく「GPS端末」の語が用いられていた。

　このことから、もしや、GPS捜査を違法と判断する際に「GPS端末」の語が用いられ、合法と判断する際に「GPS発信器」の語が用いられる傾向があるのではないかと考え、最高裁判決に至るまでの下級審裁判例での様子を調べたところ、**表1**（次頁）のようになった。

　ここに挙げた事例はいずれも、GPS受信機付きデータ通信端末が用いられた（単なるGPSロガーではなく）事件である。

　このように、「GPS発信器」の語が用いられた判決・決定では、いずれもGPS捜査を合法と判断しており、逆に合法と判断したものは福井地裁の事例を除く全てが「GPS発信器」の語を用いている。そして、違法と判断したものは水戸地裁を除き「GPS端末」の語を用いている。水戸地裁は他と異なり、「GPS機器」という無難な語を用いていた。[*2]

　福井地裁の事例が、この中で例外的に「GPS端末」の語を用いながら合法と判断しているが、この判決では、「尾行捜査の補助手段として、おおむね断続的かつ不規則に行われたものにすぎず、そこからして、取得された位置情報自体もおおむね断続的・断片的なものであった」との理由で強制処分性を否定したものであり、他の事例がいずれも捜査対象者の行動を継続的に把握する目的を有していたのに対し、福井地裁の事例では尾行と関係なく行われたことはないと認定されている[*3]点で特殊なケースと言え、この事例を除

　正しくは、「GPS受信機付きデータ通信端末」又は「データ通信機能付きGPS受信機」と言う他ないところ、「GPS端末」は前者の略語ということであろうか。

＊2　GPS事件弁護団（亀石倫子・舘康祐・小林賢介・西村啓・小野俊介・我妻路人）「GPS事件弁護要旨（平成29年2月22日）平成28年（あ）第442号窃盗等被告上告事件」季刊刑事弁護91号（2017年）95頁以下によれば、最高裁大法廷での弁論では、「GPSを取り付ける」といったように、「GPS端末」「GPS発信器」のどちらの語も使われなかったようである。

＊3　平江徳子「判例研究GPS（全地球測位システム）を用いた捜査［最高裁大法廷平成29.3.15判決］」福岡大學法學論叢62巻1号（2017年）279頁以下、300頁より。

表1　GPS捜査に係る下級審裁判例と最高裁判例

判決・決定日	裁判所	掲載文献	GPS捜査の合法性	機器の呼称
平成27年 1 月27日	大阪地裁	判時2288号134頁	合法	GPS発信器
平成27年 7 月10日	大阪地裁	判時2288号134頁	違法	GPS端末
平成27年12月24日	名古屋地裁	判時2307号136頁	違法	GPS端末
平成28年 1 月22日	水戸地裁	LEX/DB 25545987	違法	GPS機器※
平成28年 2 月16日	広島地裁福山支部	WLJPCA02166006	合法	GPS発信器
平成28年 3 月 2 日	大阪高裁	判タ1429号148頁	合法	GPS発信器
平成28年 6 月29日	名古屋高裁	判時2307号129頁	違法	GPS端末
平成28年 7 月21日	広島高裁	LEX/DB 25543571	合法	GPS発信器
平成28年12月 6 日	福井地裁	LEX/DB 25544761	合法※	GPS端末
平成28年12月22日	東京地裁立川支部	LEX/DB 25544851	違法	GPS端末
平成29年 3 月15日	最高裁	裁判所Webサイト	違法	GPS端末

けば、「GPS発信器」の語が用いられることとGPS捜査が合法と判断されることに何らかの関係性がある可能性があるように見える。

　これらの判決・決定は、いずれも、GPSがどのような仕組みであるかについては整理していないので、GPSについて誤解があるかは判別できない。また、これらは、捜査員がどのような事業者提供サービスを利用し、どのような情報を得ていたかの事実に基づいて判断を下していることから、GPSの仕組みをどう理解していたかは判断に影響していないのだと言うこともできるだろう。

　しかし、最高裁判決は、以下のように、「侵害を可能とする機器を密かに装着」したことを重視しており、その機器がどのようなことを可能にするものであったかが違法性判断の鍵となるのであるから、GPSの仕組みの理解は裁判所の判断に影響を及ぼし得ることではないだろうか。

3．GPS機器を装着する行為は何を可能にするか

　最高裁判決は、GPS捜査を「その性質上、公道上のもののみならず、個人

のプライバシーが強く保護されるべき場所や空間に関わるものも含めて、対象車両及びその使用者の所在と移動状況を逐一把握することを可能にする」ものとし、「このような捜査手法は、個人の行動を継続的、網羅的に把握することを必然的に伴うから、個人のプライバシーを侵害し得るものであり」とした上で、「そのような侵害を可能とする機器を個人の所持品に秘かに装着することによって行う点において、公道上の所在を肉眼で把握したりカメラで撮影したりするような手法とは異なり、公権力による私的領域への侵入を伴うものというべきである。」とした。

担当調査官らの解説によれば、「GPS端末の装着[*4]により個人の行動を継続的、網羅的に把握できる状態にすることをもって、憲法の保障する重要な法的利益（私的領域に侵入されない権利）の侵害に当たるとしているものであることは明らか」とされている。[*5]

ここで、この「装着によりできる状態にする」ことが、図1のような誤解をしている場合に、どのような状態を作り出すものとして捉えられているかが問題となる。図1の誤解の下では、人工衛星によって地球上の活動は元より全て監視可能になっており、発信器を取り付けることで目印にはなるものの、取り付ける前と後とで、さして監視可能な状況に違いはないという誤解があるかもしれない。

実際には、人工衛星によってそのような監視が可能なわけではない。GPS受信機付きデータ通信端末が取り付けられたことによって初めて、個人の行

---

*4 　伊藤雅人・石田寿一「車両に使用者らの承諾なく密かにGPS端末を取り付けて位置情報を検索し把握する刑事手続上の操作であるGPS捜査は令状がなければ行うことができない強制の処分か――最大判平成29・3・15――」ジュリスト1507号（2017年）106頁以下、111頁より。

*5 　井上正仁「GPS捜査」井上正仁ほか『刑事訴訟法判例百選〔第10版〕』（2017年）64頁以下は、このことについて、「むしろ、(ii)についての上記(b)のような解釈を前提とし、これと結びつけて考えてみると、そこにいう「プライバシーの侵害」を可能とする機器を対象者の所持品に密かに装着することにより、そのことを知らない対象者がその所持品とともに移動などする際の――プライバシー強保護空間に関わるものであるおそれが常にある――位置情報を、当該機器が機能している限り何時でも、捜査機関が意のままに取得することのできる状態を作り出すことそれ自体が、既に、性質上「私的領域」への「侵入」を伴う処分の着手に他ならない、ということではないかと思われる。上記(iv)は、まさに、そのような趣旨を表すものと解すべきであり、少なくとも筆者には、そう解して初めて諒解可能となる。そして、そう解するときには、前出の二分説がいうように尾行の補助手段としてなされるとしても、そのような状態が作出される以上、強制処分であることに変わりはないことになろう。」（67頁）としている。

動が把握可能となるという理解が正しい。

　前掲の担当調査官らの解説は、「GPS端末の装着によって個人の行動の継続的、網羅的な把握が可能となることを重視している点で、空間の公私を問わず位置情報の把握自体がプライバシー侵害に当たるとする弁護人の上告趣意とは一線を画しているといえよう。」としているように、どのような位置情報を把握したかという結果としての行為ではなく、そのような把握が可能な状態にする行為（「GPS端末」を装着する行為）が「私的領域に侵入されない権利」の侵害に当たるものとして示されたというのであるから、逆に言えば、もし仮に、捜査員がそのような「可能な状態にする行為」をせずとも、初めからそれが可能な状態になっていたとするならば、結果として同じように位置情報が把握されるのだとしても、私的領域への侵入があったという判断にならない余地が残されているのではないか。

　つまり、図1のような誤解は、「元より監視可能だったのであって、私的領域への侵入はない」とする論を導きかねない[*6]もので、見過ごしてよいものではないように思えるのである。

　このような、「元より全て監視可能」とする発想は、例えば、刑事法ジャーナル誌の座談会[*7]においても、これに類する発言がみられる。

　この座談会で、太田は、「個人的には、本判決の結論と理由、また実務的妥当性については承服できません。」として、「遠隔継続監視」型のGPS捜査と「尾行の補助手段」型のGPS捜査とに区別して評価するべきところ、「本判決はこの二つの類型の違いを踏まえることなく、GPS捜査をすべて違法な強制処分に当たるとしてしまいました。」と批判する。他の発言者（清水）から、「逐一把握することを可能にするという言い方ですから、現実に逐一把握したかどうかは問うていないのですね、この大法廷は。」と指摘があっても、太田は、「位置情報の網羅的・継続的把握や、その収集分析を目的として実施する場合と、それらは目的ではなく、尾行の際に失尾しないようにするための補助手段の限度で用いる場合とは同列には論じられず、それらは

---

*6　もっとも、図1のような誤解にも、誤解の程度として様々なレベルがあり、「GPS発信器の装着なくしては人工衛星による監視はできない」という理解もあり得るだろうから、その場合についてはこの限りではない。

*7　植村立郎・太田茂・指宿信・清水真・小木曽綾「〈座談会〉GPS捜査の課題と展望——最高裁平成29年3月15日大法廷判決を契機として——」刑事法ジャーナル第53号（2017年）26頁以下

類型を分けて考えることが可能だし、またそうするべきだと思います。本判決の基本的な問題は、濫用すれば重要な権利・利益の実質的侵害制約に至る捜査手法だからといって、濫用に至らない場合まですべて一律に強制処分としてしまったことだと思います。」と自説を繰り返し、「装着によりできる状態にする」ことの重みについての言及を避けた。その上で、座談会終盤で次の発言に至る。

「太田　これ雑談ですけど、私の家内が携帯で、どこかのレストランに行ったら、後からメールが入ってきて、そこのお店の評価はどうでしたか、など尋ねてくる。なんだか全部監視されてますよね。」

この発言は、清水から「やはり位置情報、走行履歴がそれほど強いプライバシー侵害なのかなというのは、依然としてまだ自分の中では納得できないでいる」と振られた話題に、指宿が、産業界における人の移動履歴の利用の例として、2013年にJR東日本がSuicaの乗降履歴を本人同意なく提供して問題となった事案を挙げて、「ずっと政府内のいろんな審議会やプライバシーに関する委員会等で、位置情報は非常に高度なプライバシーを持っているということは一貫して言われてきました。」と述べたのに対し、これに応じる形で出てきた「雑談」である。

指宿はこの「雑談」に、「だから常に『あなたの位置情報取得していいですか』とアプリケーションが尋ねてくるわけですね」と返したが、太田はさらに、「捜査機関によるものであれ、民間組織によるものであれ、もう全て自分の行動は周りから電子的に把握されている、そういう社会になりつつあるのだと思います。そういうときに、警察が捜査の必要性のために事件関係者の位置情報を取得することがそれ自体で性悪視されることがほんとにいいのかどうかという問題意識はちょっと私はありますね。」と述べ、座談会はこれで終わっている。

太田のこの「もう全て自分の行動は周りから電子的に把握されている」とする発想は、単に事実誤認に基づくもだと指摘しなければならない。妻の携帯電話に店の評価を尋ねるメールが来たというエピソードは、妻がそのようなサービスに自らの意思で加入していたからに他ならない。

もっとも、確かに、そのようなサービスに加入せずとも、勝手にそのようなメールを送りつけてくる迷惑な業者も想定されるところではあり、加入の手続きなしにそのような機能を実現することは、技術的に不可能ではない状況がある。しかし、少なくともヨーロッパの国々では、データ保護法（日本

においては個人情報の保護に関する法律がこれに相当する）の規制から、本人の同意なく提供するそのようなサービスの事業は違法であるし、アメリカ合衆国においても、無断で個人を識別するサービスが批判を浴びて中止に至る事態[*8]がしばしば起きている。日本においても、日々そのような事案をウォッチしてきた筆者の知る限りにおいて、そのようなサービスはほとんど現存していない。[*9]

すなわち、太田が座談会で「そういう社会になりつつあるのだと思います」とした「全ての行動は周りから電子的に把握されている」という社会は、コンピュータ技術が登場して間もない1970年代以来、多くの人々の日々の努力[*10]によって回避されてきているのである。太田はそれを「もう諦めろ」と言っているように聞こえるが、そのような意図がなく、単なる技術的無理解による事実誤認から至った悟りの境地なのだとすれば、問題の根は深い。

4. 携帯電話のGPSを遠隔操作する捜査手法

ところで、GPS捜査は「装着型GPS捜査」と「非装着型GPS捜査」とに分類されることがある。前掲注7の座談会も、GPS端末を捜査対象に取り付けて行うものを「装着型」と呼び、捜査対象が利用中の携帯電話の位置情報を通信事業者を通じて取得するものを「非装着型」と呼んでいる。

今般の最高裁判決は、装着型に関するものであり、非装着型について判示したものではないとされているが[*11]、この非装着型GPS捜査についても、技

＊8　例えば、Kyle Russell「Philz Coffee Drops Euclid Analytics Over Privacy Concerns」（邦題「Philz Coffee、WiFi利用の顧客分析をプライバシー問題により中止」）TechCrunch（2014年）。http://jp.techcrunch.com/2014/05/30/20140529philz-coffee-drops-euclid-analytics-over-privacy-concerns/

＊9　唯一の例外として、読売新聞2015年12月28日朝刊「顔データ化 客は知らず」で報じられたチェーン店の例がある。

＊10　1974年の国連事務総長報告書「人権と科学技術の開発——人間の諸権利に影響をおよぼすおそれのあるエレクトロニックスの利用、及び民主的社会における右利用に課せられるべき制限」（邦訳として奥平康弘・戸松秀典「国連事務総長報告書（抄）人権と科学技術の開発」ジュリスト 589号（1975年）105頁以下）での指摘や、1980年の「プライバシー保護と個人データの国際流通についてのガイドラインに関するOECD理事会勧告」がこれに当たる。

＊11　伊藤ほか前掲注4論文 111頁はこのことについて、「本判決は、GPS端末を個人の所持品に密かに取り付けて位置情報を検索し把握する捜査手法に関する判断を示したものである。取り付けを伴わない携帯電話等の位置情報取得については、守秘義務により位置情報の提供を拒む携帯電話会社等を被処分者とすることになるため検証許可状を取得して行なっている

術面での誤解が多いようであり、最高裁判決との関係が論点となるので、以下、この点を検討する。

　まず、携帯電話の位置情報を取得する捜査手法には、GPSを用いるものと用いないものがあることを整理しておきたい。

　GPSを用いないものとは、携帯電話がその時点で接続している基地局を特定し、その所在地の情報を参考とするものであり、携帯電話にGPS機能が搭載されるようになる以前の1990年代から捜査に用いられてきた手法である。

　携帯電話はその仕組み上、通信事業者が設置した基地局のいずれかに接続して通信を行うものであり、どの基地局に接続しているかは通信事業者の通信システムが常時把握していることから、通信事業者に情報提供を求めることにより、対象の携帯電話の存在位置を大まかに把握することができる。その位置推定の精度は、1つの基地局がカバーする通信可能エリアの広さによることとなり、数百メートルから数キロメートルの誤差がある。

　この基地局ベースの位置情報は、総務省の「電気通信事業における個人情報保護に関するガイドライン」（以下「総務省ガイドライン」という。）において、「通信の秘密として保護され」るものとされ、その制定時（平成10年12月2日郵政省告示第570号）[*12]より、「電気通信事業者は、情報主体の同意がある場合、裁判官の発付した令状に従う場合、前条第2項に規定する逆探知の一環として提供する場合その他の違法性阻却事由がある場合を除いては、位置情報（移動体端末を所持する者の位置を示す情報をいう。以下同じ。）を他人に提供しないものとする。」（制定時の11条1項）[*13]とされてきた。このことから、通信事業者に基地局ベースの位置情報の提供を求める際には、検証許可状を取得して行うのが実務となっていた。

　これに対し、GPSを用いるものは、数メートルという高精度が得られることから、捜査への活用場面が大幅に広がりそうであるところ、総務省ガイド

のが実務であるが、本判決は、かかる携帯電話等の位置情報を取得するための捜査の要件等について判示したものではない。」としている。

*12　総務省「『電気通信事業における個人情報保護に関するガイドライン』の改正について」ICTサービス安心・安全研究会個人情報・利用者情報等の取扱いに関するWG（2015年）10頁。

*13　平成29年改正の現行ガイドラインでは、「電気通信事業者は、あらかじめ利用者の同意を得ている場合、裁判官の発付した令状に従う場合その他の違法性阻却事由がある場合に限り、位置情報について、他人への提供その他の利用をすることができる。」（35条2項）と規定されている。

ラインの平成23年改正において、GPSを用いた携帯電話の位置情報の取得を想定した規定（26条3項）が加えられた経緯がある。このことから、GPSの場合も「検証許可状を取得して行なっているのが実務」だ（前掲注11）と、基地局ベースの場合と同列視されている様子がある。

　しかし、その技術的な仕組みにおいて、GPSのそれは基地局ベースのものとは根本的に異なるところがある点に注意が必要である。

　具体例から先に言えば、外国製の携帯電話、例えばApple社製の「iPhone」は、GPS受信機を搭載しているにもかかわらず、捜査機関がそのGPS位置情報を得ることは技術的に可能となっていない。これは、Apple社が捜査機関に反抗しているからというわけではなく、むしろ、日本製の携帯電話、正確には日本の大手通信事業者が自社ブランドで販売している携帯電話（以下「キャリア製電話機」という。）の方が特殊なのであり、これらでは、電話機のGPS受信機を通信事業者から遠隔操作する機能が販売時から組み込まれていることによって、可能となっているのである。

　このような特殊なキャリア製電話機が日本で広く販売されている背景には、2000年前後に、「iモード」や「EZweb」といったモバイルコンテンツ事業が急速に発展し、世界に先駆けてGPS機能付き携帯電話が広く普及した経緯が関係している。

　当初のGPS機能付き携帯電話では、技術が未成熟であったことから、GPS受信機単独では短時間で十分な位置測定の精度を得ることができず、基地局を通じて通信事業者のサーバにGPS観測情報を送信して、補正計算の結果応答を得てようやく位置測定できるもの（測定開始ボタンを押してから数秒待たなければ位置を得られないもの）であった。そのため、当時の携帯電話のGPS機能は、通信事業者のサービスとして提供されているものとして利用者にも理解されるものであった。

　これに対し、今日のスマートフォンに搭載されているGPS機能は、技術の成熟により、GPS受信機単独で即座に位置を測定でき、かつ、継続的に位置を測定できるようになっており、もはや通信事業者からは切り離された独立した機能となっている。このことは、利用者から見れば、コンピュータに付属のセンサーデバイスの1つとして、カメラやマイクと同列にGPS受信機が備わっているものとして理解される。

　したがって、今日のスマートフォンでは、通信事業者が一方的に電話機に付属のGPS受信機を稼働させてGPS位置情報を取り出すというのは、通信事

業者がカメラやマイクを勝手に操作するのと同列に、異常なことだと言うべきである。それにもかかわらず、日本のキャリア製電話機には、通信事業者からの遠隔操作機能が備わっているのである。

この機能は、docomoブランドのキャリア製電話機の場合、「ドコモ位置情報」及び「ドコモ位置情報（sub）」という名称のプリインストール（削除できない）アプリによって実現されている。キャリア製電話機のスマートフォンはAndroid OSがベースになっているが、元のAndroidにこのような機能はないので、通信事業者がカスタマイズして販売している。

このような機能が備わったのには、2007年4月から始まった「日本版E911」も関係している。

「E911」とは、アメリカ合衆国において、緊急通報用電話番号への発信の際に、電話機の位置情報をPublic Safety Answering Point（公共安全応答センター）に自動的に通知する機能を設けるよう、連邦通信委員会（FCC）が通信事業者に対して義務付けているもので、2005年12月末までに対応を求めた「フェーズ2」で、300メートル精度の緯度経度の通知が要求されたことから、GPSによる位置情報がこれに含められている。

日本は、これと同様の制度を、事業用電気通信設備規則（昭和60年4月1日郵政省令第30号）の2006年改正で導入し、携帯電話用設備に対し、「発信に係る位置情報又は発信を受けた基地局に係る位置情報（緯度、経度及び精度情報）」（事業用電気通信設備規則の細目を定める件4条2項3号ロ）を当該緊急通報に係る「警察機関等」（電気通信番号規則第11条各号に規定する電気通信番号を用いた警察機関、海上保安機関又は消防機関）に「送信する機能を有すること」（事業用電気通信設備規則36条の6第2項で準用される同35条の6第2号）を求めている。

問題となるのは、この要求を実現する手段である。電話機が自ら、緊急通報用電話番号への発信を検知し、GPS位置情報を送信するという方法でも、この要求を満たすのであるが、例えば、docomoブランドのキャリア製電話機の場合は、これとは異なり、通信事業者側の設備が緊急通報用電話番号への発信を検知した後、当該携帯電話に専用のSMSメッセージ「位置情報アプリ起動要求」を送信することにより、専用アプリに位置情報を送信させるという実現方法になっている（**図3**〔次頁〕）。この方法が採用された結果、通信事業者はいつでもこのSMSメッセージを送信することで、任意の携帯電話に対してGPS機能を遠隔起動できるようになってしまった。

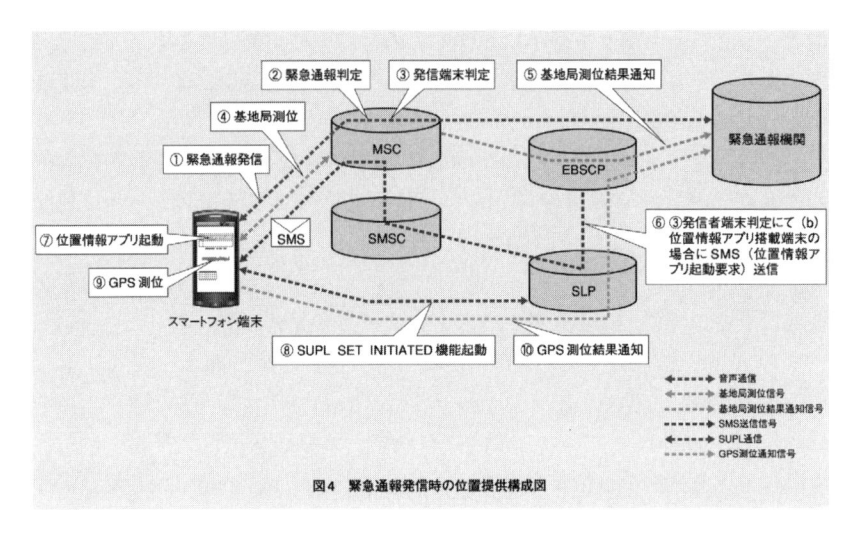

図4　緊急通報発信時の位置提供構成図

図3　NTT DOCOMOテクニカル・ジャーナルより引用[*14]

　そして、この機能は、携帯電話を紛失したときにGPS機能で所在を調べるサービス「ケータイお探しサービス」にも利用されている[*15]。**図4**は、このサービスの仕組みが説明された図であるが、「お探しになりたい携帯電話に位置検索を行う旨のメッセージRを送信します。」とあるように、専用のSMSメッセージの送信でGPS機能を遠隔起動しているわけである。しかも、図から窺えるように、通信事業者のオペレータが操作することによってそのSMSメッセージが送信され、オペレータに位置情報が表示されて、オペレータが口頭で返答するようになっている。「非装着型GPS捜査」において、検証許可状により通信事業者にさせている作業は、こうした機能の利用であろう。

　これに対してiPhoneの場合はどうか。iPhoneにも紛失した際にGPSを用い

---

*14　青木・鈴木・吉川・矢部「スマートフォン端末向け位置提供機能の開発」NTT DOCOMO テクニカル・ジャーナル20巻2号（2012年）37頁以下、40頁より。

*15　これに対して、アメリカ合衆国の大手携帯電話会社Verizon Wirelessの場合には、E911に関する顧客向けの説明（https://www.verizonwireless.com/support/e911-compliance-faqs/）において、「位置情報決定能力は911発信が行われた際に限り機能する」とし、「如何なる部類の個人追跡能力をもサポートしたり始めようとするものではない」と説明されており、日本の通信事業者とは対照的である。

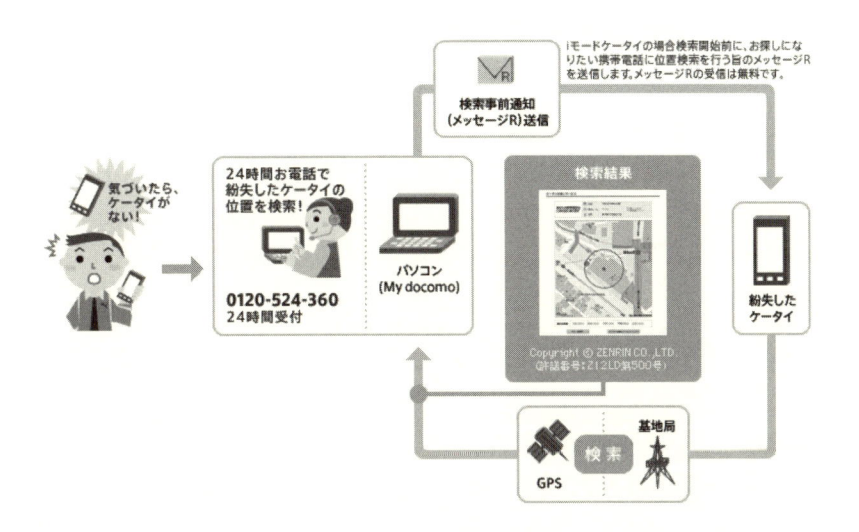

図4　NTT DOCOMO「ケータイお探しサービス」[*16]より引用

て所在を調べる機能があるが、これは、Apple社のクラウドサービス「iPhone を探す」に利用者が自ら進んで登録している場合に限り使える機能であり、かつ、利用者本人が「iPhoneを探す」機能を使用しているときに限って位置情報がクラウドを介して本人に表示されるものであるから、通信事業者が利用できるものではないし、Apple社が利用するものでもない。日本のキャリア製電話機とは仕組みからして異なるのである。[*17]

　ここで論点としたいのは、今般の最高裁判決が、「個人の行動を継続的、網羅的に把握できる状態にすることをもって、憲法の保障する重要な法的利益（私的領域に侵入されない権利）の侵害に当たる」（前掲注4）としたこととの関係である。

---

*16　https://www.nttdocomo.co.jp/service/search/

*17　Apple社は、「法的手続きのガイドライン　日本とAPACの法執行機関」（https://images.apple.com/legal/privacy/law-enforcement-guidelines-apac-jp.pdf）において、捜査機関からの情報開示の要請に対して何が応じられるかを説明しており、位置情報の開示について「H. iPhoneを探す」の項目で説明している。これによれば、利用者自身が「iPhoneを探す」を使ったときの接続ログ（IPアドレス等）は提供できる可能性があるが、「位置情報は、カスタマーに直接提供されます」とし、「Appleは、特定のデバイスのGPS情報を持っていません。」「法執行機関からの要求に応じて、Appleがカスタマーのデバイス上でこの機能を有効にすることはできません。（略）カスタマーが事前に有効にしておく必要があります。」としている。

日本のキャリア製電話機に、GPSの遠隔操作機能が組み込まれていることは、まさに「個人の行動を継続的、網羅的に把握できる状態にした」ものと言えるのではないか。

　もっとも、前掲注7の座談会で太田が「もう全て自分の行動は周りから電子的に把握されている」と口にしたように、これは既に「個人の行動を継続的、網羅的に把握できる状態」になっているのであるから、これを利用するGPS捜査に違法性はないとする主張はあり得る。日本のキャリア製電話機を持ち歩くこと自体が「個人の行動を継続的、網羅的に把握できる状態にすること」であり、利用者がそれを承知しているのであれば、GPS端末を自ら装着しているのに等しく、最高裁判決が言う「秘かに装着すること」とは関係がないという見解があり得る。

　しかし、これは世界の常識ではない。前記のように、iPhoneではそのような状態になっていないし、前傾注15のようにVerizon Wirelessの電話機もそうなってはいないのだろう。日本のキャリア製電話機の利用者らが、そのような仕組みになっていることをはたして承知しているのかどうか、これには大いに疑問があろう。

5．継続的・網羅的に把握できる状態にしたのは誰か

　ここで注意しなければならないのは、総務省ガイドラインの平成27年改正である。改正前では、位置情報の取得について、「電気通信事業者は、第4条の規定にかかわらず、捜査機関からの要請により位置情報の取得を求められた場合において、<u>当該位置情報が取得されていることを利用者が知ることができるときであって</u>、裁判官の発付した令状に従うときに限り、当該位置情報を取得するものとする。」（26条3項）と規定されていた。

　下線で示した「当該位置情報が取得されていることを利用者が知ることができるとき」とは、前掲図3及び図4のような通信事業者からのGPS機能の遠隔操作の際に、位置を検索中である旨を告知する画面を携帯電話機上に表示する機能があれば、この要件を満たすものとして想定されていたものである。

　これにも経緯がある。日本のキャリア製電話機は、2000年前後のGPS付き携帯電話の黎明期から、位置を測定する際に測定中である旨を常に表示するように設計されていた。これは、測定に数秒程度の時間を要することから、

何らかの画面表示が必要だったという事情もあったし、他人からGPS機能を起動する機能を設けた（例えば、保護者が子供を探すための用途で）ことから、プライバシーに配慮してそのような告知画面を設けていたものであった。

したがって、この告知画面が出るようになっている限りにおいては、前記のような、「個人の行動を継続的、網羅的に把握できる状態にした」とは言えないものであったと言えよう。

ところが、平成27年改正により、この下線部が削除された。これは、平成27年6月の総務省研究会WG（前掲注12）の検討結果に基づくものであり、WGの報告書によれば、「犯罪捜査の場合においては、GPS位置情報が取得されていることを被疑者等に知られてしまい、実効性のある捜査が困難となるため、捜査において活用することができない状況が生じている。」として、この告知画面なしにGPS遠隔操作することを許すという改正であった。

そして実際に、これに対応して告知画面なしのGPS遠隔操作を可能としたキャリア製電話機が、docomoでは2016年の夏モデルから発売されている[18]。

この改正は、警察庁の要請により検討されたもので、「『世界一安全な日本』創造戦略」（平成25年12月10日犯罪対策閣僚会議決定・閣議決定）において「携帯電話のGPS位置情報に係る捜査の実効性の確保」として示された政策に基づくものであった。

ということは、つい最近まで「個人の行動を継続的、網羅的に把握できる状態」になっていなかった（したがって、利用者らはそのような状態になっているとは承知していない）ところ、国の政策によってそのような状態が新たに作り出されたと言えるのではないか。すなわち、これは、国が全ての国民（日本のキャリア製電話機の利用者に限られるが）に「個人の行動を継続的、網羅的に把握できる状態にする」GPS端末を「秘かに装着」したに等しいと言えるのではないだろうか[19]。

ここで気になるのが、法曹・法学者らにこの観点が欠如していることである。前掲注5の井上は、総務省ガイドラインの26条3項に触れながら、平成27年改正による「状態」の変化のことに触れていない。

前掲注4の担当調査官の解説は、前掲注11のように、「取り付けを伴わな

---

*18　au及びSoftBankについては、対応状況が明らかにされていない。

*19　もっとも、総務省ガイドラインの改正に際して、パブリックコメント手続にもかけられており、一定の周知は図られているとも言える。

い携帯電話等の位置情報取得」について、GPS機能を遠隔操作させる方法と、基地局ベースの位置情報の開示を求める方法とを区別せず、「<u>守秘義務により位置情報の提供を拒む</u>携帯電話会社等を被処分者とすることになるため検証許可状を取得して行なっているのが実務」だとした。基地局ベースの位置情報なら、通信事業者は既にそれを把握しているのだから、「提供を拒む」か否か（総務省ガイドライン35条2項）の問題だが、GPS位置情報は未だ把握していないのであって、新たに「取得することを拒む」か否か（同ガイドライン26条3項）の問題であるから、単なる守秘義務の問題ではない。この違いの重大性が理解されていないように見受けられる。

　総務省ガイドライン改正に際しての研究会・WGにおいても、GPS位置情報と基地局ベースの位置情報との違いを、測定精度の高低の差としてしか論じていなかった。そのような中で、平成23年改正の際のパブリックコメントに対し、「個人」（筆者ではない）から提出されていた以下の意見は注目に値する。[20]

　「ましてGPS情報は携帯電話端末本体に蓄積された情報であり、これが外部から取得できる状況になれば将来的にアドレス帳や写真に至る保存情報の取得も可能になることも容易に推測できます。通信と何ら関係のない情報が通信機器から勝手に抜き出されることがまかり通れば、国民は通信に対する不審を抱く結果にもなるでしょう。」

　まさにその通りで、通信事業者がGPS位置情報を抜き出す行為は、通信事業者が携帯電話内に保管された写真その他の任意のファイルを抜き出す行為とパラレルである。なぜ、GPS位置情報だけは抜き出しても許されると思うのだろうか。そこには、かつて、2000年前後のGPS付き携帯電話の黎明期に、GPS機能が通信事業者のサービスとして提供されていたこととの混同があるのではないか。今日のスマートフォンでは、GPSは通信事業者から切り離された独立した機能であることが理解されていないように思われる。

　懸念されるのは、日本の法曹・法学者が、技術的な仕組みへの無理解から、携帯電話のGPS位置情報を通信事業者が密かに取得できるのを当然のこと、「携帯電話とはそういうものなんだろう」と思い込んでしまうことである。前記のように、それは世界の常識とは異なるし、たまたま日本のキャリア製

＊20　総務省「電気通信事業における個人情報保護に関するガイドライン及び解説の改正案に対する意見募集の結果の公表」（平成23年10月17日）より。

電話機で実現が容易（告知画面を削除するだけで済む）となる下地、経緯があったということにすぎない。

そもそも、「装着型GPS捜査」「非装着型GPS捜査」という用語からして不適切である。「非装着型GPS捜査」に分類されている携帯電話のGPS遠隔操作は、「秘密裏に起動するGPS機能」を国の政策で「装着」させて行なっているものなのだから、「非装着型」という呼称は事の本質から目をそらすことになる。

今般の最高裁判決が、「装着」の本質を、物理的に取り付けることではなく、「個人の行動を継続的、網羅的に把握できる状態にした」ことにあるとしたのであれば、携帯電話のGPS機能を秘密裏に遠隔操作できる状態にしたのは誰なのか、そのことこそが問題となり得るのではなかろうか。ましてや、「装着」[*21]されたのは、検証許可状が発付された捜査対象者に限られず、未だ何ら罪を犯していない全ての国民なのである。

（たかぎ・ひろみつ）

---

*21　携帯電話がそのような状態に至ったのは、告知画面なしに遠隔操作できるように専用アプリ（コンピュータプログラム）がアップデート（変更）されたことによるものであるから、利用者が承知しない形でこれが行われたのであれば、このアプリは、刑法168条の2が規定する「人が電子計算機を使用するに際してその意図に沿うべき動作をさせず、又はその意図に反する動作をさせるべき不正な指令を与える電磁的記録」にほかならず、アップデートにより利用者にインストールさせた行為は不正指令電磁的記録供用罪（同条2項）を構成するとする論も成り立ち得よう。これについては稿を改めて論じたい。

第5章

監視の時代とプライバシー

GPS捜査大法廷判決を踏まえて考える

指宿　信

成城大学教授

「レストランやその他の公共の場で友人と会話をするとき、自由に談話するには、私たちはほかの人びとから隔てられた空間をやはり必要とする」

ダニエル・J・ソローブ『プライバシー新理論』

（みすず書房、2013年）216頁

1. はじめに

　監視のパラダイムでしばしば引用されるのは、ベンサムが提唱したパノプティコン（一望監視装置）であろう。[*1] 周知の通り、これは刑務所のような収容施設において被収容者の監視を容易にするためのアーキテクチャーである。

　公共空間におけるプライバシーという新しい概念に取り組んだ米国の法学者スロヴォキンは、このパノプティコンに対立する概念は、"公的な場所での匿名性"であると述べた。[*2] 彼は、あらゆる人、物、そして情報の動きが一望に監視しうる技術が提供されるようになった現代社会は刑務所のように超パノプティコン化しており、それに対抗するためには公共空間でも匿名性が守られなければならないとする。その観念をスロヴォキンは「公的プライバシー」と呼んだ。[*3]

　これまでの伝統的な考え方から言えばこの表現は概念矛盾に聞こえるかも

＊1　ミシェル・フーコー『監獄の誕生 監視と処罰』（新潮社、1977年）参照。

＊2　Christopher Slobogin, *Privacy at Risk*, 2007.

＊3　ポストモダンの文脈から「超パノプティコン」的監視技術についての思索をまとめた書として、デイビッド・ライアン『監視スタディーズ』（岩波書店、2011年）参照。

しれない。プライバシーとは公的ではない領域を保護する観念であって、公共空間は私的空間とは区別されるという二元論が一般的だからである。

しかし、冒頭のソローブの言葉が指摘しているように、たとえ公共空間においても、他者とは距離を置き、会話を傍受されたり監視し続けられたりしない自由な領域・空間を我々は必要としている。それは伝統的にもそうであったし、技術革新が顔認識技術をもたらし、携帯電話の電波の追跡を容易にし、そしてドローン撮影という名の空中監視を可能にする今の時代にあっては、ますますその必要性は高まっていると言えるだろう。

2017年3月15日、最高裁大法廷は我が国で初めて、公共空間におけるプライバシー保護の必要を正面から認める画期的な判断を下した（以下「17年判決」という）[*4]。本稿はこの判決のもつ意義について監視の時代という文脈から考察を加えるとともに、監視技術に対する規制のあり方について私見を提示するものである。

2. 公共空間における追尾監視①——アメリカ

米国メリーランド州警察は、違法な薬物の製造を疑った被疑者の車両にビーパー（発信装置）を3日間装着してその信号を追跡した。その後そのデータを基に捜索差押え令状を請求し起訴に至った。高等裁判所はこのビーパー追跡監視に令状が必要だとしたが、1983年、米国最高裁は車両が公道を走っていたことを理由に、被疑者には憲法で保障されるプライバシーへの合理的期待はなく令状は不要だと判断した（ノッツ事件）[*5]。誰かがどこかに向かっていることは公道では明るみに出ているものであり、また、ビーパーは対象車両を追跡中に見失った場合に位置を確認する補助的手段に過ぎず常時監視とは言えない、と言及されていた。

このノッツ事件からおよそ30年。格段に進化したテクノロジーにより安価で長時間の、そして大規模な監視技術を我々は手にした。ネットワークを通じて監視データをスマートフォンで常時取得することも、コンピュータに蓄積することも可能となった。2012年、米国最高裁は、警察が薬物犯罪の嫌疑で28日間にわたって車両にGPS発信装置を無断で取り付けて位置情報を取得

---

*4 http://www.courts.go.jp/app/files/hanrei_jp/600/086600_hanrei.pdf
*5 *U.S. v. Knotts*, 460 U.S. 276 (1983).

していた事案で、令状がなければGPS監視は行なえないとの判断を全員一致で示したのである（ジョーンズ事件[*6]）。

　もっとも、ノッツ事件が手放しで公道上の監視を承認していたと考えるのは早計に過ぎる。判決は、「被上告人側が主張するように、万一そうした地引網的（dragnet-type）な法執行が行われる時が来たなら、異なる憲法原理が適用可能かどうかを判断することになるだろう」と予言していた。すなわち、ジョーンズ事件での追尾監視行為は、ノッツ事件のような追尾や尾行と同視する見方では正当化できない、まさに"地引網的監視"に該当する技術だと評価されたと見ることができるだろう。

　ジョーンズ判決の多数意見はGPS発信装置の車両への設置が"不法侵入"を構成するという理屈を立てたが、補足意見を書いたアリート判事らは、端的に、長期にわたる位置情報取得がプライバシー侵害に当たるかどうかを問うべきだとした。この点は、次にみる我が国の今回の大法廷判決と呼応する考え方であった。承諾のない車両への監視装置設置が問題なのかにつき意見は分かれたものの、米国最高裁判事たちの結論は令状が必要という点で一致していた。

3．公共空間における追尾監視②——日本

　先の17年判決の事案はこういうものだった。警察は自動車を使って高速で長距離を移動する窃盗団の動きを探知するため、半年以上にわたって合計19台もの車両にGPS発信装置を承諾ないまま取り付けて尾行監視を実施した。一審の大阪地裁はこの手法を違法と判断して証拠を排除したのだが、大阪高裁はこれを破棄し、必ずしも違法とは言えないとした。他の事件について名古屋高裁で立法がなければ許容されないとする判決が出ていたこともあり、上告審となった最高裁は2016年10月この事案を大法廷に回付することとした。

　今回、大法廷は全員一致でGPS発信装置を用いた捜査手法について「合理的に推認される個人の意思に反してその私的領域に侵入する捜査手法」だと位置づけた上で、「個人の意思を制圧して憲法の保障する重要な法的利益を侵害する」ものと評価し、現行法にある既存の令状（捜索差押え、検証等）では実施困難で立法がなければ許されない処分だと断じた。注目されるのは、17年判決が位置情報に関して憲法35条が保障する「侵入、捜索及び押収を受

＊6　*United States v. Jones,* 132 S. Ct. 945 (2012).

けることのない権利」の対象として「住居、書類及び所持品」に準ずる“私的領域”というカテゴリーを創設し、同条にはこの領域に侵入されることのない権利が含まれることを明らかにした点である。つまり、住居のような言わば他人から見えない空間のみならず、オープンな公共空間であってもプライバシーが保障されるというのである。

　最高裁が、私的領域という新しい用語を作ってまで公共空間における位置情報が保護されるという結論を導いた背景には、技術的進歩の存在があるだろう。米国最高裁におけるノッツ判決からジョーンズ判決への転換も同じ理由であった。すなわち、我が国においても、ユビキタスアクセスによってもたらされた情報通信環境の飛躍的発展と、位置情報のようなセンシティブな個人に関わる情報を網羅的かつ継続的に収集できるという“地引網的”な情報技術が完成したからに他ならない。

4．肖像権問題と秘密性パラダイム

　さて、今回の17年判決から遡ることほぼ半世紀、1969年に最高裁大法廷は、いわゆる京都府学連デモ事件につき、我が国の憲法には明記されていなかった“肖像権”という重要な権利を打ち立てた（以下「69年判決」と言う）[*7]。京都市内をデモ行進中の学生たちが許可された条件でデモを行わなかったとして警察官がその様子をカメラで撮影し、これに怒った学生が警察ともみ合いになり公務執行妨害罪及び傷害罪で逮捕起訴された事案である。当時はプライバシー権という考え方がようやく我が国にも紹介されたばかりで、「何人からも隠しておける状態や情報」をプライバシーという観念で保護しようと試みていた時期であった。こうした考え方はプライバシー保護を決する“秘密性パラダイム”と呼ばれるもので、今でも様々な事案で用いられる指標となっている。“秘密性パラダイム”によれば、住居や私有地に対する保護は手厚くされる一方、公道上や他者の面前では保護の必要は低いとみなされる。今次の17年判決が出されるまで、GPS捜査について、公道上を走行する車両の位置情報を取得しているだけだからプライバシーの期待は低いとする下級審の判断が見られた背景には、こうした考え方の影響がある。

　69年判決は、「何人も、その承諾なしに、みだりにその容ぼう・姿態を撮

＊7　1969年12月24日最高裁判所刑事判例集（以下“刑集”と略）23巻12号1625頁。

影されない自由を有する」として、警察官が正当な理由なく個人の容ぼう等を撮影することは憲法13条の趣旨に反するとした。具体的な事案については、行進許可条件違反という「現に犯罪が行なわれもしくは行なわれたのち間がないと認められる場合」に当たり、証拠保全の必要性・緊急性があることや撮影が相当な方法で行われたことを前提に許される撮影だと判断されている。

　この判決が公共空間における人の容ぼうについて法的保護を認めた意義は大きく、具体的事案は刑事事件であったが、その後、肖像権は民事事件等でも広く取り入れられ、今では市民生活上も定着した観念となっている。

　確かに私たちが公道上を歩いている時は他人に顔を晒しているのであるからプライバシーの期待は小さいように感じられる。しかし、他人に顔を晒して歩くこととそれが映像情報として記録される（撮影される）ことは同次元ではない。つまり、秘密性のパラダイムとは異なる"記録性の有無"という別のパラメータが、半世紀も前に我が国で承認されていたのである。

　さらに言えば、GPS捜査の場合は単なる記録性ではなくそれが"長期"にわたって人の手によらず"自動的"に記録されるという特質がある。[8] 今次の17年判決はこの特性を正しく捉えたと言えるだろう。すなわち、判決はGPS捜査について、「公道上のもののみならず、個人のプライバシーが強く保護されるべき場所や空間に関わるものを含めて、対象車両及びその使用者の所在と移動状況を逐一把握することを可能に」し、「個人の行動を継続的、網羅的に把握することを可能にする」（傍点筆者）と述べてその技術力を評価している。50年の時を隔てて生まれた飛躍的な技術革新が捜査規制のあり方に再考を促すことになったわけである。

5. 撮影から監視へ

　確かに、69年判決の意義は憲法13条に定める幸福追求権に基づく肖像権の確立にあった。だが、この判決は実のところ承諾のない写真撮影にお墨付きを与えた格好となってしまった。多くの下級審、また最高裁自身が、警察による各種の撮影が争われた場合に、それらの撮影や記録が許容されるとの判断を示してきた。今回の大法廷判決が出されるまで、複数の下級審がGPS捜査を令状なく実施できると捉えていたのも、こうした先例があったことが原

---

*8　技術革新による自動化と記録保存の点について、ライアン前掲書85頁以下参照。

因だろう。

このように、69年判決には警察における公道上での撮影監視行為を野放しにしてきた側面が強い。警察における撮影機器の活用は、暴動等が予想される特定地域での監視カメラ撮影や、特定の人物の尾行時の撮影へと拡大し、近時の大分県警による監視カメラ問題で明らかになったような内偵・動向確認のための常時監視[*9]等、技術の進化と共に撮影記録を超えて常時監視や追尾監視へと展開し、多くの予算が投入され続けている。筆者の入手した警察内部資料からも、アナログ時代から多様な撮影記録技術が警察活動に利用されてきた実態が明らかだ。例えば、ある器材関連の説明文書には、ファイバースコープに秘聴器を取り付ける手法で"室内"の様子を監視できることが紹介されている。言うまでもないが、室内は秘密性のパラダイムに依拠したとしても許されないプライバシー侵害に当たる。

もちろん裁判所があらゆる撮影や監視方法について適法と認めたわけではない。例えば、政治団体関係者が出入りする建物に対する撮影[*10]や、尾行中の政党事務所への出入りの撮影[*11]に対して思想信条の自由の保護の観点から部分的に違法と判断した例がある。最近でも、エックス線撮影により宅配物の内容を承諾のないまま確認して捜索差押え令状請求の資料としていた捜査手法に対して、これをプライバシー侵害に当たるとする最高裁の判断も存在する[*12]。この事案では、梱包を開披して内容物を確認したわけではないので、伝統的な考え方からすればプライバシーの期待が侵されたわけではないという判断も可能であった（実際、一審二審はそのように考えていた）。しかし最高裁は、内容物推認の可能性を認めてプライバシー侵害と断定した。

この最高裁判決が17年判決への布石となったと言っても過言ではないだろう。今回の大法廷は、承諾のない追尾監視技術に対して正面からプライバシー侵害を認めた。位置情報の継続的な取得を目視と同視できないとして技術革新に着目したところは、透過撮影によるプライバシー侵害の可能性があるとしたエックス線撮影事件の判断と類似性を持つ。だが何よりも、公共空

＊9　朝日新聞2016年８月４日記事「大分県警が隠しカメラ　設置目的の詳細は明かさず」、大分合同新聞2017年３月22日記事「県警の捜査用ビデオカメラ　２年間で延べ138台」等参照。

＊10　大阪地判1994・４・27判例時報1515号116頁。

＊11　東京地判2006・６・29刑集66巻12号1627頁以下に所収。

＊12　最判2009・９・28刑集63巻７号868頁。

間と私的空間を切り分けていたこれまでの秘密性パラダイムに基づく二元論を脱し、公共空間でも一定の場面での保護を与えるという新たなパラダイム（私的領域という観念）が提示されたことに意味がある。17年判決が69年判決を引用しなかった真の理由はこうしたパラダイムの大転換にあったと言えよう。

今後は、各種の肖像権訴訟を切り開いた69年判決と同様、今次の17年判決が公共空間においてプライバシー保護を争う各種訴訟の重要な起点となるものと予想される。

6．追尾監視技術と法的対応

実際、情報収集型の捜査には、撮影・記録や位置情報取得にとどまらず様々な技術が応用されており、情報化社会のこんにち私たちの身の回りには同種技術が溢れている。

では、17年判決はそうした監視技術に対する規制をもたらす契機となるだろうか。そのことを考えるために、捜査機関や民間で利用されている多様な監視技術をその形態と対象別に区分して俯瞰できるよう試みたい。いわば監視技術の見取り図である。

ちなみに、監視のための技術・方法には基本的には３つのパターンしかない。

第一は＜パーソナル追尾＞で、個別の対象を常時追跡するタイプである。人については尾行が、物の場合は位置情報取得が該当し、情報に対してはネット行動捕捉プログラムやネット上のトラフィック内容を吸い取るDPI[13]技術等がある。[14]

第二は＜データ・リポジトリ＞で、データを一括収集しておいて後から該当する情報を検索するタイプである。街頭監視カメラが通行人の、Ｎシステムが通過車両の、そして通信事業者が利用者の通信情報を、蓄積して事後的な探索に備える。

第三は＜トランザクション監視＞で、特定地点を通過する情報をリアルタ

＊13 フランスのクリテオ社が持つ"リターゲティング"技術。朝日新聞2017年４月６日記事「ネットの行動記録→広告表示『日本の利用者92％把握』仏企業CEOに聞く」参照。

＊14 DPIとはdeep packet inspectionの略。詳細は、http://securityblog.jp/words/5927.html 等参照。

監視技術の手法と対象

手法＼対象	人	物	情報
パーソナル追尾	尾行	GPS	DPI
データ・リポジトリ	街頭監視カメラ	Nシステム	データ保全
トランザクション監視	顔認識	自動速度監視装置	スニファー

Makoto Ibusuki©2017

イムで捕捉する方法である。人の場合は顔認識技術、物の場合は車両に対する自動速度監視装置がこれに属する。情報についてはネットワーク上のパケットをモニタリングするプログラム、スニファーが典型である。[*15]

こうした多様な監視技術に対しては各国で様々な立法上の取り組みが見られる。カナダ刑法典は、「テレビカメラあるいは他の同種の電子的機器の手段によって、プライバシーに対する合理的期待を有しているような状況において何らかの活動をしている人を観察することを法執行官に許容する本条1項で発付された令状は、裁判官によって、当該人物あるいは第三者のプライバシーが可能な限り確保されるよう考慮された特定の条件を含んでいなければならない」と規定し、令状裁判官が撮影監視につきプライバシー侵害をできる限り軽減する条件を付した上で許容する。米国ニューヨーク州刑事訴訟法も「盗聴とビデオ監視令状」に関する一般的事項を定め、盗聴令状と同様の条件で常時監視を認める。加えて、ジョーンズ判決を受けて各州でGPS捜査を念頭に位置情報取得令状に関する立法が進められているところである。[*16]

オーストラリアのニューサウスウェールズ州では監視装置規制法が「(surveillance deviceとは) データを監視する装置、聴取する装置、視覚的監視装置、追跡装置、あるいはその組み合わされたもの」と定義した上で包括的に監視技術を規制し、承諾のない利用の一般禁止やオンブズマンによる査察義務を定める (詳しくは第2部5章参照)。

現在日本の警察は、携帯電話に搭載されているGPS情報を取得する際、令

---

*15 スニッファーの詳細は、例えばhttp://www.hotfix.jp/archives/word/2004/word04-01.html 参照。

*16 詳細は拙稿「アメリカにおけるGPS利用捜査と事前規制」季刊刑事弁護85号 (2016年) 89頁参照。

状を得た上で通信事業者の協力によってこれを収集している。[17] ところが、あまり知られていないが、一定のエリア内で稼働している携帯端末の情報を収集するトランザクション監視機能を持つ"偽装携帯基地局"（IMSIキャッチャー）[18] という装置があればそうした事業者の協力すら不要になる。この装置をドローンや車両に搭載すればターゲットの携帯電話も追跡可能で特定の人物の行動を捕捉することまで（つまりパーソナル追尾も）できる。もともと軍用に開発され、諜報機関に広がり、現在は法執行機関までがこの装置を活用している。IMSIキャッチャーは近年米国で問題化しており、合衆国司法省はその使用に令状を要求するようになり、州によっては立法による規制が始まっている。[19]

7. おわりに

Nシステムに対して起こされたある民事訴訟において、東京高裁は次のように述べて原告のプライバシー侵害主張を退けた。すなわち、「公権力が正当な目的のために相当とされる範囲において相当な方法で個人の私生活上の情報を収集し、適切に管理する限りにおいては、その自由が制約を受け、国民にその受忍を強いても、憲法に違反しないとされる場合があると解すべき」、と。[20]

最高裁によって、公共空間においても私たちの「私的領域」が侵されない権利が認められたいま、果たして今後も裁判所はこうした判断を維持しうるだろうか。

確かに、Nシステムは不特定多数の情報収集型監視であることから、一見すると追尾型監視のGPS捜査とは異なり私的領域への侵入は乏しいように感じられる。だが、各地の通過情報がデータベース化されれば、"検索"によって特定の車両の移動履歴を事後的に追跡することができる。GPS捜査もライブでの追跡だけが問題なのではなかった。17年判決が指摘したように、「継続的、網羅的に把握」することを可能とする手法こそ問題である。したがっ

---

*17 2015年6月、ガイドラインの改正だけで利用者への事前通知なしにこれが実施できるようになった。拙稿「GPS情報：捜査利用 立法で手当てを」朝日新聞2015年5月14日「私の視点」参照。

*18 詳細は拙稿「偽装携帯基地局を用いた通信傍受：携帯電話の無差別傍受装置『スティングレイ』」法学セミナー2015年11月号1頁参照。

*19 "New York bill aims to limit police use of 'stingray' phone surveillance", ZDNet, Jan. 23, 2017.

*20 2009年1月29日第2民事部判決、同年11月27日上告棄却。

て、Nシステムも結局同じ監視装置としての機能を持つのではないかと考えられる。公共空間における顔認識技術の利用にも同じ問題があるだろう。

さて、筆者は17年判決事件の第一審でGPS捜査の法的性質に関する学者証人として出廷し、立法必要論を説いた。その際、プレゼンテーションの締めくくりとして、プライバシーの観念を生み出した米国の法律家であるルイス・ブランダイスの言葉を引用した。ブランダイスは、1928年に最高裁判事として関わったFBIの盗聴が問題となったケースで、こう警告していた。「政府による諜報活動の手段を供給する科学の進歩は、電話盗聴にとどまるようなことはないだろう」[21]、と。

当時、米国最高裁の多数意見は盗聴に規制の要を認めず、ブランダイスのプライバシー違反の主張は少数意見にとどまった。最高裁が考え方を改め、無断での電話盗聴にプライバシー侵害を認めるのはそれから40年後のことであった。そして、ブランダイスの警告から90年後のこんにち、我が国の最高裁判事たちもその言葉に耳を傾けることとなった。

今回、たとえ公共空間であっても、市民がみだりに"監視"を受けない「私的領域」につき一定の保護を受けられることが最高裁によって示されたことの意義は大きい。技術的危険に関するブランダイスの警鐘に応えただけでなく、最高裁によって、そうした危険を制御する責務が国会にあることを明らかにしたという点も重要で、立法者がこれまで監視技術の統制に無関心であった責任は重い[22]。

GPS捜査のような現在用いられている技術のみならず、今後生み出されていく多様な監視技術についてもその濫用を許さず、透明性を確保して事後的検証が担保され、収集された記録の保管期間等を明確にするような枠組み、すなわち、包括的な監視規制法の確立がわが国に求められている。

（いぶすき・まこと）

＊本稿は、『世界』896号（2017年）46頁-54頁の同名の論考を一部修正の上転載したものである。なお、注の文献表記などを本書の基準で統一した。（編集部）

＊21　*Olmstead v. United States,* 277 U.S.438 (1928), 474.　詳細は拙稿「GPS利用捜査とその法的性質—承諾のない位置情報取得と監視型捜査をめぐって」法律時報2015年9月号58頁参照。
＊22　拙稿「GPS利用捜査の規制はどうあるべきか　早急に立法措置の検討を」WEBRON-ZA2016年8月4日。

第**2**部

GPS捜査をめぐる
諸外国の法制度

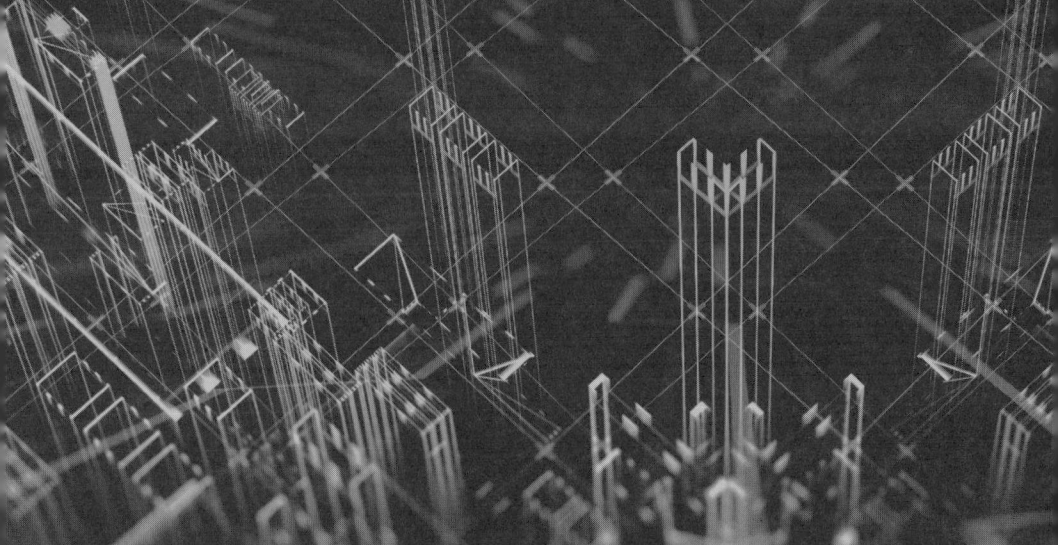

第1章

アメリカのGPS捜査と
プライバシー保護

尾崎　愛美

慶應義塾大学大学院法学研究科助教（有期・研究奨励）

1. 法制度の概要

　米国では、2000年頃から、GPS捜査[*1]が「捜索」（合衆国憲法第4修正。以下「第4修正」[*2]という）に該当するとして令状が要求されるべきか否かが問題とされるようになった。この点について、州裁判所や連邦下級審裁判所の判断は、無令状のGPS捜査を許容するものと、GPS捜査に令状を要求す[*3]

[*1]　GPS捜査は、捜査機関が移動体にGPS端末を装着して位置情報を取得する装着型GPS捜査と、捜査機関が位置情報サービス業者に対して被疑者のGPS位置情報の提供を求める内蔵型GPS捜査とに大別される。本論では、装着型GPS捜査について主に論じることとし、以後、本論において「GPS捜査」とは装着型GPS捜査のことを指すこととする。なお、わが国においては、内蔵型GPS捜査の適法性についての判断は、現時点（2017年11月末時点）では確認できていないが、米国では、連邦下級審において同捜査を「捜索」にあたらないとした裁判例がある（United States v. Skinner, 690 F.3d. 772 (6th Cir. 2012). (以下、「Skinner判決」という))。米国における内蔵型GPS捜査に関して、松代剛枝「GPS及び携帯電話による位置情報取得捜査——アメリカ法を手がかりとして——」井田良＝井上宜裕＝白取祐司＝高田昭正＝松宮孝明＝山口厚編『浅田和茂先生古稀祝賀論文集 下巻』（成文堂、2016年）39-66頁等。

[*2]　「国民が、不合理な捜索および押収または抑留から身体、家屋、書類および所持品の安全を保障される権利は、これを侵してはならない。いかなる令状も、宣誓または宣誓に代る確約にもとづいて、相当な理由が示され、かつ、捜索する場所および抑留する人または押収する物品が個別に明示されていない限り、これを発給してはならない。」

[*3]　E.g., People v. Zichwic, 94 Cal.App.4th 944 (2001); Osburn v. State, 44 P.3d 523 (Nev. 2002); United States v. Moran, 349 F. supp. 2d 425 (N.D.N.Y 2005); People v. Gant, 802 N.Y.S.2d 839 (N.Y.Co.Ct. 2005); United States v. Garcia, 474 F. 3d 994 (7th Cir. 2007); United States v. Pineda-Moreno, 591 F.3d 1212 (9th Cir. 2010); United States v. Marquez, 605 F.3d 604 (8th Cir.2010); United States v. Bur-

るものとに分かれていた。[*4]

　そのような中、2005年に連邦刑事訴訟規則が改正され、GPS等の追跡装置に関する条項が追加された。同規則41条(b)(4)は「当該管轄内の正当な職務権限を有する治安判事は、当該管轄において追跡装置を装着するための令状を発付する権限を有する。本令状は、当該管轄、管轄外、あるいは双方における、人物または物の移動を追跡するための装置の使用を許可することができる」と定める。[*5] また、同規則41条(e)(2)(c)は、追跡装置令状に以下の記載を要求する。[*6] **(1)追跡対象の特定** （「追跡装置令状には、追跡の対象となる人物ないし物が特定されていなければならない」）、**(2)治安判事の指定** （「追跡終了後の報告を行う治安判事が指定されなければならない」）、**(3)追跡装置の使用期間** （「追跡装置を使用する合理的期間について明記されていなければならず、この期間は令状発付日から45日間を超えてはならないが、裁判所は、正当な理由がある場合には、45日を超えない合理的期間の延長を1回以上許可することができる」）。**(4)追跡装置の装着期間** （「令状により許可された装置の装着は、令状発付から最大10日以内に行われなければならない」）、**(5)追跡装置の装着時間帯** （「令状により許可された装置の装着は、裁判官が、正当な理由がある場合に、夜間の装着を特別に許可した場合を除いては、日中の間に行われなければならない」）、**(6)追跡装置令状の返却** （「当該令状は、指定された治安判事に返却されなければならない」）。

　さらに、同規則41条(b)(4)の注釈は、麻薬取締局が、エーテルの入った容器へのビーパー[*7]の設置及び監視を許可する裁判所命令を得た上で、同容器

---

　　ton,698 F. Supp. 2d 1303 (N.D. Fla. 2010); United States v. Jesus-Nunez, 2010 WL 2991229 (Pa. 2010). 下級審裁判例全般に関する邦語文献として、指宿信「ハイテク機器を利用した追尾監視型捜査」鈴木茂嗣先生古稀祝賀論文集下巻（成文堂、2007年）176-181頁、松前恵環「位置情報技術とプライバシーを巡る法的課題—GPS技術の利用に関する米国の議論を中心に—」堀部政男編『プライバシー・個人情報保護の新課題』（商事法務、2010年）235-286頁、眞島知子「アメリカ合衆国におけるGPSを使用した犯罪捜査」中央大学大学院研究年報41号（2011年）217-235頁、清水真「捜査手法としての GPS 端末の装着と監視・再論」明治大学法科大学院論集13号（2013年）163-181頁、松代・前掲注1論文等。

＊4　*E.g.,* State v. Jackson, 76 P. 3d 217 (Wash. 2003); People v. Lacey, 787 N.Y.S.2d 689(2004); People v. Weaver, 909 N.E.2d 1195 (N.Y. 2009). なお、People v. Weaver 判決に関する邦語文献として、洲見光男「判批」アメリカ法2012-1号206-210頁等がある。

＊5　FED. R. CRIM. PROC. § 41 (b) (4).

＊6　FED. R. CRIM. PROC. § 41 b(e)(2)(c) .

＊7　GPSの登場以前に用いられていた被疑者を追跡・監視するための電子機器。

が被告人の家屋にあることを確認した行為が、家屋に対するプライバシー侵害にあたると判示した、United States v. Karo判決を引用し、プライバシー[*8]に対する合理的期待が認められる領域において人ないし物の監視を目的として追跡装置を使用する場合については令状が要求されると付言した。他方、注釈は、公道におけるビーパーの装着・追跡は「捜索」に該当しないと判示した、United States v. Knotts判決（以下、「Knotts判決」という）を引用し、[*9]第4修正の権利が存在しない場合に追跡装置を装着し利用する際には令状は不要であると述べる。

　注釈は、公道上ではプライバシーに対する合理的期待は存在せず、家屋のような私的空間ではプライバシーに対する合理的期待が認められるという、プライバシーに対する合理的期待理論を前提としていると考えられる。以下、[*10]本論では、かかるプライバシーに対する合理的期待理論の派生法理を「公私区分論」と称することにする。なお、公私区分論を前提とするのであれば、公共空間ではプライバシーの期待は認められないのが原則であるが、Knotts判決は、「裁判所の監督なしに一日中監視が行われるといったような『地引網型』の捜索が行われた場合には、別途の合憲性の問題が生じる」との懸念を示しており、長期間の連続した監視が行われる場合については、公私区分論の限界事例が生じ得ることを示唆している。

　以上みてきたように、同規則41条(b)(4)は、プライバシーに対する合理的期待が認められる領域内でGPSを使用する場合にのみ令状を要求するもので

＊8　United States v. Karo, 468 U.S. 705 (1984). 邦語文献として、加藤克佳「判批」アメリカ法〔1986-2〕（1987年）463-468頁、鈴木義男編『アメリカ刑事裁判判例研究第3巻』（成文堂、1989年）36-41頁〔大塚裕史〕、渥美東洋編『米国刑事判例の動向IV』（中央大学出版部、2012年）323-334頁〔香川喜八郎〕等。

＊9　United States v. Knotts,460U.S.276(1983). 邦語文献として、香川喜八朗「判批」比較法雑誌17巻2号（1983年）145-154頁、鈴木義男編『アメリカ刑事判例研究第2巻』（成文堂、1986年）18-23頁〔大塚裕史〕、渥美東洋編『米国刑事判例の動向IV』（中央大学出版部、2012年）313-323頁〔香川喜八朗〕等。

＊10　プライバシーに対する合理的期待理論とは、公衆電話ボックスの外部に電子装置を装着して通話を傍受した行為が「捜索」にあたると判示した、Katz v. United States判決（Katz v. United States, 389 U.S. 347 (1967)（以下、「Katz判決」という）において、補足意見を執筆したハーラン裁判官によって主張された考え方である。同理論は、第4修正の適用を受けるためには、①プライバシーの主観的期待（個人がプライバシーの期待を現にもっていること）、及び、②プライバシーの客観的期待（そのプライバシーの期待が社会にとって合理的なものと認められるものであること）が必要とされるとするものである（同理論に関して、清水真「『プライヴァシーの期待』についての考察」井田良=只木誠=中空壽雅=高橋則夫=山口厚『川端博先生古稀記念論文集下巻』（成文堂、2014年）579-599頁等）。

あり、すべての場合について令状請求を義務付けるものではなく、捜査機関に対し、令状の入手を不要と解釈する余地を残すものであったといえる（なお、連邦議会ではGPS捜査を規制する法案が複数回提出されているが、立法には至っていない。他方、州レベルにおいては、GPS捜査を規律する規定が置かれつつある）。[11][12]

2．事例と問題点

このような状況下において、無令状で行われたGPS捜査の適法性が正面から問われることとなったのが、United States v. Jones判決（以下、「Jones判[13]

＊11　GPS. gov:Geolocation Privacy Legislation, https://www.gps.gov/policy/legislation/gps-act/(last visited Nov. 30, 2017).

＊12　たとえば、メイン州法（ME. REV. STAT. tit 16, § 647 to -650-B）は、GPS捜査を含めた位置情報取得捜査を行うにあたり、対象となる犯罪を限定していないが、事前の令状審査を要求している。令状審査によって捜査に「相当の理由」があると判断された場合、10日間（30日間以内の延長が可能）の位置情報取得捜査が認められる。捜査は令状発付から最大14日以内に行われなければならない。さらに、捜査終了後3日以内（90日以内の延長が可能）に被処分者に対して告知が行われる必要がある（なお、メイン州法には、上記捜査によって得られた位置情報を他の捜査に流用することの可否に関する規定は置かれていない）。被処分者には、異議を申し立てる権利は認められていないが、州法の規定に反して捜査が行われた場合、かかる捜査に基づいて得られた証拠を採用することは許されない。また、コロラド（COLO. REV. STAT. § 16-3-303.5）、フロリダ（FLA. STAT. § 934.42）、ハワイ（HAW. REV. STAT. § 803-44.7）、イリノイ（725 ILL. COMP. STAT. 168/10）、インディアナ（IND CODE §§ 35-31.5-2-143.3）、メイン（ME. REV. STAT. tit 16, § 648）、メリーランド（MD. R. CRIM. PROC. 4-612）、ミネソタ（MINN. STAT. § 626A.42）、モンタナ（MONT. CODE ANN. § 46-5-110）、ネブラスカ（NEB. REV. STAT. § 86-2,103）、ニューハンプシャー（N.H. REV. STAT. ANN. § 644-A:2）、オクラホマ（OKLA. STAT. tit 13, § 177.6）、オレゴン（OR. REV. STAT. § 133.618）、ペンシルバニア（18 PA. CONS. STAT. § 5761）、サウスカロライナ（S.C. CODE § 17-30-140）、サウスダコタ（S.D. CODIFIFD LAWS § 23A-35-4.3）、テネシー（TENN. CODE ANN. § 39-13-610）、ユタ（UTAH CODE ANN. § 77-23c-102）、バーモント（VT. R. CRIM. PROC.41）、ヴァージニア（VA. CODE ANN. § 19.2-70.3）、ウィスコンシン（WIS. STAT. § 968.373）、ワイオミング（WYO. R. CRIM. PROC. 41）州等でも、GPS捜査を規律する規定が置かれているが、州によって内容はそれぞれ異なっている。

＊13　United States v. Jones, 132 S. Ct. 945 (2012).邦語文献として、土屋眞一「判批」判例時報2150号（2012年）3-8頁、辻雄一郎「電子機器を用いた捜査についての憲法学からの若干の考察」駿河台法学26巻1号（2012年）39-70頁、高橋義人「パブリック・フォーラムとしての公共空間における位置情報と匿名性」琉大法学88号（2012年）145-182頁、湯淺墾道「位置情報の法的性質――United States v. Jones判決を手がかりに――」情報セキュリティ総合科学4号（2012年）171-182頁、浅香吉幹・駒村圭吾・笹倉宏紀・芹澤英明・東川浩二・藤井樹也・会沢恒「座談会 合衆国最高裁判所2011-2012年開廷期重要判例概観」アメリカ法2012-2号（2013年）280-283頁、洲見光男「判比」比較法学47巻1

決」という）である。本章では、Jones判決の判断と同判決をめぐる議論に[*14]ついて検討を行うことにする。

(1) Jones判決

1) 事案の概要

2004年、連邦捜査局とコロンビア特別区警視庁（以下、「捜査機関」という）は、被告人ジョーンズ及び共犯者メイナードらに対して、コカイン密売の容疑で捜査を開始した。2005年、捜査機関は、被告人の妻名義で登録されていた車両に対し、10日間GPS追跡装置を設置する旨の令状を得た上で、同車両を追跡した。10日後、捜査機関は、令状で許可された区域外の公共駐車場に停車中の車両の外側底部にGPS追跡装置を設置した後、28日間同車両を監視し、2000頁以上にわたる位置情報の記録を取得した。被告人らはコカイン頒布に関する共謀罪等により起訴されたが、無令状のGPS追跡装置の利用を通じて得られた証拠の排除等を求めた。

2) 第1審の判断——公私区分論

2006年8月、コロンビア特別区連邦地方裁判所（第1審）は、公道上の監視に関する先例であるKnotts判決を引用し、「家屋には正当なプライバシーの権利が認められている」として、被告人所有のガレージ内に駐車されている間に得られた位置情報を証拠から排除し、それ以外の証拠能力については、

　号（2013年）177-179頁、眞島知子「判批」比較法雑誌47巻1号（2013年）219-236頁、清水・前掲注3論文、大野正博「GPSを用いた被疑者等の位置情報探索」『曽根威彦先生・田口守一先生古稀祝賀論文集〔下巻〕』（成文堂、2013年）485-515頁、緑大輔「判批」アメリカ法2013-2号（2014年）356-361頁、小木曽綾「再び『新しい捜査方法』について」研修790号（2014年）3-18頁、大野正博「判批」朝日法学論集46号（2014年）199-275頁、三井誠＝池亀尚之「犯罪捜査におけるGPS技術の利用——最近の合衆国刑事裁判例の動向」刑事法ジャーナル42号（2014年）55-63頁、大久保正人「新しい捜査方法の適法性について」桃山法学25号（2015年）25-71頁、堀田周吾「サイバー空間における犯罪捜査とプライバシー」法学会雑誌56巻1号（2015年）569-598頁、指宿信「アメリカにおけるGPS利用捜査と事前規制」季刊刑事弁護85号（2016年）89-95頁、緑大輔「監視型捜査と被制約利益——ジョーンズ判決を手がかりとして—」刑法雑誌55巻3号（2016年）6-19頁、柳川重規「捜査における位置情報の取得——アメリカ法を踏まえて」刑事法ジャーナル48巻（2016年）30-40頁、城祐一郎「GPS端末による尾行捜査の適法性：平成28年3月2日大阪高裁判決,同年6月29日名古屋高裁判決及び同年7月21日広島高裁判決の検討を通じて」明治大学法科大学院論集18号（2016年）77-117頁等。

*14 米国の議論に関して、山田哲史「プライバシー権と刑事手続」大沢秀介・大林啓吾編『アメリカの憲法問題と司法審査』（成文堂、2016年）131-158頁等。

プライバシーに対する合理的期待が認められないとして、これを許容した。[*15]
第1審は、私的空間ではプライバシーに対する合理的期待が認められるが、公共空間ではプライバシーに対する合理的期待は存在しないとする公私区分論をGPS捜査にも適用したものといえる。

3) 控訴審の判断——モザイク理論

控訴審（United States v. Maynard判決。以下、「Maynard判決」という）[*16]は、「長期間の監視は、おそらく配偶者を除いて、誰も把握していないと期待する個人の詳細な生活像を明らかにする」ために、「1カ月にわたる行動に対する被告人のプライバシーの期待は社会にとって合理的なものと認められ、そのような行動を監視する目的でGPS追跡装置を使用することは、プライバシーの合理的期待を侵害する」として、本件GPS捜査は第4修正の捜索にあたると判示した。

Maynard判決が上記の結論を導くにあたって採用したのは、モザイク理論といわれる考え方である。モザイク理論は、大統領命令によって秘密指定された国防または外交政策に関する情報の公開が請求された事案等において、請求される情報の一つ一つが情報公開の要件をみたしていたとしても、それらを繋ぎ合わせることにより、国家の安全保障を脅かす重大な情報になりうる可能性がある場合には、情報公開請求が棄却されるとする考え方である。[*17]Maynard判決は、モザイク理論の「情報が集約され、個々の情報の相関関係が明らかになり、相乗作用が生じることによって、結果的に生成される情報のモザイクが、個々の情報の総体以上の価値を有する」という考え方に着目し、GPS捜査を通じて位置情報が収集される場面においてモザイク理論を転用することによって、プライバシーの保護の範囲を公共空間にも拡張した。Maynard判決は、モザイク理論を公私区分論の限界を補完する理論として据えたものといえる。

4) 判旨

2010年11月、連邦政府は大法廷での再審理を求めたが棄却された。そこで、連邦政府は連邦最高裁に裁量上訴を求めて上告した。

連邦最高裁は、車両へのGPS追跡装置の装着及び利用を通じて被告人の行

＊15 United States v. Jones, 451 F. Supp. 2d 71 (2006).

＊16 United States v. Maynard, 615 F. 3d 544 (2010), at 563.

＊17 David Pozen, *The Mosaic Theory, National Security, and the Freedom of Information Act*, 115 YALE L.J. 628, 630 (2005-2006).

動を監視する行為は第4修正の捜索に該当するとして、全員一致で原判決を維持した（ソトマイヨール裁判官・アリート裁判官の補足意見がある）。

(i) 法廷意見（スカリア裁判官執筆）

法廷意見は、「政府は、情報を収集する目的で物理的に私有財産を占有した。そのような物理的侵入が第4修正採択時に意図された『捜索』であることは間違いない」と判示した。法廷意見は、物理的侵入を通じた私有財産への侵害を第4修正の「捜索」と捉える考え方（以下、「侵入法理」という）に立脚したものである。

(ii) 補足意見（ソトマイヨール裁判官執筆）

ソトマイヨール裁判官は、「GPSによる監視は、個人の家族関係、政治的繋がり、専門家たちとの繋がり、宗教上の繋がり、性的関係の詳細を示し、公的空間における行動の精確かつ広範な記録を作成する……（中略）……また、政府に見られているかもしれないとわかれば、表現の自由や集会の自由に対する萎縮効果が生じる」と判示した。さらに、ソトマイヨール裁判官は、個人が第三者に任意で公開した情報についてはプライバシーの合理的な期待を有しないという先例の考え方（いわゆる「第三者法理[18]」）についても、「こ

---

*18 第三者法理は、捜査機関が電話会社に対してペン・レジスター（電話番号記録装置）を設置するよう要請することは「捜索」にあたらないと判示した、Smith v. Maryland 442 U.S.735 (1979)（以下、「Smith判決」という）において確立されたものであり、プライバシーに対する合理的期待理論の派生法理の一種である。内蔵型GPS捜査に関する連邦下級審裁判例である前述のSkinner判決は、Smith判決を引用し、携帯電話の基地局に係る情報（cell-site information）やGPS位置情報等について、被告人はこれらの情報を第三者である携帯電話会社に公開しているとして、プライバシーの合理的期待を有しないと判示している。さらに、Skinner判決では、携帯電話の追跡が専ら被告人が公道を移動していた間に行われていたことから、公私区分論を採用したKnotts判決も引用されている。すなわち、Skinner判決では、第三者法理と公私区分論というプライバシーに対する合理的期待理論の派生法理の双方が論拠として用いられたことになる。他方、United States v. Davis判決（United States v. Davis, 754 F.3d 1205 (11th Cir. 2014)）においては、携帯電話利用者は位置情報を任意に提供していないとして、第三者法理は適用されなかった。なお、2017年6月5日、捜査機関が携帯電話会社に対し127日間分の基地局位置情報の提出を求めた行為が「捜索」にあたるか否かが、連邦最高裁において審理されることとなり（United States v. Carpenter, 819 F.3d 880 (6th Cir. 2016), cert. granted, No. 16-402）、同年11月29日、口頭弁論が開かれた。口頭弁論において、ソトマイヨール裁判官は、第三者法理は通話の内容等には及んでいないことを指摘しており、米国連邦最高裁において、第三者法理が破棄される可能性が生じている（2017年11月末現在）。
See, Oral Argument Transcript, *available at*
https://www.supremecourt.gov/oral_arguments/argument_transcripts/2017/16-402_3f14.pdf (last visited Nov. 30, 2017).

のアプローチは、個人が日常生活を送るにあたり自分自身に関する大量の情報を第三者に公開しているデジタル時代にはそぐわない」と疑問を投げかけた。その上で、ソトマイヨール裁判官は、「本件においてこれらの難しい問題を解決する必要はない」と述べて、法廷意見に同意した。

(iii) 補足意見（アリート裁判官執筆）

アリート裁判官は、「本件は、21世紀の監視技術であるGPS追跡装置を使用して車両を監視したことが、合衆国憲法第4修正の禁ずる不合理な捜索および押収にあたるかどうかの判断が求められた。だが皮肉にも、法廷意見は18世紀の不法行為法に基づいて本件を判断することを選択した」として、侵入法理を採用した法廷意見を批判した。

他方、アリート裁判官は、将来的には立法による解決が望ましいとしつつ、「本件で我々が取るべき最良の方法は、既存の第4修正の理論を適用して、GPS追跡の使用により合理的人間の予見可能性をこえる侵害が生じたかどうかを検討することである」とした上で、「このアプローチによると、公道における個人の行動を比較的短期間監視することは、我々の社会が合理的と認識するプライバシーの期待とは合致する……（中略）……が、長期間GPS監視装置を使用することはプライバシーの期待を侵害する」とし、本件における長期間の監視は第4修正の禁ずる不合理な捜索にあたると判断した。

(2) 小括

1) 法廷意見——侵入法理への回帰？

19世紀から20世紀前半の間、連邦最高裁は、第4修正の「捜索」の成否を判断するにあたり、侵入法理を採用してきた。当時の「捜索」は必然的に有体物に対する物理的侵入行為を伴うものであり、「捜索」の解釈を行う必要性がなかったものといえる。20世紀以降、科学技術の発展に伴い、「捜索」の対象が無体物に及ぶようになると、侵入法理に揺らぎが見え始めたが、無体物である会話の傍受が「捜索」にあたるかどうかが争点となった、1928年のOlmstead v. United States判決[19]（以下、「Olmstead判決」という）では、連邦最高裁は、「修正4条のいう捜索は、身体、住居、文書、及び所有物といった有体物」に限られるとして、侵入法理を維持した。侵入法理は、1942年の

---

*19 Olmstead v. United States, 277 U.S. 438(1928). 邦語文献として、山中俊夫『オルムステッド対合衆国』事件」同志社法学17巻3号（1965年）139-153頁等。

Goldman v. United States判決[20]（以下、「Goldman判決」という）においても踏襲され、Olmstead＝Goldman法理として確立した。Olmstead＝Goldman法理は、①物理的侵入により（物理的侵入要件）、および、②有体物に対する侵害がなされたこと（有体物性要件）を「捜索」の成立要件とするものであった。なお、1961年のSilverman v. United States判決[21]（以下、「Silverman判決」という）は、スパイク・マイクを壁に差し込んだ行為により、①物理的侵入要件がみたされているとして、無体物である会話の傍受行為を違法と判示した。これ以降、修正4条違反を主張するにあたって、②有体物性要件は必ずしも必要ではないとされるようになった[22]。

1967年のKatz判決では、「Olmsted判決およびGoldman判決は、その後の連邦最高裁によりその効力を失っている」ことが指摘された。その後の連邦最高裁は、Katz判決補足意見において主張されたプライバシーに対する合理的期待理論を採用し、侵入法理を破棄したとみられていた。

これに対し、Jones判決法廷意見は、Katz判決で示されたプライバシーに対する合理的期待理論は侵入法理に代替するものではないと指摘した。すなわち、侵入法理は、未だ判例法理としての価値は失われていないとの判断を示したのである。法廷意見に対しては、第4修正に関する判例法理の流れに逆行するものであり、侵入法理への回帰にあたるとして、アリート裁判官補足意見から批判が加えられている。しかしながら、法廷意見は、GPS機器の装着について、「情報を収集する目的で」という限定を加えていることから、GPS機器の装着行為によって車両という財産権が侵害されることよりも、むしろ、「情報の収集」という侵害の目的を重点的に捉えていたのではないだろうか。アリート裁判官補足意見は、プライバシーに対する合理的期待理論を採用し、「公道における個人の行動を比較的短期間監視することは、我々の社会が合理的と認識するプライバシーの期待とは合致する……が、ほとんどの犯罪捜査において、長期間GPS機器を使用することはプライバシーの期待を侵害する」と述べるが、法廷意見も批判するように、プライバシーに対する合理的期待理論を採用した場合、監視を通じてもたらされる侵害の程度を測ることは困難である。他方、侵入法理は、明確性においてプライバシー

---

*20 Goldman v. United States, 316 U.S. 129 (1942).
*21 Silverman v. United States, 365 U.S. 505 (1961).
*22 柳川・前掲注13論文32頁参照。

に対する合理的期待理論に優る。Jones判決法廷意見は、あえて侵入法理を採用することによって、明確にGPS捜査を違法と判断しようとしたものと考えられる[*23]。

2) 補足意見――モザイク理論類似のアプローチ

Maynard判決が援用したモザイク理論は、情報の蓄積という観点からプライバシー侵害の程度を把握する考え方であり、プライバシーの保護の範囲を公共空間にも拡張することによって、公私区分論の限界を補完し、公共空間におけるプライバシー保護の可能性を探る議論として位置づけられるものである。

この点、アリート裁判官は、公道における個人の行動を長期間監視することはプライバシーの期待を侵害するとして、長期間の監視を通じて得られる情報の蓄積に着目する。また、ソトマイヨール裁判官は、「GPSによる監視は、個人の家族関係、政治的繋がり、専門家たちとの繋がり、宗教上の繋がり、性的関係の詳細を示し、公的空間における行動の精確かつ広範な記録を作成する」と述べ、モザイク理論と共通の問題意識を有している。これらの補足意見はモザイク理論に親和的な見方を示しているものの、Maynard判決のように、明示的にモザイク理論を適用したものではない[*24]。

他方、モザイク理論に対しては、学説上有力な批判がある[*25]。たとえば、カー教授は、モザイク理論は、どのような行為によって、どこまで情報が集積されれば「捜索」といえるのかを捜査機関に明確に提示できておらず、捜査機関にとって捜索に当たるか否かが不明確である故に排除法則の適用が困難となると主張する。なお、カー教授は、判例がモザイク理論を採用することによって、立法による統制が必要であるという認識が高まり得ることと指

＊23　湯淺・前掲注13論文180頁参照。

＊24　スマートフォン内のデータに対する無令状捜索の合憲性が問われたRiley v. California判決（Riley v. California, 134 S. Ct 2473 (2014)）は「多くの種類のデータが組み合わされることにより、個々のデータから判明するデータより遥かに多くのデータを明らかにし、たとえ一種類のデータであっても、過去を遡ることによって個人のプライベートな生活の概要を再構成することもできる」と述べている。このような考え方はモザイク理論と近似するが、同判決もJones判決補足意見同様、モザイク理論という文言を用いてはいない（Ric Simmons, *The Missed Opportunities of Riley v. California,* 12 Ohio St. J. Crim. L. 253 (2014-2015).）。

＊25　Orin S. Kerr, *The Mosaic Theory of the Fourth Amendment,* 111 Mich. L. Rev. 311 (2012).

摘している。[*26]

3．日本への示唆

　前章では、第 4 修正の「捜索」の成否を判断するにあたっての基準となる侵入法理・公私区分論・モザイク理論といった米国の理論の整理を行った。

　他方、わが国のGPS最高裁大法廷判決（最高裁平成29年 3 月15日大法廷判決。以下、「大法廷判決」という）[*27]では、プライバシー侵害を可能とする機器を所持品に秘かに装着することが、憲法35条の保障する「私的領域に『侵入』」されることのない権利を侵害するものであるとして、GPS捜査の強制処分性が肯定されている。この点、大法廷判決は「私的領域」への侵入をメルクマールとして強制処分該当性判断を行っているものと思われる（本論では、このようなアプローチを「私的領域論」と称することにする）。しかしながら、ここでいう「私的領域」が何を意味するかについては明らかにされていない。[*28]

(1)　侵入法理と私的領域論の相違

　大法廷判決は、第 4 修正に相当する憲法35条を用いている点、「侵入」という文言に着目している点において、Jones判決法廷意見との近似性をうかがわせる。上述の通り、法廷意見が私有財産に対する物理的侵入というアプ

＊26　カー教授は、科学技術が発展しつつある中でプライバシーをどのように保護していくべきかという問題を扱う機関としては、専門的知見が豊富であり、迅速かつ柔軟な対応が可能な立法府こそが相応しい機関であるとする。立法的統制の必要性を指摘する論稿として、Christopher Slobogin, *Making the Most of United States v. Jones in a Surveillance Society: A Statutory Implementation of Mozaic Theory*, 8 DUKE L. & PUB. POL'Y 1, 16-32 (2012); W.J. Stuntz, *Privacy's Problem and the Law of Criminal Procedure*, 93 MICH. L. REV. 1016,1077 (1995).わが国における論稿として、稲谷龍彦『刑事手続におけるプライバシー保護―熟議による適正手続の実現を目指して―』（弘文堂、2017年）等。

＊27　刑集71巻3号13頁。

＊28　堀江慎司「判批」季刊ジュリスト22号（2017年）145頁、中島宏「GPS捜査最高裁判決の意義と射程」法学セミナー752号（2017年）12-13頁、宇藤崇「GPS捜査大法廷判決について」刑事法ジャーナル53号（2017年）62頁、松田岳士「判批」季刊刑事弁護91号（2017年）99-104頁、植村立郎・太田茂・指宿信・清水真・小木曽綾「〈座談会〉GPS捜査の課題と展望―最高裁平成29年3月15日大法廷判決を契機として―」刑事法ジャーナル53号（2017年）38-47頁、笹倉宏紀・山本龍彦・山田哲史・緑大輔・稲谷龍彦「小特集　強制・任意・プライバシー〔続〕──GPS捜査大法廷判決を読む、そしてその先へ」法律時報90巻 1 号（2018年）59-74頁。

ローチを採用したのは、侵入法理の判断基準としての明確性を重視したためであったといえる。このようにみると、法廷意見のアプローチは、従来の侵入法理と異なり、財産権と密接に結びついたものとはいえないように見受けられる。他方、わが国においても、GPS機器を自動車に装着する行為の財産権侵害性については、下級審裁判例において否定されているところであり[29]、大法廷判決もまた財産的侵害に言及していない。GPS最高裁大法廷判決が「私的領域への侵入」というメルクマールを採用した背景には、Jones判決法廷意見があえて侵入法理を採用したのと同様、判断基準の明確性に焦点を置いたためであるように思われる。これらの判断枠組みの類似性に鑑みれば、大法廷判決のいう「私的領域」とは、Jones判決のいうところの私有財産（＝車両）を示すものとも考えられる。

もっとも、Jones判決法廷意見は、GPS機器の装着による被侵害利益について、「情報の収集」という事実を提示したにとどまる。これに対し、大法廷判決は、「プライバシーの侵害を可能とする」機器をその所持品に秘かに装着することをもって、憲法の保障する重要な法的利益の侵害の成立を認めている。このように、GPS機器の装着という行為の背後に存在する権利侵害性（「プライバシー侵害の可能性」）について指摘している点において、大法廷判決は、Jones判決法廷意見よりも一歩進んだものといえる。そうだとすれば、殊更、大法廷判決の判断枠組みをJones判決に寄せる必要はないようにも思われる。

(2) 公私区分論の限界

周知のとおり、憲法35条は、「住居、書類及び所持品について、侵入、捜索及び押収を受け」ない権利を保障している。通説的見解は、憲法35条はプライバシー権を保障しているとする。代表的な論者である井上教授は、「プライヴァシー保護の必要が認められる場所や空間である限り、そのプライヴァシーを侵害するような処分……には同条〔憲法35条〕の規制が及ぶ」[30]と述べる。また、山田准教授は、「プライバシーの中でも、住居など特に要保護性の高い私的領域の不可侵は、古くから重要な実体的権利として位置付

＊29　広島地裁平成28年2月16日判決（Westlaw Japan文献番号2016WLJPCA02166006）、広島高裁平成28年7月21日判決（Westlaw Japan文献番号2016WLJPCA07216009）。

＊30　井上正仁『強制捜査と任意捜査〔新版〕』（有斐閣、2014年）62頁。

けられており、憲法制定当初から35条によって明示的な保護が与えられていた」と指摘する。[31]

そうだとすれば、「私的領域」とは憲法35条のプライバシーそのものを示しているようにも考えられる。この場合、「私的領域」とは、具体的には、井上教授の指摘するところの「プライヴァシー保護の必要が認められる場所や空間」（これは、大法廷判決のいう「プライバシーが強く保護されるべき場所や空間」とほぼ同一の文言である）を指すものと解される。

このような見解は、公私区分論と近似性を有するように思われる。さらに、下級審裁判例の中には、公私区分論アプローチを採用したものもある。たとえば、大阪地裁平成28年6月5日決定は、「私有地であって、不特定多数の第三者から目視により観察されることのない空間」[32]を「プライバシー保護の合理的期待が高い空間」であるとして、このような私的空間の位置情報の取得を「大きなプライバシー侵害」と捉えている。

他方、公私区分論アプローチに対しては、「対象自動車がプライバシー保護の期待が強い場所にある場合の位置情報が取得される可能性はあるものの、当該自動車がそのような場所に入っていくこと自体は、公道からも視認可能」[33]であるとの批判がある。

また、我が国の判例は、米国のような厳格な公私区分論を採用していない。そもそも、米国において厳格な公私区分論がとられたのは、プライバシーを秘密性とイコールに捉えることにより、秘密性が失われた公共空間では、プライバシーの期待もまた失われると考えられたためであった。翻って、我が国の判例は、米国のようにプライバシーを秘匿性とみていない。たとえば、早稲田大学江沢民主席講演会名簿提出事件判決は「学籍番号、氏名、住所および電話番号（は）秘匿されるべき必要性が必ずしも高いものではない[34]……しかし、このような個人情報についても、本人が、自己が欲しない他者にはみだりにこれを開示されたくないと考えることは自然なことであり、そのことへの期待は保護されるべきものであるから、本件個人情報は、上告人らのプライバシーに係る情報として法的保護の対象となる」として、秘匿性

＊31 山田哲史「GPS捜査と憲法」法学セミナー752号（2017年）29頁。
＊32 LEX/DB文献番号25540308。
＊33 名古屋高裁平成28年6月29日判決（Westlaw Japan文献番号2016WLJPCA06296001）。以下、「名古屋高裁判決」という。
＊34 最高裁平成15年9月12日第二小法廷判決（民集57巻8号973頁）。

が失われた情報についてもプライバシーの期待を認めている。さらに、写真撮影の適法性が問題となった京都府学連事件判決も、「個人の私生活上の自由の一つとして、何人も、その承諾なしに、みだりにその容ぼう・姿態（以下「容ぼう等」という。）を撮影されない自由を有する」[35]と述べていることから、わが国の最高裁は、公共空間のプライバシーはゼロとはみていないように思われる。

(3) モザイク理論とその問題点

このようにみると、我が国では（或いは米国以上に）、公共空間におけるプライバシー保護の可能性を探る議論としてのモザイク理論が受容される土壌が備わっているようにも思われる[36]。

そして、大法廷判決は、GPS捜査を「個人のプライバシーが強く保護されるべき場所や空間に関わるものも含めて、対象車両及びその使用者の所在と移動状況を逐一把握することを可能にする」と定義した上で、「このような捜査手法〔GPS捜査〕は、個人の行動を継続的、網羅的に把握することを必然的に伴うから、個人のプライバシーを侵害し得る」と判示している。大法廷判決の示すプライバシー侵害の内容としては、「プライバシーが強く保護されるべき場所や空間」の所在・移動状況の逐次把握可能性と、「個人の行動の継続的・網羅的把握」の2種類が考えられるが、この内、「個人の行動の継続的・網羅的把握」は、名古屋高裁判決が指摘するように、個人の「交友関係、信教、思想・信条、趣味や嗜好などの個人情報を網羅的に明らかにすること」を可能とするものである。そして、これらが明らかにされることが「個人の行動の継続的・網羅的把握」による侵害となり得るのであれば、かかる侵害は上述したモザイク理論と結び付けられるように思われる。

モザイク理論は、情報の蓄積という観点からプライバシー侵害の程度を把握する考え方であった。さらに、情報の蓄積がもたらす侵害とは、具体的には以下の3つが考えられよう。すなわち、①情報の網羅的収集によるセンシティブ情報の推知、②情報の網羅的収集を通じた個人の人物像の提示（いわゆる「現代的プロファイリング」）、③このような現代的プロファイリングの

---

*35 最高裁昭和44年12月24日大法廷判決（刑集23巻12号1625頁）。

*36 公私区分論に批判的な見解として、高橋・前掲注13論文173-182頁、大野・前掲注13論文510-515頁、指宿信「GPS利用捜査とその法的性質——承諾のない位置情報取得と監視型捜査をめぐって」法律時報87巻10号（2015年）58-64頁等。

結果としての差別・社会的排除、である[37]。なお、①を侵害と捉えた場合、「私的領域」への侵入は「個人の行動に関わる重要な情報を把握することで個人の私生活に対して実質的に介入する行為[38]」と定義される。また、②を侵害と捉えた場合、「『私的領域』とは、一見すると無害なものも含め、個人に関する情報が一つにまとめられたときに損害を生じさせるほどに明らかとなる『人物像[39]』」とされる。

　既に述べたように、モザイク理論は、未だカー教授による批判に応えられる程の理論の精緻化をみていない。さらに、大法廷判決それ自体は情報の蓄積によってもたらされ得る侵害について明示的に触れていないことから、モザイク理論を採用したものではないとの批判がなされている[40]。そうであるとしても、現時点におけるモザイク理論については、現代的プロファイリングに代表されるような情報の蓄積という困難な課題を司法府に突き付けることによって——カー教授が指摘したような——立法を促す効果が期待できるように思われる[41]。

4．おわりに

　本論では、GPS捜査によって制約される権利・利益の内実について、米国の理論を参照して整理した。具体的には、①装置の取り付けの際の物理的侵入に着目して規律方法を模索する侵入法理、②プライバシーに対する合理的期待理論の派生法理としての公私区分論、③情報収集によって蓄積・収集された情報の量に着目して規律方法を模索するモザイク理論といった各理論の紹介を行った。これらの理論は——米国においても批判的検討が続いているところであるが、それでもなお——GPS最高裁大法廷判決で具体化されな

---

*37　山本龍彦「インターネット時代の個人情報保護—個人情報の『定義』とプロファイリングを中心に」阪本昌成先生古稀記念論文集『自由の法理』（成文堂、2015年）539-572頁〔山本龍彦「プライバシーの権利を考える」（信山社、2017年）所収）、福田雅樹＝林秀弥＝成原慧編著『AIがつなげる社会——AIネットワーク時代の法・政策』（弘文堂、2017年）320-341頁〔山本龍彦執筆〕参照。
*38　堀江・前掲注28論文45頁。
*39　宇藤・前掲注28論文62頁。
*40　同上、笹倉ほか・前掲注28論文66頁等。
*41　大法廷判決は、「GPS捜査が今後も広く用いられ得る有力な捜査手法であるとすれば，その特質に着目して憲法，刑訴法の諸原則に適合する立法的な措置が講じられることが望ましい」と指摘している。

かった「私的領域」の内容を解釈するにあたっての一助となるように思われる。たとえば、大法廷判決の「プライバシーが強く保護されるべき場所や空間」、そして、「個人の行動の継続的・網羅的把握」という文言から、大法廷判決の考え方の背景に、②公私区分論と③モザイク理論が重畳的な形で存在していると解することもできよう[42]。なお、被侵害利益を重畳的・複合的に解釈することが可能か否かについては今後の検討課題としたい[43]。

〔本論は、季刊刑事弁護89号〔2017年〕に掲載された「GPS監視と侵入法理・情報プライバシー——アメリカ法からのアプローチ——」に加筆・修正を行ったものである。〕

（おざき・あいみ）

---

*42 他方、大法廷判決の弁論要旨（GPS事件弁護団「GPS事件弁論要旨（平成29年2月22日）」季刊刑事弁護91号（2017年）96頁）は、GPS捜査につき、「警察官が知らない間に、自動車の底に張り付〔き〕……指示があれば、いつでも、自動車の位置を報告し、自動車の位置をいつまでも記憶することができ」るものと主張している（下線部筆者）。前半部分は①侵入法理、後半部分は③モザイク理論的なアプローチに、それぞれ近似している。最高裁が、これらの弁論要旨を考慮して判示に至ったと考えるのであれば、最高裁は①及び③を複合的に解しているという構成もあり得よう。
*43 山本龍彦「GPS捜査違法判決というアポリア」論究ジュリスト22号（2017年）148-155頁参照。

第2章

イギリスのGPS捜査と
プライバシー保護

丸橋昌太郎

信州大学准教授

1. 法制度の概要

　イギリスでは、対象者に気づかれずに行う捜査を秘匿捜査（Covert Investigations）として、Regulation of Investigatory Powers Act 2000, c. 23（以下、RIPAとして参照する）によって規律している。RIPAは、秘匿捜査について、①通信・会話の傍受(コミュニケーションデータの取得を含む)、②行動監視捜査、③身分秘匿捜査の3類型を用意している[*1]。すべての秘匿捜査は、これらの組み合わせで規律されている。たとえば、特定の人物を追跡して、車中の会話を傍受する場合には、①と②の令状を要する。

　GPS装置を用いた捜査は、行動監視捜査（Surveillance）として規律されている[*2]。行動監視は、RIPA48条において次のように定義されている。

＊1　RIPA, Parts1-2.。RIPAの基本構造については、丸橋昌太郎「秘匿捜査の規律の構造──適法捜査担保型理論の提唱」刑法雑誌56巻2号（2016年）参照。また秘匿捜査の解説書として、Simon McKay, Covert policing Law and Practice, (Oxford University Press, 2nd ed 2015)参照。なお、通信傍受とコミュニケーションデータの取得等に関する規律については新たにInvestigatory Powers Act 2016, c.25が立法された。

＊2　イギリスにおける行動監視捜査について、詳しくは、丸橋昌太郎「行動監視捜査の規制──イギリスにおける秘匿捜査法の分析を通じて」信州大学法学論集22号（2013年）1頁。以下では、同論文と重複する部分もあるが、GPS装置を使用した行動監視捜査という観点から検討を行う。

（定義）

「48条

　⑵　⑶項に従って、本編にいう行動監視は、次のことを含む。

　　⒜人や人の動き、会話、他の活動コミュニケーションを監視（monitoring）、観察（observing）もしくは傾聴（listening）すること

　　⒝行動監視の過程において、監視あるいは観察、傾聴されたものを記録すること

　　⒞監視装置の補助による、あるいは、通じた行動監視」

　行動監視捜査は、侵害の度合いに応じて、特定監視（directed surveillance）、侵害監視（intrusivc surveillance）の２つに分類されており、それぞれ規律の手続が異なっている。特定監視は、許可権者が当該捜査に関与していない警視以上の幹部警察官であるのに対して、侵害監視は、許可権者が本部長、局長クラスになることに加えて、さらに警察から独立した監視委員事務局（Office of Surveillance Commissioners）の承認が必要となる[*3]。[*4]

　特定監視と侵害監視は、RIPA26条において、条文上、それぞれ次のように定義されている[*5]。

（特定監視）

「26条

　⑵　⑹項に従って、監視が、秘匿であるが、侵害性はなく、次の態様で行われた場合には、監視は、本編の目的にいう特定となる。

　　⒜特定の捜査やオペレーションの目的であること、かつ、

　　⒝個人のプライバシー情報の取得につながる蓋然性の高い方法であること、かつ

　　⒞その本質が、監視を実施することを求める本編に基づく授権を合理的に実行できないような事件や状況に即応する方法以外の方法であること」

＊3　RIPA ss. 27 and 30.

＊4　RIPA ss. 35 and 36. 同事務局の委員は、最高裁や控訴院などの裁判官が所属する高等司法事務所などから任命されるので、司法機関に準じるものといえる。詳しくは、丸橋・前掲⑵論文15頁。

＊5　RIPA, s.26.

（侵害監視）

「26条

(3)　(4)ないし(6)項に従って、秘匿の行動監視が次の場合に限り、監視は、本編の目的にいう侵害となる。

　(a)住居や私用車における行われることについて実施されること、かつ、

　(b)住居や私用車に現在する個人に関与させること、あるいは、監視装置によって実施されること」

　そして、監視装置は、次の通り、住居内や車両内にいることと同等の質で情報が得られるものでなければ、侵害監視とならないとされている。

（監視装置の質）

「26条

(5)　本編の目的において、(a)住居や私用車において行われることについて監視装置によって実施されるが、(b)住居や車両内に存在する装置を伴わず実施される行動監視は、その装置が住居や車両に実際にある装置から得られることが期待されるものと同等の質と詳細の情報を継続的に提供するものでない限り、侵害にはあたらない。」

　このため特定監視と侵害監視は、住居内や車両内などの一般的にプライバシーの要保護性の高い空間かどうかで区別されているといえる。このような規律の構造において、GPSを利用した行動監視については、次の条項で、特定監視として取り扱うことが明記されている。

（侵害監視の例外）

「26条

(4)　本編の目的において、次の範囲の監視は、侵害的ではない。

　(a)主として車両の位置情報に関する情報を提供する目的で作られた、あるいは、装着された監視機器のみによって実施されること、あるいは、

　(b)本法48条(4)に該当する会話の傍受を構成する行動監視であること」

　以上の通り、イギリスでは、車両に取り付けて行うGPS捜査は、侵害性の

低い特定監視の枠組で規律されている。その実施上の問題点等について次節にて検討する。

2. 事例と問題点

(1) 住居と車両という限定

上述の通り、イギリスでは、住居、車両という場所によって、侵害性の高さを判断する構造になっている。立法時には、「住居」や「車両」という限定的な表現ではなく、「プライバシーの合理的期待がある状況において、そのプライバシーを侵害する（方法）」という表現への修正意見がRichard Allan氏から出されている。[*6] これに対して、Charles Clarke内務大臣（当時）から、次のように説明がなされている。[*7]

> 「……（Allan氏の）修正意見は、たとえば、警察官がどの秘匿の行動監視を開始する前にも、対象者がどこに行きそうであるかや対象者自らがプライバシーの合理的期待を持ちうる状況であることを自覚しているかどうかを認識していることを意味している。一般に、警察や他の諜報員は、そのような情報を持っておらず、そのためそのような判断することはできない。警察らは、スタート時点では、対象者が違法薬物の取引をして過ごしているかどうかや、武装強盗の計画を立てるために犯罪仲間と会合を開いているかどうか、あるいは、対象者がお酒や食事をとるために友人に会っているかどうか、そして、他の友人の家に訪れているかどうかについては認識していない。警察官らは、手続のスタート時点ではそのような情報を持っていないのである。行動監視をしようとする警察や他の諜報員に、事前に、対象者やその仲間たちのプライバシーの期待を判断することはできない。これが根本的にこの修正意見が深刻かつ実際上の疑問点がある理由である。」

---

*6 U.K. Parliament. House of Commons, Standing Committee on Regulation of Investigatory Powers Bill. (2000), Debates, 30 March 2000 [Mr. Richard Allan (Sheffield, Hallam)].

*7 U.K. Parliament. House of Commons, Standing Committee on Regulation of Investigatory Powers Bill. (2000), Debates, 30 March 2000 [Mr. Charles Clarke (Minister of State, Home Office)].

そして、以上のように、「プライバシーの合理的期待」という抽象的な文言では実際上判断ができないという理由から、修正意見は取り入れられず、住居、車両という具体的な場所を特定する条文の文言となった。必ずしも法律の専門家とは限らない警察官に、法的評価を伴う「プライバシーの合理的期待」を判断させるのではなく、具体的に類型化して事実評価として判断できる文言に落とし込んだものといえよう。立法技術としては参考になろう。

(2)　特定監視の具体的判断

1)　監視該当性判断

RIPA48条(2)の監視にあたるかどうかについては、捜査権限不服審判所（The Investigatory Powers Tribunal。以下IPTとする）の2つのリーディングケースがある。

Vaughan v. South Oxfordshire District Counsil[8]では、South Oxfordshire地区カウンシルが、地方税の減税を求めていた原告に対して、不動産の査察を行ったことについて、RIPAの監視にあたるかどうかが争われたものである。IPTは、RIPA48条(2)項について次のように判示して、本件は査察の対象が人でない場合には行動監視にあたらないとした。

> 「48条(2)において構成される定義は、包括的であり、徹底的ではないけれども、行動監視が人に向けられていなければならないことは法律の趣旨から明らかである。行動監視権限の行使をコントロールする必要があるのは、人々が行動監視に服している場合だけであり、そしてプライバシー権の侵害の争点が浮上するのは、人々が行動監視によって影響を受けた場合だけである。……[9]」

2013年の「行動監視の不服申立てに対する回答」（Re: a complaint of surveillance）[10]は、任意であることを告知された質問（voluntary declared interview）を秘匿に記録したことが行動監視にあたるかが問題となった事例である。IPTは、次のように判示して、48条(2)の該当性を否定している。

---

*8　IPT/12/28/C.
*9　IPT/12/28/C, para. 16.
*10　IPT/A1/2013.

「……制定法上の定義がない中にあっては、正しいアプローチは、英語の一般的な使用法において用いられる意味を持つものとして、行動監視を考えることである。……当審判所は、問題となっている諜報活動の目的、本質、状況を考慮することなく、すべての人の会話、コミュニケーション、『人に対する監視、傾聴』が自動的に行動監視に取り扱われるとする48条(2)(a)に関する主張を受け入れることはできない。……英語の一般的な使用法の問題として、任意であることを告知された質問の過程において、質問を受けている者が認識して関与していることは、関連する質問者による被質問者に対する行動監視にはあたらないことを意味するであろう。……」

これらの二つのリーディングケースから、監視にあたるかどうかは、第一に、対象が人に向けられていること、第二に、英語の通常の意味に照らして当該活動の目的、本質、状況などを考慮して総合的に判断されること、と整理することができよう。

GPS捜査についていえば、一般的に、車両を対象としたものではなく、人の行動を対象としたものである[*11]。また対象者に気づかれないうちに、人の行動を観察するものであるから、言葉の通常の意味からしても監視該当性は否定できないように思われる。

2) 特定監視該当性判断

GPS捜査が特定監視として規律されるためには、前述の26条 (2) のとおり、第1に、特定の捜査やオペレーションの目的があること、第2に、個人のプライベート情報を得る手法で行われること、第3に、即応が求められる状況で許可を取ることができない状況でないこと、が必要である。

このうち特に問題となるのが個人のプライバシー情報を得る手法で行われたかどうかである。個人のプライバシー情報該当性は、①犯罪情報がこれにあたるか、②公の情報がこれにあたるか、という点で問題となる。

①の点について、スコットランドのHenderson and Marnoch v. Her

---

*11 たとえば、渋滞情報を集めるためのGPS活用は、人ではなく、車両を対象としたものとなろう。

Majesty's Advocate[*12]では、恐喝事件において、恐喝に関する電話の発言を録音したものに対して、プライベート情報を得る手段にあたるとして争われた。イギリスでは、従来より犯罪情報に関する保護については厳しい態度を取ってきた。たとえば、スコットランドのCooper最高裁長官（当時）は、Lawrie v. Muir[*13]において、次のように述べている。

> 「市民の保護は、主として、不当で、誤っている、独断的な推定から、無辜の市民を保護することである。……市民の保護は、法を守ろうとする検察官の努力に対して、有罪の市民を保護するものとして向けられているものではない」

Henderson事件において、Marnoch卿は、判決で、Cooper最高裁長官の上記発言を引用しつつ、次のように述べて、プライベート情報にあたらないとした[*14]。

> 「RIPAの要求は、犯罪を疑われる市民の保護に特に向けられたものではない。……脅迫する、暴力の脅しを繰り返す、あるいは、恐喝を試みることは、『プライベート情報』のいかなる形式にも含まれるものとして取り扱われることはできない。……」

また②の公の情報の点につき、いずれもスコットランドの事件ではあるが、Gilchrist v. Her Majesty's Advocate[*15]とKinloch v. Her Majesty's Advocate[*16]がある。

Gilchrist事件では、警察官は、被告人らが薬物の取引をしているという秘匿情報を得て、RIPAをスコットランドに受容したThe Regulation of Investigatory Powers (Scotland) Act 2000（以下、「RIPSA」とする）[*17]の特定監視の授権を得て、行動監視を進めてきた。そして、その授権の期限が切

---

*12 2005 S.L.T. 429.
*13 1950 S.L.T. 40. 牛乳の不正取引に問われた事案において、被告人らが違法収集証拠の排除を申し立てた事案である。
*14 2005 S.L.T. 429, paras 9 - 10.
*15 2005 1 J.C. 34.
*16 [2012] UKSC 62.
*17 行動監視に関する条文は同じである。

れた後に、被告人らが大麻が入ったキャリーバックを引き渡すところを観察された点について、被告人らは、違法な行動監視であるとして争ったものである。Macfadyen卿は、法廷意見で、次のように述べて、プライベート情報を入手したことにあたらないと判示した。

> 「(キャリーバックの引き渡し)は、公共の場で行われた。このイベントは、いかなる理由でそこにいたかどうかは関係なく、近辺にいたすべての人から観察されていたものである。実際に、警察官らによって観察されていた。警察官は、犯罪行為が行われていると疑う合理的理由があった。それゆえ被告人らを拘束したのである。その後の捜査によって、バックに違法薬物が含まれていることが判明した。このイベントの結果は、RIPSA 1 条(9)にいう意味における、あるいは広い意味における、被告人のプライベート情報を入手したことを伴っていなかったのである……。」[*18]

Kinloch事件では、Hope卿は、マネーロンダリングにおいて被告人をRIPSAの授権なしに行動監視した点について、Gilchrist事件の判決を検討した上で、次のように判示して、人権条約8条を侵害しないとした。

> 「本件では、被告人が合理的にプライバシーの期待を持っていたという点を提起するものがない。彼は、隣人や通りを歩く人、何が行われているかを見てしまうすべての人の衆目にさらされている場所において、自分の行動をした。彼は、見られるリスクと、動きを記録されるリスクを取ったのである。彼が行った犯罪の本質は、仮にそれが観察されても、プライバシーとして保護される私生活の面にあたらないのである。……」[*19]

以上の通り、特定監視の要件であるプライバシー情報を入手する方法にあたるかどうかは、プライバシー情報が犯罪にあたらないこと、プライバシーの合理的期待がない空間における方法でないこと、によって決せられるとい

---

*18 2005 1 J.C. 34, para. 21.
*19 [2012] UKSC 62, para 21.

える。これらに該当した場合には、RIPAによる保障はなく、それゆえRIPAによる規制がおよばないのである。[20]

3．日本法への示唆

(1)　GPS捜査の本質は、単なる位置情報を取得する捜査ではなく、行動監視捜査である。わが国でもGPS捜査に関する最高裁の判断は示されたものの、現代のめまぐるしい技術発展にかんがみると、位置情報だけを対象とした議論では不十分である。音声や画像情報も視野に入れて議論していくべきである。この点において、イギリスにおける通信・会話の傍受、行動監視、身分秘匿の3類型による組み合わせによる秘匿捜査の規律は参考になるものと思われる。これは、わが国において各論として議論されている秘密録音やビデオ撮影、おとり捜査などを秘匿捜査という切り口で包括して規律できる理論体系の構築につながるものである。

(2)　イギリス法では、侵害性に応じて、手続を@組織内、ⓑ組織内＋外部独立委員会、ⓒ司法審査の3段階のレベルに分けて規律している。わが国では任意捜査とされているものについては、@またはⓑによる規律も可能である。通信傍受はⓒによる規律が求められることはいうまでもないが、身分秘匿や公道上の特定の人物に対する行動監視は、@で足りるものと思われる。組織内の内部規律であっても、捜査の可視性を向上させる上では一定の効果は見込めるものと思われるので、検討に値するものといえよう。

(3)　イギリスでは、立法時において、プライバシーの合理的期待という表現で規律するべき、という意見もあった。これについては、捜査現場において具体的な判断を求めることは困難であることを理由に、住居と車両という具体的な表現になった。その意味では米国におけるプライバシー理論とも親和性を持っているといえよう。実効性のある制度設計をするためには、具

---

*20　その他、直接監視該当性が問題となった事例として、C v. Police and Secretary of State, No IPT/03/32/H, 14 Nov 2006; R v. Rosenberg, [2006] EWCA Crim 6; R v. Leadbetter, (Unreported), decided by District Judge Parsons in Bournemouth Magistrates Court on 4 Nov 2009.　これらの事件について詳しくは、丸橋・前掲注2論文8頁以下参照。

体的な場所や態様を特定して規律していくことが有効であるという点において参考になるものと思われる。

(4) GPS捜査を行動監視捜査として規律する場合には、個人のプライバシー情報を得る手法かどうかが任意捜査との区別で重要になってくるものと思われる。イギリスでは、GPS捜査は特定監視として規律されているが、その他の類型において、犯罪情報や公共スペースにおける行動は、原則として保護に値するプライバシー情報にあたらないとして、規律の枠外に置いている[21]。イギリスにおける特定監視は、大部分において、わが国における任意捜査に相当するものと思われるが、上記(2)のように、段階的に規律をする構造を検討する場合には、規律の対象となる行動監視と、任意捜査として行いうる行動監視を区別する基準として参考になろう。

(まるはし・しょうたろう)

---

[21] このような考え方は、わが国において現行犯状況における写真撮影を任意捜査として許される場合があるとした最判昭44・12・24刑集23巻12号1625頁と親和性が読み取れるであろう。

第3章

ドイツのGPS捜査と
その法的規制方法

斎藤　司

龍谷大学教授

1．強制処分に対する法的規律——法律の留保原則

　ドイツでは、すでにGPS監視捜査の要件・手続を定めた明文の規定が存在する（ただ、後述のようにGPS監視捜査のみに関する個別の規定はない）。[*1]もっとも、その内容を概観する際に、注意すべき点が2つ存在する。

　第1に、ドイツ刑訴法には、「強制処分法定主義」（憲法31条、刑訴法197条1項但書）を定める規定が存在しないことである。日本の通説によれば、強制処分は、対象者の重要な権利・利益を実質的に侵害する処分と理解される。そのため、日本では、強制処分に該当しない限り、当該処分の要件や手続を定めた法規定は必要ないと理解される。[*2]

　これに対し、ドイツ刑訴法では、他の法領域と同様に「法律の留保原則」が妥当する。そして、ドイツにおける「法律の留保原則」の通説的理解は、「本質性理論」とされる。本質性理論は、(ア)市民の権利・利益の保護を目的として議会のコントロールを及ぼすという法治国家原則の観点に立ち、基本権保

---

*1　ドイツにおけるGPS監視捜査について検討するものとして、滝沢誠「GPSを用いた被疑者の所在場所の検索について」川端博ほか編『立石二六先生古稀祝賀論文集』（成文堂、2010年）733頁以下、同「捜査における位置情報の取得——ドイツ法を踏まえて」刑事法ジャーナル48号（2016年）41頁以下、池田公博「法的根拠を有する捜査手法——ドイツ法との比較を中心に」刑法雑誌55巻3号（2016年）20頁以下、斎藤司「GPS監視と法律による規律」季刊刑事弁護89号（2017年）109頁以下。

*2　日本における強制処分概念の通説的理解については、井上正仁『強制捜査と任意捜査（新版）』（有斐閣、2014年）2頁以下など。

障のために法律の根拠が要請されること、(イ)国家におけるすべての本質的決定は議会に留保され、議会は、本質的事項に関して、行政に委ねることなく自己決定するよう義務づけられていること（介入行為の前提・状況・結果に関する本質的な決定は、立法者自身が行わなければならず、行政に委ねてはならない）などを主な内容とする。

この「法律の留保原則」を前提として、ドイツでは、対象者の権利や利益を侵害する処分といった「行政の裁量に委ねるべきでない処分（立法府が要件や手続を定めるべき処分）」が、「強制処分」とされる。そのうえで、勾留（ドイツ刑訴法112条。以下、単に条文数を示す場合は、ドイツ刑訴法のものである）や捜索・押収（94条以下）などに関する規定のように、基本権への介入・侵害の程度の強度に応じて、その法定される要件・手続の規律密度（厳格さ）は決定される（たとえば、許容される対象の犯罪の限定、必要性・補充性要件や裁判官留保（日本の令状主義に相当するもの）の有無などがあげられる[3]）。

第2に、ドイツにおいて、GPS監視捜査「のみ」に関する明文規定は存在しないということである。後述のように、ドイツ刑訴法では、GPS監視捜査は、「技術的手段を用いた監視捜査」の一類型として位置づけられている。

以上のことを踏まえ、本稿では、技術的手段を用いない監視捜査の法的規律を概観したうえで、GPS監視捜査を含む技術的手段を用いた監視捜査の法的規律の意味について検討する。

2. 短期・長期監視捜査に関する法的規律

(1) 短期監視捜査

技術的手段を用いない短期監視捜査の法的根拠は、一般的な捜査権限を定

---

*3　ドイツにおける「法律の留保原則」及び本質性理論の詳細については、大橋洋一『現代行政の行為形式論』（弘文堂、1993年）1頁以下など。そして、このドイツの議論を踏まえた強制処分法定主義の意義やドイツにおける「法律の留保原則」を前提とした規律密度については、小山剛「憲法訴訟の実践と理論（第3回）」判例時報2328号（2017年）3頁など。さらに、ドイツの「法律の留保原則」の観点から、日本の強制処分法定主義の意義・内容を検討するものとして、斎藤司「強制処分概念と任意捜査の限界に関する再検討」川崎英明＝白取祐司編『刑事訴訟法理論の探究』（日本評論社、2015年）19頁以下、山田哲史「強制処分法定主義の憲法的意義」公法研究77号（2015年）225頁以下、同「新技術と捜査活動規制（2・完）」岡山大学法学会雑誌65巻2号（2015年）229頁以下など。宇藤崇「強制処分の法定とその意義」研修733号（2009年）8頁以下なども参照。

めた規定（検察については161条1項、警察については163条1項）であると
されている。この短期監視捜査は、24時間を超過しないもの、または2日を
超過しないものである（長期の監視を定めた163条fを参照）。なお、後述の
ように、技術手段を用いた場合、短期監視捜査であっても、100条h及び101
条が適用されることになる。

(2) 長期監視捜査の要件と手続

　監視捜査が一定以上の期間に及ぶ場合については、163条fの適用がある
（丸数字及び下線は引用者による）。なお、同条の適用については、技術的手
段を用いているか否かは問われない。

> 163条f
> 第1項　重大な犯罪が行われたことについて、十分な事実上の根拠が
> 存在するときは、
> 第1号　24時間を超えて継続する、又は
> 第2号　2日を超えて行われる
> 計画的な監視を実施することができる（長期監視）。①当該処分は、
> その他の方法によっては、事案を解明し、又は被疑者の居所を探知する
> ことによって、成功する見通しが相当に乏しい、又は実質的に困難であ
> る場合にのみ命じられる。②その他の者を対象とする場合は、対象者が
> 被疑者と関係を有する者であること、又は、処分が事案の解明、若しく
> は被疑者の居所の探知につながり、かつそれがその他の方法によっては
> 見込みがない、若しくは実質的に困難である場合であることが、特定の
> 事実に基づいて認められる場合に限り、命じられる。
> 第2項　第三者が避けられないかたちで対象に含まれる場合は、処分
> をすることが許される。
> 第3項　当該処分を命ずる権限は、裁判所のみに属し、緊急を要する
> 場合は、検察官及びその補助官（裁判所構成法152条）にもこの権限が
> 認められる。検察官又はその補助官による命令は、平日3日以内に、裁
> 判所によって確認されない場合は、その効力を失う。100条b第1項4
> 文及び第5文、第2項第1文を準用する。

　1項は、長期監視捜査について、24時間を超えて継続する（1号）、ある

いは 2 日以上（2 号）の長期にわたり行われる計画的な監視捜査としている。当該長期監視捜査を行う場合には、原則として裁判官の書面の命令を必要とする（3 項。ただし、緊急の場合は条件付きで検察官などによる命令も可能である）。なお、長期監視捜査の実施可能期間は 3 カ月に限られ、その後に得られる捜査結果を考慮して命令の要件が維持される限りで、3 カ月ごとの延長が認められる（100 条 b 第 1 項 4 文及び 5 文準用）。

被疑者を対象とする長期監視捜査の場合、重大な犯罪や①の補充性要件が、そして被疑者以外の者の場合は、重大な犯罪に加え②の厳格な補充性要件が設けられている。

(3) 長期監視捜査と裁判官留保

163 条 f は、1999 年改正による創設当時、検察官の命令によって行うことも可能とされていたが、2007 年改正により、現在のように裁判官の命令を原則とする規定に改正された。その理由としては、「163 条 f による長期監視について、関係者に予防的な法的保護を実効的に保障するために、当該処分の命令は裁判官に留保されるべきである。……裁判官留保は、秘密捜査の和合（Harmonisierung）を考慮すると必要である。なぜなら、長期監視は、個々の事例においては、情報自己決定権への相当の侵害と結びつき、さらに、とくに技術的手段の投入などの捜査処分の蓄積の問題（筆者注・後掲の 2005 年連邦憲法裁判所判決を参照）を考慮すると、その侵害の程度は、検察官の命令ではもはや不十分であると見える程度に達しうる」ことが挙げられている[*4]。

立法理由が示すように、裁判官の命令を要するという規律は、情報自己決定権の相当の侵害、さらには GPS 捜査などの蓄積や他の秘密捜査との組み合わせによる包囲的監視に至らないための予防的な手続保障という性格を有している。長期監視捜査は、類型的に見て、情報自己決定権や包囲的監視に至る危険性を有することを理由として、163 条 f は、裁判官の命令による事前規制を設けたものと評価できる。そして、この立法理由からすると、裁判官は当該処分自体の許否のみではなく、その他の秘密捜査の状況などを「中央検察手続記録簿[*5]」などを用いて検討することになるのだろう。

---

*4　BT-Drs. 16/5846, S.65f.
*5　被疑者・被告人の個人情報、犯罪事実の要旨、刑事手続の状況などが登録されている記録簿である。

3．技術的手段を用いた監視捜査

(1) 技術的手段を用いた監視捜査の要件

　技術的手段を用いた監視捜査としては、通信の傍受（100条 a 及び b ）、屋内での会話の傍受（100条 c ～ e ）、屋外での会話の傍受（100条 f ）、通信データの収集（100条 g ）、写真・ビデオ撮影及びその他の技術的手段を用いた監視捜査（100条 h ）、そして携帯電話の位置情報の収集（100条 i ）[6]がある。GPS監視捜査は、短期・長期を問わず、技術的手段を用いているため、100条 h 第 1 項 2 号の「その他の技術的手段」として法的規律を受ける。下記は、100条 h の規定である（丸数字及び下線は引用者による）[7]。

---

*6　同規定により許容されるのは、「IMSIキャッチャー」を用いた監視捜査（個々のモバイル端末に付された番号であるIMEI（International Mobile Equipment Identity）や加入者識別番号であるIMSI(International Mobile Subscriber Identity)、そして当該モバイル端末の場所などの探知）である。諸外国における当該捜査については、指宿信「偽装携帯基地局を用いた通信傍受」法セミ730号（2015年）1頁以下、川西晶大「フランスにおける偽装携帯電話基地局を使用した通信傍受法制」レファレンス794号（2017年）49頁以下、尾崎愛美「位置情報取得捜査に関する法的規律の現状と課題」自正68巻10号（2017年）22頁以下など。現在の規定は、2008年改正によるものである。同規定は、「①ある者が行為者又は共犯者として、第100条a第2項に掲げる犯行をはじめとする個別でも相当に重大な犯罪を行った嫌疑、その未遂が処罰可能であるときは、その未遂又は準備を行った嫌疑が、特定の事実による根拠づけられる場合、事案の解明又は被疑者の居所を探知するために必要な限りで、技術的手段により、第1号モバイル通信機器のIMEI及び当該機器で用いられるカードのIMSI、並びに第2号モバイル通信機器の現在地を探知することができる」、「②技術的な根拠から、第1項の目的にとって不可避である場合に限り、第1項の処分の際に、第三者の個人関連データを収集することが許される。IMEI及びIMSIについては、これを探知するためのデータ収集・追跡を超えて利用することはできず、当該処分の終了後は、遅滞なく消去されなければならない」、「③100条a第3項及び100条b第1項第1文から第2文、第2項第1文及び第4号第1文を準用する。当該命令の期限は、最大6カ月とする。当該命令の延長は、第1項に掲げる要件が持続している場合に限り、その都度6カ月を超えない範囲で許される」。Vgl. SK-StPO/Wolter, 4.Aufl. §100i Rn.1f.

*7　かつての100条cは、現在の100条hとほぼ同様の文言(100条c第1項1号、2項及び3項)と住居内における非公開の会話の傍受（室内盗聴）に関する文言を含む規定であった。同規定は、2004年3月3日連邦憲法裁判所の室内盗聴一部違憲判決(BVerfGE 109, 279)を契機とする2005年改正法により、室内盗聴は100条c以下とされ、その他の技術的手段を用いた監視捜査は100条fとされた(上記判決や改正につき、井上・前掲注2書169頁以下など)。その後、2007年改正によって、その他の技術的手段を用いた監視捜査は、現在の100条hとされた。そして、連邦憲法裁判所や連邦通常裁判所は、GPS監視捜査との関係で、その根拠条文を改正前の100条c第1項第1号bとした(BGHSt 46, 266; BVerfGE 112, 304)。以上の経緯について、SK-StPO/Wolter, 4.Aufl. §100h Rn.1.

第100条 h

第1項　③その他の方法では、事案の解明、又は被疑者の居所の探知について、成功する見通しが乏しい、又は困難である場合には、対象者に知られることなしに、家屋の外で、次の処分をすることができる。

第1号　画像を撮影すること。

第2号　その他の、④特に監視を目的とする技術的手段を用いること。

⑤第1文第2号の処分は、捜査の対象が重大な犯罪である場合に限り、することができる。

第2項　当該処分は、被疑者に対してのみ行われる。その他の者を対象とする処分は、以下の場合に限り許される。

第1号　第1項第1号の処分は、その他の方法では、事案の解明、又は被疑者の居所の探知について、成功する見通しが相当に乏しい又は実質的に困難である場合。

第2号　⑥第1項第2号の処分は、対象者が被疑者と関係を有すること、又は、⑦処分が事案の解明若しくは被疑者の居所の探知につながり、かつそれがその他の方法によっては見込みがないもしくは実質的に困難であるという関係が成り立つことが、特定の事実に基づいて認められる場合。

第3項　第三者が避けられないかたちで対象に含まれる場合は、処分をすることが許される。

「屋外における」GPS監視捜査（を含む技術的手段を用いた監視捜査。以下同じ）は、③の補充性要件に加え、④監視のみを目的として、⑤重大な犯罪を対象とする場合に限り、許容される。⑤要件は、具体的な犯罪カタログが設けられているわけではなく、相対的に不明確なものとされている。通説によれば、この要件により、軽微な犯罪が除外されるにとどまる。さらに、[*8] 100条h第2項は、屋外におけるGPS監視捜査を第三者に対し行う場合（2号）について、⑥または⑦が、特定の事実に基づいて認定されなければならないとする。被疑者の場合に比べ、厳格な要件が設定されている。

＊8　Meyer-Goßner/Schmitt StPO 60.Aful., §100h Rn. 3.

(2) 技術的手段を用いた監視捜査により得られた情報の取扱い

100条 a から100条 i などにより得られた個人情報については、101条が適用される（同条1項）。

第101条

第1項　98条 a、99条、100条から100条 i まで、110条 a、163条 d から163条 f までに基づいて実施される処分については、他に定めのない限り、以下に掲げる規定が適用される。

第2項　100条 c、100条 f、100条 h 第1項第2号及び110条 a の処分に関する決定及びその他の資料は、検察官により保管される。これらは、第5項による通知の要件を満たす場合には、記録に編綴される。

第3項　第1項の規定に基づく処分により得られた個人関連データには、対応する識別情報を付さなければならない。他の機関への伝達があった後、識別情報は維持される。

第4項　第1項に掲げる規定に基づく処分は、以下に掲げる者に通知しなければならない。

……第7号　100条 h の処分については、処分の目的とされた者及び処分の対象に含まれた者であって重要な者。

……第11号　163条 f の処分については、処分の目的とされた者及び処分の対象に含まれた者であって重要な者。

通知に際しては、第7項に基づき事後的な法的保護を求めることができること及びそのために定められた期間を伝えなければならない。

第5項　通知は、捜査の目的、個人の生命、身体の不可侵及び人身の自由並びに重要な財産的価値、110条 a の場合は隠密捜査官の活動の継続を危うくすることなく、通知が可能となった場合には、直ちになされるものとする。本項第1文により、通知が行われない場合は、その理由は記録に記載されなければならない。

第6項　5項により行われなかった通知が、処分の終了後12週間以内に行われないときは、その後の通知の不履行については、裁判所の承認を受けなければならない。裁判所は、通知の不履行の期間を定めるものとする。通知に関する要件が、将来においてもほぼ確実に満たされないであろうときは、最後まで通知を行わないことに同意することができる。密接な期間において、複数の処分が行われたときは、1項に掲げる期間

は最後に行われる処分の終了をもって開始する。……。

第7項　第6項による裁判所の判断は、当該処分の命令の管轄を有する裁判所がこれを行い、その他の場合は管轄を有する検察に代わり裁判所がこれを行う。4項1文に掲げる者は、第1文により管轄を有する裁判所において、処分の終了後も、2週間以内に、処分の適否並びに処分の執行の手段及び方法の審理を申請することができる。判断については、即時抗告をすることができる。公訴が提起され、かつ被告人に通知されたときは、事件が係属する裁判所は、非公開の手続において、申請について判断するものとする。

第8項　処分により得られた個人関連データが、刑事訴追又は裁判所における処分の適否の審理にもはや必要でないときは、それらは遅滞なく消去されなければならない。当該消去は、記録に記載されなければならない。裁判所における処分の適否の審理があり得るかもしれないという理由のみで消去がなされないときは、データは、関係者の同意なく、上記の目的に限り利用することが許される。これに準じて、当該データの利用を制限することができる。

監視捜査は、事前の聴聞なく命じられ（33条4項1文）、秘密に行われる必要がある。101条は、この秘密捜査の性質に応じて設けられた、基本権を保護するための手続的規定とされる。[*9]立法者は、秘密捜査について、基本法103条1項[*10]の法的聴聞請求権の事後的保障を強化し、基本法19条4項[*11]にいう効果的な法的保護を保障することを同規定の趣旨とする。[*12]101条は、秘密の捜査に関する記録の保管（2項）、識別化（3項）、消去及び利用制限（8項）、当該処分の関係者への通知（4項から6項）、そして事後的な法的保護（7項）を定めている。

さらに、477条2項2文は、刑事手続上の処分により取得された個人情報を別の事件において利用する場合について次のように規定している（丸数字及び下線は引用者）。

＊9　BVerfGE 129, 208.

＊10　「何人も、裁判所において、法的聴聞を請求する権利を有する。」

＊11　「何人も、公権力によってその権利を侵害されたときは、出訴することができる。……。」

＊12　BT-Drs.16/5846, S.57.

> 　この法律により、特定の犯罪に関する嫌疑を前提としてのみ処分が許容されている場合、当該処分によって得られた個人関連データは、⑧他の刑事手続において、その手続の対象となっている行為の解明のために、この法律によって上記の処分が命じ得るものである限りで、当該処分の対象となった者の同意なく、対象となっている解明のみを目的とする証明のために利用することが許される。

　この規定は、対象犯罪が限定されている処分によって取得された個人情報を、他事件の手続において利用する場合について、⑧のように限定している[13]。もっとも、他の刑事手続における「証明」以外の目的（他の事件の捜査の端緒、他事件の被疑者の居所の探知）との関係では、この規定は適用されず、当該個人情報の利用は許容される[14]。

　上記の諸規定の導入は、連邦憲法裁判所1983年12月15日判決（国勢調査判決）により承認された「情報自己決定権（das Recht auf informationelle Selbstbestimmung）」を根拠とする。上記判決は、同権利を「いつ、いかなる限度で個人的な生活状況を明らかにするかを原則として自己で決定する」権利とし、現代の高度な情報社会において個人が自己決定権を行使するための前提条件と位置づけた。もっとも、同権利も無制限に保障されるものではなく、優越する公共の利益がある場合にはその制限が許される。当該制限の許容性審査は、(a)情報を収集する目的が優越的な公益を追求するものであるか（目的追求の基準）、(b)規範の明確性とそこから派生する情報の目的外利用を予防するための目的拘束の基準、(c)情報収集行為が比例原則に適合しており、さらにそこから生じる手続的な予防措置がとられているかという比例原則の基準によりなされる[15]。同判決を踏まえ、刑訴法上の処分により取得された個人情報の処理及び利用について、刑訴法上に規律が設けられている。

＊13　BT-Drs. 16/5846, S.58.

＊14　BT-Drs. 16/5846, S.64.

＊15　BVerfGE 65, 1. 同判決については、平松毅「自己情報決定権と国勢調査」ドイツ憲法判例研究会編『ドイツの憲法判例』（信山社、1996年）42頁、玉蟲由樹「ドイツにおける情報自己決定権について」上智法学論集42巻1号（1998年）115頁以下など。

(3) 技術的手段を用いた監視捜査の性質と限界

100条 h は、2008年改正により新設されたものであるが、これとほぼ同様の文言は、100条 c 第1項1号・2項、そして3項として規定されていた（その経緯の詳細については注7）。この規定のもとで、いわゆる反帝国主義グループの一員である被告人が、赤軍派（RAF）によりすでに放棄されていた武器による闘争戦略を引き継ぎ、4件の爆破事件を発生させたところ、その捜査の一環として、被告人がしばしば同乗していた共犯者所有の車両にGPS装置を取り付け、約3カ月GPS監視捜査を行ったという事件において、GPS監視捜査の適法性が問題とされた。

連邦通常裁判所2001年1月12日判決は、GPS監視捜査の憲法上の許容性について、住居の不可侵（基本法13条）を侵害するものではなく、基本法1条1項及び2条1項による保護される私的領域の不可侵の核心領域（Der unantastbare Kernbereich des durch Art. 1 Abs. 1, Art. 2 Abs. 1 GG gewährleisteten Schutzes der Privatsphäre）や情報自己決定権に抵触することもないとした。[*16]

さらに、同事件に対する憲法抗告について、連邦憲法裁判所2005年4月12日判決は、「監視機器の使用により、一般的人格権（基本法1条1項と結びついた2条1項）への侵害は生じるが、それは、その量と程度において、私的生活の不可侵の核心領域（Der unantastbare Kernbereich privater Lebensgestaltung）へ通常は到達するものでない」とした。[*17] 以上のように、ドイツの判例においては、GPS監視捜査は、いわゆる「私的領域の不可侵の核心領域」を侵害するものではなく（それゆえ憲法違反の侵害ではなく）、一般的人格権を侵害する処分とされている。

他方で、上記の連邦通常裁判所判決は、「GPS監視捜査が、個別に検討すればそれ自体許容される監視方法と組み合わせて行われることにより、包括的な個人のプロフィールの作成という結果を生じさせる人格の包括的な監視（eine umfassenden überwachung）をもたらす場合、対象者に対する侵害の総体及び総量は、対象者の一般的人格権、場合によっては、情報自己決定

---

*16 もっとも、旧100条cの立法段階では、大部分の技術的手段の活用は明文の法的規定を要しないとか、多くの場合当該処分は権利侵害の性質は欠けているなどの指摘があった(BT-Drs. 12/989, S.38)。

*17 BVerfGE 112, 304. 本判決については、川又伸彦「自動車の位置監視システムの合憲性」ドイツ憲法判例研究会編『ドイツの憲法判例Ⅲ』（信山社、2008年）375頁以下など。

権を違法に侵害し、その結果、比例原則違反となりうる」とする。さらに、上記の連邦憲法裁判所判決も、「基本法によりいかなる場合も許容されていない『包囲的監視（Rundumüberwachung）』……は、個別の法的規定がないとしても、一般的な手続保障により、原則として禁止されている。さらに、近代的な、とくに対象者に秘密の捜査方法を使用するときは、『附随的な（additiven）基本権介入をはらむ危険性』を踏まえて、処分を命じた検察官に対し、すべての侵害行為について知らされること（これがなければ、過剰な侵害がないように責任をもって検討や確認ができないとされる）、当該処分の記録への記載、中央検察手続記録簿（刑訴法492条以下）[*18]を活用することにより、複数の検察官が同じ被疑者に対して知らないうちに重複して権利侵害を行うことがないようにすることが重要」としている。これらの判示は、GPS監視捜査が、他の秘密捜査との組み合わせにより、憲法が禁止する「包囲的監視」に至る危険性を有することを示している。

　以上のように、ドイツでは、GPS監視捜査は「私的領域の不可侵の核心領域」を類型的に侵害する違憲の処分ではなく、一般的人格権を侵害する処分と理解されている。このことを前提に、100条 h は、(a)補充性要件、(b)目的、そして(c)犯罪の一定の限定を設けているといえる。他方で、GPS監視捜査は、秘密の捜査であるという性質、そして情報自己決定権と関係することを理由に、事後的な法的聴聞権（告知・聴聞の機会）の保障と事後的な法的保護を保障するため、101条は、処分の通知や取得された個人情報の利用・消去などに関する規定を定めている。そのうえで、上述のようにGPS監視捜査は、他の秘密捜査との組み合わせにより、憲法の禁止する「包囲的監視」に至りうる危険性を考慮して、上述の163条 f の裁判官留保が設けられている。

4. ドイツにおけるGPS監視捜査に対する法的規律とその特徴

　ドイツにおけるGPS監視捜査に対する法的規律は、その趣旨により、4つに区分できると考えられる。(ア)基本権侵害を比例原則に適合するよう規制するための規律（100条 h、163条 f の要件）、(イ)捜査処分により取得された情報の処理及び使用に関する規律（101条、477条）、(ウ)秘密の捜査に対する事

---

*18　前掲注5。

表　GPS監視捜査の区分と法的規律の内容

処分	根拠規定	要件	手続	法的規律
短期のGSP監視捜査（技術的手段を用いた短期監視）	100条h	重大な事件補充性要件	101条	(イ)(ウ)
長期のGPS監視捜査（技術的手段の有無を問わない長期監視）	100条h +163条f	重大な事件補充性要件	裁判官の命令 ＋101条	(ア)(イ)(ウ)(エ)

後的な法的聴聞及び法的保護に関する規律（101条）、そして、(エ)「包囲的監視」に至らないための予防的規律（163条 f における裁判官留保）である。GPS監視捜査に対する法的規律は、これらの規律の複合体といえる（上の**表**も参照）。

　また、ドイツにおいてGPS監視捜査(を含む技術的手段を用いた監視捜査)は、複数の権利を侵害しうる処分（一般的人格権や情報自己決定権）であって、他の秘密捜査との複合により、憲法の禁止する「包括的監視」に至る危険性を有する処分として把握されている。これに加えて、対象者を秘密に探知する処分は、その性質から、諜報的手段とされ、国家が秘密のうちにプライバシーを侵害することから、特別な侵害強度を有するとされる。[19]これらの侵害される権利や危険性を踏まえ、「本質性理論」を内容とする「法律の留保原則」を根拠として、GPS監視捜査は、立法府が要件や手続を法定すべき義務を有する強制処分とされ、上述の規律密度の要件・手続が法定されているといえる。

　このようなドイツの状況は、日本と比較するといくつかの特徴を有する。第1に、立法を必要とする根拠の違いである。重要な権利・利益を類型的に侵害しうる強制処分について、強制処分法定主義（や令状主義）を前提に、一定以上の厳格な要件・手続の立法の必要性を説く日本法に比べ、ドイツは、権利侵害性や濫用の危険性を有する捜査処分（捜査機関の裁量のみに委ねるべきでない捜査処分）であれば立法の必要性を肯定し、その上で、その権利侵害や濫用の危険性の程度に応じて規律密度を決定するという立場をとっている。

　第2に、GPS監視捜査により「情報取得時」に侵害される権利の内容であ

＊19　LR-StPO/Eva Menges 26.Aufl., Vor §94 Rn. 31.

る。最大判平成29・3・15刑集71巻3号13頁（以下、平成29年判例という）は、GPS監視捜査について、憲法35条の保障する「私的領域」に「侵入」する捜査手法であるとしている。その含意については、複数の理解がありうるものの、屋外における一般的人格権の侵害にとどまるというドイツ法の理解と比べると、平成29年判例の立場については、GPS監視捜査の「情報取得時」における「重要な」プライバシー侵害（の危険性）を認めたものであること、憲法35条へのこだわりの存在を指摘できる（その結果、立法の必要性が肯定される処分については、令状主義によって保護すべき重要な権利侵害性と現行法における令状形式では統制が困難なものに限定されることになる）。そして、GPS監視捜査の「情報取得時」に個別に侵害される権利の評価（一般的人格権）に限れば、ドイツ法は、日本法にいう任意処分と評価していると理解可能である（事件の重大性・補充性という100条h第1項2号や163条fの要件などは、このことを示すものともいえる[21]）。

第3に、「情報取得後」の法的規律の違いである。平成29年判例では、「情報取得後」に収集された個人情報の取扱いなどについて明示的な判断はなされていない[22]。これに対し、ドイツでは、情報自己決定権を根拠として、101条などの収集された個人情報の取扱いに関する明文の規定を置いている。なお、この点、日本法においては、国民の私生活上の自由を確保するために個人情報の保護体制を整備することを趣旨とする規律であることを理由に、GPS監視捜査の強制処分性に関係なく、その立法の必要性を主張することも可能であろう[23]。

第4に、ドイツにおいては、「情報取得後」に着目してGPS監視捜査について、裁判官留保という厳格な手続が法定されていることである。上記(イ)(エ)の法的規律は、(ア)(ウ)に比べ厳格な規律密度といえるが、その根拠としては、情報自己決定権の侵害、GPS監視捜査の結果の蓄積や他の秘密捜査との組み

---

*20 この点、山本龍彦「GPS捜査違法判決というアポリア？——最高裁大法廷平29・3・15」論究ジュリスト22号（2017年）152頁以下。

*21 池田・前掲注1論文421頁。

*22 もっとも、平成29年判例がGPS監視捜査の被侵害利益について、「個人の行動を継続的、網羅的に把握することを必然的に伴う」ことを「私的領域」への「侵入」と理解しているのであれば、収集された個人情報の取扱いについても、その判示は及ぶと理解することも可能であろう。平成29年判例におけるGPS監視捜査の被侵害利益の理解については、堀江慎司「GPS捜査に関する最高裁大法廷判決についての覚書」論究ジュリスト22号（2017年）138頁以下。

*23 池田・前掲注1論文22頁など。

合わせによって「包囲的監視」につながる危険があげられる。裁判官留保が要求されていることに鑑みれば、長期監視捜査は、日本の強制処分に当たるとも評価できよう（他方で、緊急の場合には検察官の命令も可能という特徴は考慮する必要があろう）。また、司法審査の内容については、同一の被疑者に対する他の秘密捜査の内容や状況も考慮すべきとされている点なども、秘密捜査に関する記録作成も含めた秘密捜査の規制方法として参照すべき立法例といえよう。

そして、「包囲的監視」という憲法上許容されない侵害へと至らないための「予防的な手続保障」であるという裁判官留保の趣旨も、ドイツ法の特徴といえる。情報取得後の「危険」を考慮して、情報取得の時点で規制をかけるともいえよう。侵害の許されない領域・処分類型に至らないための予防的な手続保障を強制処分に及ぼそうとする発想は、情報取得時の侵入・侵害の限定・抑制（「私的領域」への「侵入」の限定・抑制）や情報取得後の権利侵害そのもの（モザイク理論など）を根拠とするものではなく、平成29年判例の論理との比較との関係に加えて、比較法的にも特徴を有するといえる（このことは、監視捜査の期間設定との関係でも同様といえよう）。

第5に、上記(ウ)は、GPS監視捜査が対象者への事前の告知を想定しえない秘密の捜査であることを前提とした法的規律とされている点である。ドイツ法では、「秘密の捜査（基本権侵害）」であることを理由に、101条のような事後的な法的聴聞及び法的保護を保障する規定が設けられている。平成29年判例も、同様の前提から出発し、事前の令状提示の趣旨である「手続の公正の担保」が他の手段により「仕組みとして確保されていないのでは、適正手続の保障という観点から問題が残る」とし、この問題の解消として「事後の通知等」を挙げている。101条は、秘密の捜査であることを前提とした手続保障などの法的規律に関する重要な立法例といえる。そうすると、この点に関するドイツの法的規律のあり方は、日本においても参照に値することになろう。

（さいとう・つかさ）

第4章

フランスのGPS捜査と
プライバシー保護

小木曽　綾
中央大学教授

　フランスでは、2014年にGPS捜査に関する法律（以下「GPS捜査法」という）が制定された。[*1] 本稿では、その制定に至る経緯を概観した後、同法を紹介しつつ、それに関する判例等によってその運用状況を報告する。[*2]

1. 法制定に至る経緯

　(1)　被疑者等の位置情報を取得する捜査手法（Géolocalisation）は、対象人物や物、車両の移動を把握することができるため、国家警察や憲兵隊、税関にとっての有力な捜査方法として、2010年前後から用いられていたようである。具体的には、携帯電話の位置情報取得とGPS端末を対象物等に装着することによる位置情報取得があり、その双方について、リアルタイムの位置情報取得とログの取得による位置情報の事後的把握が行われており、端末装着は2011年に4,600件、翌2012年には5,500件、携帯電話の位置情報取得は2009年に1,000から3,000件、2013年には20,000件ほどが実施されたと推計されている。[*3]

＊1　L. n° 2014-372,28 mars 2014.

＊2　本稿は、2015-2016年度中央大学特定課題研究費による研究成果の一部である。

＊3　以下の記述は、主にJulien Pronier, JurisClasseur Procédure pénale, Art. 230-32 à 230-44 - Fasc. 20 : GÉOLOCALISATION, Date de la dernière mise à jour : 1er Janvier 2015; Géolocalisation - La loi du 28 mars 2014 relative à la géolocalisation - Etude par Jean-Paul VALAT Document: Droit pénal n° 6,Juin 2014, étude 12 (http://www.lexis360.fr) ; PROJET DE LOI relatif à la géolocalisation NOR : JUSX1329164L/Bleue-1 ETUDE D'IMPACT, 20 décembre 2013 ; RAPPORT FAIT AU NOM DE COMMISSION DES LOIS CONSTITUTIONNELLES, DE LA LÉGISLATION ET DE L'ADMINISTRATION GÉNÉRALE DE LA RÉPUBLIQUE SUR LE PROJET DE

ところで、1991年にフランス議会は通信傍受法を制定したが、これは、それまで捜査機関が法律による具体的な授権なく実施していた通信傍受が、ヨーロッパ人権条約8条に違反するとのヨーロッパ人権裁判所の判断を受けたものであった。[*4]

　同条は、1項で個人の私生活や住居、通信の尊厳を謳い、2項で、その権利は、公益に照らし、犯罪防止や人々の権利・自由保護のため必要なとき、法律の定めに従って行われる場合でなければ侵されてはならないことを定める。[*5]通信傍受については、とりわけ傍受対象やその期間などについての明文規定がないことが同条に反すると判断されたのである。[*6]

　GPS捜査についても、フランス法における問題の状況は通信傍受法の時と同様、すなわち、位置情報の取得が既存の捜査活動の枠を超えるのではないかと思われるにもかかわらず、実施要件や違反があった場合の措置についての具体的な定めのないまま、捜査の一般条項を根拠としてそれをすることへの疑問が呈されている状況であった。ただ、位置情報取得のうち、ログによる過去のそれの取得は、たとえば日本において携帯電話の通信記録が検証令状によって通信業者から取得されるように、既存の情報提供要請権限を定めた刑訴法の条文（77-1-1条）によって適法に実施できると解することに異

　　　LOI, ADOPTÉ PAR LE SÉNAT APRÈS ENGAGEMENT DE LA PROCÉDURE ACCÉ-LERÉE (n° 1717) relatif à la géolocalisation,PAR M. SÉBASTIEN PIETRASANTA ; Géolocalisation - Le retour de la géolocalisation devant la chambre criminelle de la Cour de cassation - Commentaire par Agathe LEPAGE Document: Communication Commerce électronique n° 12,Décembre 2013, comm. 129 を参照してのものである。

＊4　只木誠・小木曽「フランスの電信・電話傍受法制」法学新報101巻11・12号（1995年）81頁。

＊5　ARTICLE 8: 1. Toute personne a droit au respect de sa vie privée et familiale, de son domicile et de sa correspondance. 2. Il ne peut y avoir ingérence d'une autorité publique dans l'exercice de ce droit que pour autant que cette ingérence est prévue par la loi et qu'elle constitue une mesure qui, dans une société démocratique, est nécessaire à la sécurité nationale, à la sûreté publique,au bien-être économique du pays, à la défense de l'ordre et à la prévention des infractions pénales, à la protection de la santé ou de la morale, ou à la protection des droits et libertés d'autrui. (1. Everyone has the right to respect for his private and family life,his home and his correspondence. 2. There shall be no interference by a public authority with the exercise of this right except such as is in accordance with the law and is necessary in a democratic society in the interests of national security,public safety or the economic well-being of the country, for the prevention of disorder or crime,for the protection of health or morals, or for the protection of the rights and freedoms of others.)

＊6　CEDH,24 avr. 1990, Kruslin.

論はなかった。

　⑵　このような状況下で、2011年11月22日の破毀院刑事部判決は、予審判事が行うGPS捜査は、組織的な薬物犯罪捜査の目的に照らして相当、かつ、予審判事に真実発見のための一般的捜査権限を与える刑訴法81条に基づいて適法であり、検察官の指揮による位置情報のログの取得も、同77-1-1条によって適法であると判示した。[7]ただ、この判決によっては、検察官が実施するリアルタイムの位置情報の取得が同じように適法であるかの問いが残されていた。

　2013年10月22日の破毀院判決は、予審判事によるGPS捜査について2011年の判断を維持する一方、検察官によるそれについては、それが個人の私生活への侵入程度に照らすと、裁判官の関与が必要な捜査手法であるとして、これを違法と判示した。[8]これによって、GPS捜査に関する立法が必須の状況となり、法務大臣は、法律制定を待つ間の措置として、GPS捜査が必要な場合には、予審判事に予審開始を請求するよう共和国検事に通達した。

　国家情報保護委員会（Commission Nationale de l'Informatique et des Libertés）も、GPS捜査が、公道上であれ私的領域であれ個人のリアルタイムの位置情報を継続的に把握することを可能にすることに注目して、個人の自由保障と犯罪捜査のバランスについて特に配慮が必要であるという見解を示した。

2．2014年3月28日法（Loi n°2014-372 du 28 mars 2014 relative à la géolocalisation）

　以上のような経緯で2014年に制定された法律（刑訴法に230-32条ないし230-44条を加える法律、以下「法」という）の主要部分を以下に紹介する（一部意訳している部分がある。条文中の（　　）内は筆者による）。

第5章　位置情報の取得
第230-32条

①　次に掲げる必要があるときは、フランス領土内において、対象者、所有者または占有者の同意を得ずに、人、車両その他の物について、そ

＊7　Cass. crim., 22 nov. 2011, n° 11-84.308.
＊8　Cass. crim., 22 oct. 2013, n° 13-81.945 et n° 13-81.949.

の現在位置を特定するため必要なあらゆる処分をすることができる。

1　3年以上の収監刑が科される刑法第2章（生命・身体犯）または第434-6条（重罪またはテロ犯罪の犯人蔵匿罪）もしくは第434-27条（逃走罪）の罪の捜査または予審のため必要があるとき。

2　前号の罪を除く5年以上の収監刑の科される重罪または軽罪の捜査または予審のため必要があるとき。

3　第74条、第74-1条、第80-4条に定める予審または捜査（変死体の死因特定、行方不明者の捜索）のため必要があるとき。

4　第74-2条に定める手続（逃亡犯罪人の捜査）のため必要があるとき。

②　本条に定める処分は、本章の定めに従い、司法警察員またはその指示を受けた司法巡査がこれを実施する。

第230-33条

①　前条に定める処分は、次の場合にすることができる。

1　現行犯人の捜査もしくは通常捜査、または第74条ないし第74-2条の捜査に必要な場合、連続して15日間を限度として共和国検事が許可したとき。15日を超える必要があるときは、共和国検事の請求により、裁判官（身柄拘束等の要件審査裁判官 (juge des libertés et de la détention)。以下同じ）は1箇月を限度としてこれを許可することができる。この期間は、同一要件により同一期間更新することができる。

2　予審、または、予審判事がする第74条、74-1条、80-4条に定める死因の特定または失踪の原因究明に必要な場合は、4箇月を限度として予審判事がこれを許可する。この期間は、同一の手続により同一の期間更新することができる。

②　前項の許可は書面によらなければならない。この許可には不服を申し立てることができない。

第230-34条

①　前条1項に定める予審または捜査の必要があるときは、共和国検事または予審判事は第230-32条に定める処分に必要な装置の取付けまたは取外しの目的に限り、第59条に定める時間外（6時前および21時後）であっても、所有者または占有者もしくは管理者の同意なく、私有地内の車庫もしくは倉庫、または、公道上または私有地内の車庫もしくは倉庫に駐車中の車両に立ち入ることを許可することができる。この許可は書面によらなければならない。

② 前項に定める場所を除く私有地への立入りは、第230-32条1項3号または4号に定める場合、または、5年以上の収監刑の科される重罪または軽罪の捜査または予審に必要な場合でなければすることができない。その場所が住居であるときの許可は次に定めるところによる。

1　第230-33条1項1号に定める場合は、共和国検事の請求により裁判官が許可する。

2　第230-33条1項2号に定める場合は予審判事が、第59条に定める時間外の場合は予審判事の請求により裁判官が許可する。

③ 第56-1条ないし56-5条（弁護士事務所、報道機関、医院、安全保障上の機密が保管されている場所など）および第100条-7（国会議員の事務所）に定める場所については、本条に定める立入りをすることはできない。

第230-35条

① 証拠破壊、または、人の身体もしくは財産への重大な損害を防止するため緊急の必要があるときは、司法警察員は、第230-32条に定める処分をすることができる。司法警察員は、この処分をしたときは、直ちに、第230-33条または第230-34条に従い、共和国検事または予審判事にその旨を通知しなければならない。この通知を受けた共和国検事または予審判事は、この処分の中止を命ずることができる。

② 前項の場合において、住居への立入りが必要な場合は、司法警察員はあらかじめ次に掲げる同意を得なければならない。この同意はその形式を問わない。

1　第230-33条1項1号に定める場合は、共和国検事の請求による裁判官の同意。

2　第230-33条1項2号に定める場合は、予審判事の同意、または、立入りが第59条に定める時間外に必要な場合は、予審判事の請求による裁判官の同意。

③ 第1項の通知を受けた予審判事または裁判官が24時間以内に書面でその継続を命じないときは、第1項の処分を継続することはできない。処分の継続を命ずる場合には、第1項に定める緊急の必要を明示しなければならない。

第230-36条（省略）

第230-37条

①（省略）

②　本章に定める処分により、当初の対象犯罪以外の罪が明らかになったときでも、その捜査手続は無効とされない。

第230-38条

①　230-32条の処分をした司法警察員または司法警察職員は、処分の都度、その日時、開始時間および終了時間を明記してその実施および位置情報の記録状況を記載した調書を作成する。

②　位置情報を記録した記憶媒体は封印しなければならない。

第230-39条

　司法警察員または司法警察職員は、真実発見に有益と思料する情報を調書に記載または録取しなければならない。

第230-40条

①　予審の対象犯罪が706-73条および706-73-1条（組織犯罪）であって、本章の処分によって得られる情報が、特定個人またはその家族もしくは近親者の生命身体への重大な危険を生じさせる虞があり、かつ、真実の発見もしくは被告人の防御のため不可欠でない場合には、予審判事の請求により、裁判官は、その理由を明示して、次に掲げる事項を調書に記載しないことを許可することができる。

1　第230-32条の処分のための装置が設置または回収された日時および場所

2　位置情報および処分のための装置の設置または回収に協力した者を特定する情報

②　前項の裁判官の裁判は捜査記録に編綴される。前項1号および2号の情報は前項の予審判事の請求と共に捜査記録とは別の記録に編綴され、大審裁判所において閲覧することができる。

第230-41条

　予審被告人は、前条の定めに従った措置がとられたことを知った日から10日以内に、予審審査部長に、その措置に関する異議を申し立てることができる。予審審査部長は、GPS捜査が適法に実施されなかったと判断したとき、または、前条の措置がその要件を充たさないと判断したとき、もしくは、前条に掲げる情報が予審被告人の防御にとって不可欠であると判断するときは、GPS捜査を無効とする。ただし、前条に掲げる情報が特定個人またはその家族もしくは近親者の生命身体への重大な危険を生じさせる虞がなく、または、その虞がなくなったと判断するときは、予審審査部長は、前条の請求および調書を捜査記録に編綴すること

を命ずることができる。予審審査部長は、関係書類を精査し、理由を示して、異議についての判断を示さなければならない。

第230-42条

第230-40条の定めによって情報が秘匿されたときは、GPS捜査によって得られた情報に基づいて有罪の言渡しをすることはできない。ただし、前条の定めに従ってその請求および調書が捜査記録に編綴されたときはこの限りでない。

第230-43条

① 位置情報の記憶媒体は、共和国検事または検事長の指揮により、対象事件の公訴時効が完成した時に破棄されなければならない。

② 前項の処分については調書を作成しなければならない。

第230-44条

本章の定めは、捜査対象犯罪の被害者、または、74-1条もしくは81条に定める失踪者が所有しまたは適法に占有する電子通信端末または車両その他の物の位置情報を、当該被害者または失踪者を発見し、もしくは盗品等を発見するために取得する場合には適用されない。

3．GPS捜査法の運用

本法については、すでにいくつかの裁判例が現れているので、以下ではそのいくつかを紹介しつつ、法の制定趣旨と運用を検討する。

(1) フランスの捜査法

フランスの刑事手続は、捜査から公判まで一貫して司法機関による真実解明手続であると理解されており、その担い手はマジストラ（magistrat）といわれる司法官、すなわち予審判事と検察官であって、警察官はその補助者である（そのため、司法警察職員と呼ばれる）。そこで、日本でいう強制処分に相当する捜査手段は、基本的に予審が開始された後の予審判事の権限とされているが、現行犯人の捜査については、司法警察員にもそうした権限が与えられている。もっとも、裁判官による予審が行われるのは一定の重大犯罪に限られ、また、予審が開始されるには一定の捜査が必要であることから、検察官の監督を受けた司法警察職員による捜査も行われるが、この際の捜索・差押えなどは関係者の同意を必要とする（76条）。

捜査活動を規律する司法機関としては、2000年の法律で予審被告人の勾留を

規律するために設けられた裁判官（juge des libertés et de la détention　直訳すると「自由と勾留の裁判官」）や、予審審査部（Chambre d'instruction）がある。[*9]

⑵　GPS捜査の対象犯罪および期間

　GPS捜査の対象は、刑法犯等の一定の重大犯罪とされ、実施の際は、検察官の裁量で一定期間、それを超える場合に裁判官の介入を必要とするが、緊急の場合には司法警察官の判断で実施しうることとされている。立法府は、このような定めをおくことで、明文規定を欠くという批判に応えるとともに、端末取付のための住居等への立入り、実施記録や取得情報の処理についての条文も設けた。検察官の裁量で一定期間のGPS捜査が可能になることは、捜査活動に当たって事前の裁判官の審査を求める英米法系の思考に慣れていると違和感を感ずるところではあるが、このあたりが検察官もマジストラと呼ばれる司法官と理解するフランス法の特徴であると言ってよいかもしれない。その検察官の許可によるGPS捜査の期間が15日と定められたのは、それまでの捜査実績に基づいたものであるという。

　緊急性のある場合には、警察官の判断による端末装着が認められており、また、装着対象が盗難車両等である場合には、その車両等の発見を目的とする場合には法の適用がないとされているが、これについては後に裁判例を紹介する。なお、GPS捜査は5年以上の収監刑が科される関税法違反の捜査に用いることも想定されている（関税法67条の2）。

　刑法犯の対象犯罪については、生命・身体犯等については3年以上、それ以外の罪については上院の修正を経て5年以上の罪とされた。これは、通信傍受の対象犯罪が2年以上とされていることと比較すると（刑訴法100条1項）、GPS捜査が個人の自由に与える影響が一段強いものとの考えられていることの表れとみることができるように思われる。また、捜査が許される期間に関しては、15日を超える捜査の必要があるときは予審判事の許可でひと月ごとの更新が許されることとされているが、通信傍受のそれが4か月であることにも（100-2条）、GPS捜査と通信傍受の実態の違いが反映されているのであろう。

---

*9　さしあたり、小木曽「フランス予審制度の行方」Future of Comparative Study in Law : The 60th Anniversary of The Institute of Comparative Law in Japan,Chuo University 所収、中央大学出版部（2011年）などがある。

(3) 緊急の必要がある場合

　緊急の必要があるときは、司法警察員の判断でGPS捜査を開始することが許されているが、2015年11月17日の破毀院刑事部判決は、薬物捜査に当たっていた司法警察職員がその判断でGPS端末を被疑車両に取りつけ、そのことを上司に知らせるメモを回付した後、当該対象車両に対して予審判事がGPS捜査を嘱託しても、当初の司法警察官のGPS端末の取付けは230-35条の定めに適式に従ったものと評価することはできない、と判示している。[10]

(4) 国外捜査

　法は、230-32条で「フランス領土内において」と定めていることから、端末装着ができるのは領土内に限られるが、地続きのヨーロッパにおいて、端末を装着した対象車両等が領土外に出ることは容易に想像され、こうした場合に法の下で位置情報取得が継続できるのか、という点が問われよう。法に関する通達では、そうした場合は司法共助の枠組みを使うことが想定されている。GPS捜査を実施することはある程度事前に想定される場合が多いと思われるので、それでも対応可能なのであろう。ただし、シェンゲン協定の施行協定40条2項には、越境法執行が必要な場合に、共助を原則としながら、緊急の必要がある時には国境を越えた法執行が許される場合のあることが定められているので、[11]可能性としては、それによってGPS捜査が国境を越えて行われることもあり得ると思われる。

　この点については、破毀院の2016年2月9日の判断がある。麻薬取引事案

---

*10　Cass. crim.,17 nov. 2015, n° 15-84.025 P ; La régularité de la géolocalisation mise en place en urgence par les enquêteurs, MARÉCHAL Jean-Yves 11/12/2015, Lexis360 (http://www.lexis360.fr).

*11　CONVENTION D'APPLICATION DE L'ACCORD DE SCHENGEN du 14 juin 1985,Article 40 2. Lorsque,pour des raisons particulièrement urgentes,l'autorisation préalable de l'autre Partie Contractante ne peut être demandée,les agents observateurs sont autorisés à continuer au-delà de la frontière l'observation d'une personne présumée avoir commis des faits punissables énumérés au paragraphe 7,dans les conditions ci-après:
a) le franchissement de la frontière sera communiqué immédiatement durant l'observation à l'autorité de la Partie Contractante désignée au paragraphe 5, sur le territoire de laquelle l'observation continue;
b) une demande d'entraide judiciaire présentée conformément au paragraphe 1 et exposant les motifs justifiant le franchissement de la frontière,sans autorisation préalable, sera transmise sans délai.

で、捜査官が、高速道路会社の事務所で被疑車両の通行が写ったビデオ画像を確認して予審が開始された。GPS端末を被疑車両に取りつけて監視したところ、当該車両はフランス、ベルギー、オランダと移動していることが判明した。予審被告人は、司法警察の捜査段階での高速道路の通行ビデオの利用と、予審時のフランス領土外での位置情報の取得の違法性を主張した。

破毀院刑事部は、高速道路会社が任意で司法警察官に情報を提供し、警察官が道路に設置されているビデオカメラの画像を確認することについては、捜査に必要な情報提供を関係者に要請する際に事前の検察官の許可を必要とするとした刑訴法77-1-1条1項の適用はなく、適法であると判示した。

他方、フランス国内で適法に行われているGPS捜査が他国の領土に及んだ場合については法に定めがなく、そのような場合は司法共助の枠組みに基づいて捜査が行われなければならないが、本件では、共助の手続がとられているかが下級審で審理されないまま予審被告人の手続無効の申立てが棄却されているとして、予審被告人の主張を認めた。[*12]

刑訴法694-6条ないし694-8条には、司法共助条約に従って、捜査機関が国外での監視と潜入捜査に従事することができることの定めがおかれているが、GPS捜査に関してはそのような定めがおかれていないので、おそらく、今後各国の国内法の整備が進めば、GPS捜査に関しても共助条約に従った国外捜査を認める法改正の必要が議論されることになるのではないかと推測される。なお、同法230-45条は、GPS捜査や通信傍受によって得られた情報を一括管理すべきことを定めている。

(5) 適法な捜査中に発覚した余罪捜査

適法な捜査過程で余罪が発覚したとしても、その捜査が違法にはならないことは、日本の通信傍受法15条の定めと同様である。すでに対象者の保護されるべき権利に適法に干渉しているからであると理解できる。

(6) 調書の記載事項の取扱い

捜査経過は調書にされるが、関係人に危害が及ぶ虞があるときには、一定

---

*12 Cass. crim.,9 févr. 2016,n° 15-85.069 ; Conditions de régularité de la géolocalisation commencée en France et poursuivie à l'étranger,MARÉCHAL Jean-Yves 07/03/2016, Lexis360 (http://www.lexis360.fr).

の情報を秘匿することができ、これについては、防御権に支障が生ずる場合の弁護人からの異議が許されている。これに関連しては、憲法院が、被告人が不利益証拠を争う手段を奪うことは人権宣言16条の権利保障に違反するとして、被告人に有罪を言い渡す際には、情報を秘匿したGPS捜査の結果を証拠としてはならないとの判断を下している。[*13]

(7) 被害者や盗品の発見を目的とする場合

　230-44条は、GPS捜査が、捜査対象犯罪の被害者の所有・占有にかかる物や車両の発見や失踪者の発見のためには法の適用がなく、一般の捜査に関する定めが適用されるとしているが、この点に関しては、2016年6月7日破毀院刑事部判決がある。

　この事案の事実の概要は以下のとおりである。

　2015年6月6日に、ミニクーパー1台および貴金属が盗難に遭い、同13日にBMW1台のほか貴金属等が同様の盗難に遭った。同9日に同ミニクーパーが偽造ナンバープレートを付けられた状態で発見されたため、捜査を開始した憲兵隊は、検察官の口頭の許可を得て当該車両に端末を装着し、翌日、検察官は書面による許可を発した。この位置情報により、前記BMWが盗難に遭った場所に前記ミニクーパーがあり、その傍にいた被告人が確認された。同14日に前記BMWが発見され、同車に検察官の許可により端末が装着された。この捜査によって、同17日、偽造ナンバープレートのついたBMWの近くにいた被告人が捜査対象となり、同19日に窃盗等の罪で予審が開始された。

　被告人側は、以下の理由でGPS捜査の無効を主張した。

　①230-33条は、GPS捜査に先立って検察官の書面による許可を求めているところ、230-44条には、位置情報を取得する対象物が被害者または失踪者に属すること、および、捜査の目的が被害者もしくは失踪者または盗品等の発見にあることを条件として、230-33条の適用を受けないことが定められている。端末が装着された車両はたしかに盗難に遭っているが、捜査官が検察官に連絡していることをみても、捜査官は本件のGPS捜査の目的が犯人の捜査であることを認識していたとみることができる。230-33条の手続がとられて

---

*13 Décision n° 2014-693 DC du 25 mars 2014. Déclaration des Droits de l'Homme et du Citoyen de 1789 Art. 16. Toute Société dans laquelle la garantie des Droits n'est pas assurée,ni la séparation des Pouvoirs déterminée,n'a point de Constitution.（権利が保障されず、三権が分立していない社会は憲法をもたない。）

いないので捜査目的が盗品等の発見であったのだろうとみるのは後知恵であって、誤っている。②法は、緊急の場合を除き、個人の権利への干渉が発生する前にマジストラの許可を必要としており、その違反は個人の権利を侵害する。本件では、端末装着は６月９日、検察官の許可書面は10日に発付されており、手続は無効とされなければならない。

これについての予審審査部の判断は以下のとおりである。

ミニクーパーについてのGPS捜査は、①被害品の発見を目的として行われているので、230-44条の適用を受ける、②仮に230-33条の適用があるとしても、捜査官は６月９日、端末装着後に検察官に電話をかけて、口頭でGPS端末の装着を許可されるとともに書面による許可を翌10日に取得するよう指示され、同書面は10日付で発付されている、③対象車両は６月13日まで同じ場所に駐車されたままで移動しておらず、13日の車両の移動情報は、正式な許可が10日であっても同じように取得されたはずである、したがって、④GPS端末が書面の許可に先立って装着されても、被告人らの権利を何ら害しておらず、手続無効の制裁を受けるべき点はない。

上訴を受けた破毀院刑事部は、偽造ナンバープレートのついた盗難車両について、保護されるべき権利をもたない被告人からは、手続無効の主張をすることは許されない、と判示した。

破毀院の判断のポイントは、法の目的は、GPS捜査の対象となる車両や物について人がもつ私生活上の自由への干渉を規律することにあり、そうすると、盗難車両等に端末が装着されてその位置情報が取得されたとしても、盗難車両等には前記の保護されるべき権利が認められないので、捜査対象となる車両等について民法上の財産権をもたない者からは手続無効の申立てをすることはできない、という点にある。被疑者が所有権のある車で移動しても盗難車両で移動してもその位置情報は取得されることに注目すると、GPS捜査で干渉を受けることから保護されるのは、対象となる物に民法上の権利を主張できる者の私生活上の自由に限定されるとの理解が、ヨーロッパ人権条約８条のいう私生活の保護と整合するかどうかについては、今後さらに議論されることになるのではないかと思われる。[14]

（おぎそ・りょう）

---

*14 Crim. 7 juin 2016, n° 15-87.755 ; Recueil Dalloz 2017 p.279, De la geolocalisation, Jean-Luc Lennon.

第5章

オーストラリアのGPS捜査と
プライバシー保護

監視捜査の包括的規制とオンブズマンによる査察

指宿　信

成城大学教授

1. はじめに

　オーストラリア（以下、豪州と略）における位置情報取得捜査の規律については、事前規制として令状取得が要求されている点に加えて、事後的にオンブズマンが査察を実施している点が特徴的であり、他国と大きく異なっている。[*1]
　オンブズマンとは民主主義社会における行政の説明責任を確保するためのメカニズムのひとつであり、独立した捜査権限を有して行政と市民の間に発生した紛争を解決したり、行政活動の査察を行ったり、行政に対して改善勧告を命じたりすることを任務とした組織・人を指す。[*2]豪州では、捜査機関による位置情報を含む監視機器の使用や使用後に得られた様々な情報の管理、そして令状発付裁判所に対する事後報告義務の履行等が行政機関による業務の透明性を確保するための査察対象と考えられている。なお、豪州では、通信傍受はこうした監視捜査とは別に通信関連法の下で規制されている。[*3]

---

*1　よく知られているように、オンブズマン制度は1809年にスウェーデンで誕生し、北欧諸国に広がり、1962年にはニュージーランドが英語圏で最初の設置国となったのに続いて1967年に英国、1968年には豪州で設立を見た。http://www.ombudsman.gov.au/

*2　各国のオンブズマン制度については、日本オンブズマン学会編著『日本と世界のオンブズマン：行政相談と行政苦情救済』（第一法規、2015年）を参照。2017年にオーストラリアは制度導入40周年を迎え、その歩みがまとめられている。"Making a difference – 40 years of the Commonwealth Ombudsman", http://www.ombudsman.gov.au/__data/assets/pdf_file/0023/44852/FINAL-40th-Anniversary-Book-Web-Version.pdf

*3　Telecommunications (Interception and Access) Act 1979, Sec.9.

2. 概要

　豪州では、以下の法域において法執行機関に位置情報収集捜査のため令状に基づく機器の使用が認められている。すなわち、ヴィクトリア州（*Surveillance Devices Act* 1999（Vic））、ニューサウスウェールズ州（*Surveillance Devices Act* 2005（NSW））、西オーストラリア州（*Surveillance Devices Act* 1998（WA））、南オーストラリア州（*Surveillance Devices Act* 2016（SA））、タスマニア州（*Police Powers（Surveillance Devices）Act* 2006（TAS））、首都特別地域（*Surveillance Devices Act* 2000（ACT））、北部準州（*Surveillance Devices Act* 2007（NT））である。ヴィクトリア州では、オンブズマンではなく特別捜査監視官（the Special Investigations Monitor）により法執行官が収集した監視記録に関する査察が行われている。[*4]

　一方、規定のない法域としてクィーンズランド州があるが、同州では2017年に反テロ法の法案が提出された際に監視機器使用令状に関する条項が設けられており、近い将来、法規制が予定されているところである（*Counter-Terrorism and Other Legislation Amendment Bill* 2017）。

　さて、これらの豪州各法域における位置情報取得捜査の規制方法の特徴としては、概ね以下の5点を挙げることができよう。

　第一に、法律名にも明確に表れているように位置情報追跡機器を含めた監視機器全般を対象とした包括的な規制を敷く。すなわち、位置情報取得以外にも盗聴や監視撮影、データ監視などの機器の使用が刑事罰の対象とされている。位置情報に関わっては、①GPS機器・端末の装着、②（携帯端末等への）GPS追跡プログラムやアプリの新たな設定、③あらかじめ備わっている位置情報探索プログラムの無断利用の3つの行為類型が禁じられている。この点、私人がGPS機器を第三者の同意なく取り付ける行為を規制するための直接の法的根拠がないわが国とは異なっている。近時は、雇用者が被雇用者の位置情報を把握して業務の効率化を図る仕組みが普及していることもあり、個人情報保護の観点から、同意や承諾を取得することが雇用者側の義務として定められているところである。[*5]

＊4　The Major Crime (Special Investigations Monitor) Act 2004(Vic), Sec. 3.
＊5　例えば、西オーストラリア州では個人の位置を追跡する機器の使用は禁じられていない。

第二に、そうした包括規制の枠組みにおいては、位置情報追跡機器のみならず会話盗聴機器やビデオ監視装置なども法規制の対象とされているため、それぞれの種類の機器を捜査に使用する際に裁判官からの令状の事前ないし事後の発付を受けるという、令状による統制方法を採用している。

　法律上規制の対象となる監視装置としては概ね以下が挙げられている。すなわち、①盗聴機器、②ビデオ監視装置、③追跡機器、④データ監視、そして⑤それらの混合形態、である。

　①は、定義上会話盗聴のための機器（listening device）の使用とされているが、会話の定義には通信回線上でのメールやメッセージを含むと解されている。一方で、電話での会話は通信規制法の規制に服する。②は監視カメラ等の撮影装置（optical surveillance device）によるビジュアルな監視である。③はGPS発信機などの追跡機器（tracking device）を用いたリアルタイムの位置情報収集である。④はターゲットのコンピュータ等にプログラムあるいはデバイス（data surveillance device）を組み込みデータにアクセスする方法である。

　こうした装置に関する法的定義について南オーストラリア（以下、SAと略）州法[*6]を参照してみたい。①については、「私的な会話ないし私的な会話で用いられた言葉を聞いたり記録したりするために用いることのできる機器（他の監視装置の機能を兼ね備えているかどうかは無関係）」、②については、「人や場所、あるいは活動を観察したり視覚的に記録したりするために用いることのできる装置（静止画か動画を問わない）」、③については、「人や車両、あるいは物の位置情報を判断するために用いることのできる機器」および「その機能を助ける機器」、④については、「コンピュータへの情報のインプットもしくはコンピュータからの情報のアウトプットにアクセスし、追跡し、監視し、記録するために用いることのできるプログラムないし装置」と「その機能を助ける機器」と、それぞれ規定されている。

　第三に、前述したように、法執行機関による監視機器の使用記録に対し、オンブズマンが査察を実施しており、事後的規制に重きを置く。連邦のオンブズマン報告書では、監視装置規制法の下で査察対象として以下の項目が挙

しかし、同意なく雇用者が被雇用者の位置を探知するための機器を利用することは違法とされ、法律違反があると雇用者は5万ドル以上の罰金となる。個人の場合は5千ドル以上の罰金もしくは12月の拘禁、あるいは罰金併科となっている。

*6　https://www.legislation.sa.gov.au/LZ/C/A/SURVEILLANCE%20DEVICES%20ACT%202016/CURRENT/2016.2.AUTH.PDF

げられている。

1) 捜査員は監視機器の使用や取り外しに関し適切な許可を得たか。

2) 監視機器は発付された令状に従って使用されたか。

3) 収集された情報は適切に保存され、使用され、開示されたか。

4) 保護されるべき情報は適切に廃棄され、保持されたか。

5) 全ての記録は法に基づいて保存されているか。

6) （監視捜査後に作成する）報告書が適切に作成されているか。

7) 捜査員は査察に協力的かつ率直であったか。

　各項目に関する具体的なチェック事項は本章末の資料として収録しているので、これを参照されたい。

　第四に、いくつかの州では、個人情報保護の観点からプライバシー・コミッショナーによる監視機器を利用した捜査に対する外部的な統制も並行して実施され、プライバシー保護の観点から多元的な規制をかけている。この点、個人情報保護の法的スキーマが備わっているにも関わらず、法執行機関が収集した個人情報の保護について規制を行わないわが国との間に横たわるプライバシー保護における基本的な哲学の違いは大きい。

　第五に、米国のGPS捜査法に見られるような、被処分者に対する事後告知といった適正手続の保障という観点は法制度上乏しい。被処分者による異議申立て権を重視した手続の適正確保を目指すのではなく、独立した査察による事後的規制によってコンプライアンスの確保を目指して、監視捜査の正当性を図ろうとしているようである。

　続いて、位置情報取得機器の使用に関する具体的な規制を検討するため、州の立法例を見ていきたい。

3．ニューサウスウェールズ州法の概観

　以下は、豪州のみならず英語圏でも最大規模の人口を持つ法執行管轄と言われるニューサウスウェールズ（以下NSWと略）州における監視機器規制法、(Surveillance Devices Act 2005（NSW））の概観である（以下、SD法と略）。[7]

＊7　2017年現在、NSW州の人口は440万人で米国ニューヨーク市の800万人には及ばないものの、ロサンゼルス市の400万人を上回っている。

(1)　規制対象

SD（Surveillance Devices）法が監視機器として使用を禁止している行為は、①盗聴機器の使用、②監視カメラの使用、③追跡装置の使用、④データ監視機器の使用、⑤私的会話の送信や公表、⑥私的会話のデータの保有、⑦監視機器の製造、供給、所持、⑧データ監視機器で収集したデータの送信や公表、である。GPS発信機の使用はこのうち③に含まれる。

(2)　監視機器令状（Surveillance Devices Warrant）

第17条はこうした監視装置を法執行機関に属する捜査員が使用したい場合の令状請求手続を定める。

第17条　監視機器令状の請求
(1)　法執行官は以下のことを信じるか合理的な理由がある場合に監視機器令状を請求することができる。
(a)　（監視に）相当な犯罪が行われたか、行われつつあるか、あるいは間近に行われること
(b)　犯罪に対する遂行中の捜査が当該管轄で実施されるか、あるいは実施される可能性があること
(c)　監視機器を用いて、当該犯罪の発生あるいは犯罪者の身元や位置情報を獲得して証拠化することが捜査の目的にとって必要であること

　同条３項は請求の際の特定事項を、申請者の氏名、機器の特定、令状有効期間とし、宣誓供述書の添付を義務付ける。４項は緊急事態や宣誓供述書が間に合わない場合について規定し、５項は４項適用の際の宣誓供述書の事後的提出を認める。

　第18条は監視機器の装着設置に緊急の必要がある場合の遠隔請求について定め、電話やファックス、電子メールといった手段での令状請求を認めている。

　第19条では申請の許可に当たって裁判官が考慮すべき項目を列挙する。すなわち、捜査対象の犯罪の性質や重大性、プライバシー侵害の範囲、情報を得る他の手段の存在の有無、獲得される情報による捜査の便益、得られる情報の価値、過去の同種の令状発付状況等の点である。

　第20条は監視機器令状に記載されるべき事項として以下を列挙する。すな

わち、申請者の氏名、捜査対象犯罪、令状発付日付、監視機器の種類や機器が装着設置される場合には車両・土地家屋（premises）・物・身体の特定、会話や行動あるいは地理的な場所についての特定、90日を超えない有効期間、主たる責任を担う法執行官の氏名、その他の特別の条件、である。

　第21条は監視機器令状が許容する捜査方法を定めており、位置情報取得は１項(b)及び(c)で規定される。

(a)　特定の土地家屋（premises）等や車両に監視装置を用いること
(b)　特定の物に監視装置を取り付けること
(c)　特定の、ないしは氏名不詳の人物の会話、行動、位置情報に関して監視機器を用いること
(d)　特定の人物の身体に監視機器を用いること

　また同条２項では、位置情報取得機器の設置に関して次のような規定が設けられている。

(c)　１項(c)に関する令状として
(i)　特定の人物が存在すると合理的に信じられる場所、あるいは将来そこに現れると予想される場所に存在する、土地家屋あるいは車両の表面あるいは内部に令状に記載された特定の監視機器を装着、使用そして管理すること
(ii)　(i)の目的のため、土地家屋や車両に、必要がある場合は有形力を行使して、侵入すること。あるいは(i)ないし３項*の目的のため当該土地家屋にアクセスするためにその他の土地家屋に侵入すること
＊３項では捜査機関に許容されている行為が列挙されている。(a)監視機器の除去、(b)　監視機器に関する強化機器の挿入、使用、管理、除去、(c)　(a)(b)の実行の際の偽名の使用、(d)　切断、動作停止、(e)　取り付け等のための一時的な移動、(f)　実行のためのあらゆるものの開封、(g)　機器稼働のための電気の使用、(h)　機器と公衆回線との接続、(i)　実行のための技術的専門職の提供

　監視機器令状の延長や要件の変更については第22条が、令状取り下げにつ

いては第23条が、使用中断については第24条がそれぞれ定めている。さらに、一旦設置した監視機器の回収については第25条が規定する。

(2) 緊急事態規定

第31条は緊急事態における令状のない監視装置の使用を定め、重大な身体への危険性あるいは重大な財産損害のおそれがある場合に無令状での監視機器の使用を認めている。もっとも、第33条が定めるように緊急使用の場合には事後的承認を受ける必要がある。

第39条以下では収集された情報の使用や公表に対する罰則が定められ、違反した場合には2年以下の禁固刑に、加重事案の場合には7年以下の禁固刑に処せられることが定められている。第41条は監視機器によって得られた記録の管理が定められ、安全な場所での保管や必要がなくなった場合の廃棄を求める。

(3) コンプライアンス

説明責任や査察に関しては第45条以下で定められており、同条は司法長官（Attorney General[8]）が毎会計年次に報告書を公表すべきことを定め、第48条ではオンブズマンによる監視記録に基づく監視活動の査察を求める。第49条は、オンブズマンから6カ月毎に首相に対して報告書を提出するよう定める。

> 第48条　オンブズマンによる記録の査察
> 1項　オンブズマンは、適宜（from time to time）、それぞれの法執行機関が本法に対するコンプライアンスの程度を判断するため、それぞれの法執行機関（豪州犯罪委員会以外）の記録を査察しなければならない。
> 注：豪州犯罪委員会の記録は連邦オンブズマンが担当する。
> 2項　本法の査察の目的のため、オンブズマンは以下の事項を実施することができる。
> (a) 法執行機関の主任捜査官に告知をした後、当該機関の建物に相当と認められる時刻に入ること

＊8　司法長官は内閣のメンバーであるとともに司法省（Department of Justice）の長である。州の法執行、矯正保護、法律扶助、対テロ対策などに責任を持つ。詳細は2016-2017年年次報告を参照。http://www.justice.nsw.gov.au/Documents/Annual%20Reports/justice-nsw-annual-report-2016-17.pdf （b）　査察に関連する当該機関の保有するあらゆる記録に対して全く自由にアクセスできるよう求めること

　（c）　当該機関のスタッフに対して、当該機関によって保有され、当該機関のスタッフがアクセスすることができると考えられ、かつ査察に関連する、オンブズマンが必要と考える、いかなる情報についても提供するよう求めること

　3項　主任捜査官は、［捜査チームの］メンバーが、本法の下でオンブズマンの職務を果たす上でオンブズマンが求めるいかなる助力も提供することを確実にしなければならない。

⑷　使用実績等

　NSW州では、SD法によって法執行機関の監視捜査に関する報告が司法長官に義務付けられている。また、監視捜査に対する外部的な監査としてオンブズマンによる査察と報告が行われている。

　直近の統計数値を見てみよう。SD法第45条に基づく司法長官の報告書によれば、2017年上半期（1月から6月までの半年間）の実施状況は表1から3の通りである。GPS捜査に該当する追跡監視機器の使用件数は1679件で、緊急承認は1件である。

　この上半期で、遠隔請求0件、請求棄却0件、延長請求1件、監視によって得られた情報に基づく逮捕人数は14名、訴追された人数も14名、そのうち有罪となった人数は1名と報告されている。

　罪状別使用実態はオンブズマン報告書に計上されているが、2016年の下半期でNSW州警察、NSW犯罪委員会、警察独立委員会、賄賂等監視委員会といった法執行機関に対して総数で444件の監視機器令状が発付された。その罪名別内訳は、薬物犯罪198件、幼児対象性犯罪190件、一般性犯罪105件、殺人80件、強盗68件、傷害18件、放火16件、詐欺15件、その他77件となっており、薬物犯罪28％、幼児対象性犯罪26.8％と次いで、一般性犯罪14.8％と、これら3つの罪種で約7割を占めている。ただし、監視機器の種別データが公表されていないため位置情報取得の対象となった犯罪類型の件数は不明である。

　なお、NSW州刑事上訴裁判所でSD法に関して出された判決は12件、同州地方裁判所で17件がそれぞれ確認されたが、いずれも盗聴に関するものであり、位置情報取得に関わって争われたケースは見当たらなかった。

表1 令状発付件数と使用件数

申請総数	発付件数	監視機器の種類別監視機器令状使用件数					
		盗聴	監視	追跡	データ監視	混合	総数
827	897	3547	2673	1679	287	489	9572

表2 緊急承認件数と使用件数

申請総数	発付件数	監視機器の種類別監視機器令状使用件数					
		盗聴	監視	追跡	データ監視	混合	総数
2	2	1	1	1	0	0	3

表3 特定の管轄で執行されたNSW州で発付された令状および緊急承認の請求件数と使用件数

申請総数	発付件数	監視機器の種類別監視機器令状使用件数					
		盗聴	監視	追跡	データ監視	混合	総数
6	6	65	63	37	13	0	178

4. 豪州における監視捜査に関する問題点や議論

(1) 令状による規律の有効性

　2015年5月31日付のシドニー・モーニングヘラルド紙の記事は「盗聴に関する警察の令状要請に対して裁判官は自動的に付与　データが示す」[*9]とのタイトルを掲げて、裁判官は警察からの監視機器令状請求についてほとんど"ラバー・スタンプ"［筆者注：十分な検討をしないで同意するという意味］状態であるとの批判を紹介した。統計によると、NSW州の裁判所は監視令状請求についてわずか2％しか却下しておらず、自動的に令状が発付されている状態にあるという。

　こうした批判に対してポール・リンチNSW州司法長官は、取材に答えて、"これ（統計）はNSW州警察による監視機器令状の請求がほとんどパーフェクトな基準で行われているというのか、あるいは、令状発付手続が厳格さを

---

*9　http://www.smh.com.au/nsw/judges-rubber-stamp-nsw-police-requests-for-
　　secret-recordings-data-suggests-20150530-ghd323.html

欠いているのか、いずれかを示唆している"とコメントしている。この点、NSW州オンブズマンのブルース・バーバー氏は、"これは重大な問題で、手続の妥当な審査がなされているか検証する必要がある"と警告を発している。

実際の監視機器令状却下の実態は表4のようになるが、監視機器の種類別による統計が公表されていないため、位置情報取得捜査についてどの程度令状請求が却下されているかの実態は不明である。

わが国でも逮捕状や勾留状の却下率の高低をめぐって同種の議論が繰り広げられているところであり、令状主義を採用する以上、この問題は避けられない論点となろう。現状、豪州ではオンブズマンの査察対象はあくまで令状取得（緊急使用の場合を除く）後に実施される監視機器の使用や事後報告、記録保管等についてであり、令状発付の妥当性といった令状実務に向けられてはいない。オンブズマンの所管はあくまで行政であり司法ではないからである。仮に監視機器令状の発付状況が問題となるとすれば裁判過程であろうが、現在までのところ裁判例でかかる論点が争点化されたケースは見当たらない。この問題の透明性の確保は豪州でも容易ではないように思われる。

(2) コンプライアンス問題

2011年3月18日付の全国紙であるザ・オーストラリアン紙は、「オンブズマンが警察による監視捜査を酷評する」という見出しのもと、北部準州（以下NTと略）の監視機器の使用に関して警察にコンプライアンスの姿勢が欠けているとの査察報告があると伝えた。[*10]

NTは2008年に監視機器規制法を制定したが、同法によれば、コンプライアンスには刑事罰の可能性がある。同記事では具体的なコンプライアンス違反の内容は明らかにされていないが、記者は許容された期間を超えて監視をしていたのではないかという見方を示している。また、警察委員会副委員長は、確かにコンプライアンス違反が存在したことは認めつつ、その問題を克服するためにオンブズマンと一緒に努力しているところだ、と語ったと記事は伝える。

記事には、NT警察は2010年に2つの監視機器令状を得ていたが、いずれでも、執行後いつ裁判官に必要な報告を上げたのかについて不明であると指摘されており、司法の適切なコントロールが及んでいない可能性が示唆され

---

*10 http://www.theaustralian.com.au/business/legal-affairs/ombudsman-slams-police-surveillance/news-story/07db5208d41107f02dd6445801ea1603

表4　首都オンブズマンによる監視機器令状却下数の推移

	2011年	2012年	2013年	2014年	2015年	2016年
NSW州警察	0	4	5	15	8	16
NSW犯罪委員会	0	0	0	8	3	2
警察独立委員会	0	0	0	0	0	0
賄賂等監視委員会	0	0	0	0	0	0
合計	0	4	5	23	11	18

＊オンブズマン報告書に拠り筆者作成

ている他、本来監視機器令状で得られた情報のうち不要になった情報を警察は廃棄しなければならないにもかかわらず、それらを保持し続けていたことも指摘されている。

　前・南オーストラリア（以下、SAと略）州法実務規制委員会（the Legal Practitioners Conduct Board）の委員長を務めたキャロライン・リチャードソン氏は、同州でももはや必要ないにも関わらず20件の監視機器令状記録が廃棄されていなかったのを確認しているという。それらはもっぱら「情報収集目的」で保存されていた。また、警察が監視機器令状の期間更新の必要を回避するために、新たな監視機器令状を請求しており、これが監視期間の制限を逃れ司法的コントロールをかいくぐっているのではないかと指摘していると伝える。実際、SA州のある裁判官は筆者の質問に対し、「余りに多くの監視捜査が裁判所の監督のないまま実施されてしまっている」と答えた。

　2014年のNTのオンブズマン報告書には、事後報告が発付裁判官に対して義務付けられているにも関わらず、対象期間に発付された19件の監視機器令状のうち4件において不履行が認められたとの指摘が見られ、警察当局からの説明に対する改善要請が具体的に明示された[11]。

　実際、オンブズマンの査察報告では具体的に相当程度細かい点が指摘されている。例えば、連邦オンブズマンは連邦捜査機関である連邦法執行監察委員会（Commission for Law Enforcement Integrity）、連邦犯罪委員会、そして連邦警察の他に、NSW州警察やWA州警察に対する査察も実施しているが、2015年下半期から2016年上半期の1年間の査察報告書によれば、連[12]

---

*11 http://www.ombudsman.nt.gov.au/sites/default/files/downloads/signed_surveillance_devices_report_dated_29_july_2014.pdf

*12 http://www.ombudsman.gov.au/__data/assets/pdf_file/0033/78576/Report-to-the-Attorney-General-on-agencies-compliance-with-the-Surveillance-Device-Act-

邦警察に対して、査察第一項目である「捜査員は監視機器の使用や取り外しに関し妥当な許可を得たか」について、前期で5件のコンプライアンス違反と、後期で2件のコンプライアンス遵守の判断不能事案が報告されている。これらのうちの2件では追跡機器が用いられていたが、発付日付や対象者の氏名が省略されていたという。

査察第二項目である「監視機器は発付された令状に従って使用されたか」についても、前期に4件のコンプライアンス違反の自己申告がなされ、後期には6件の違反があり、そのうち5件は自己申告であった。そのうち2つの事案では、許可された期間が徒過した後であるにも関わらず保護されるべき情報が監視機器を使って取得されていた。また、別の2つの事案で、令状で許可されていた期間内に監視機器が外国に移動してしまい、管轄をもつ権限ある機関の承諾のないまま保護すべき情報が収集されていた。

査察第四項目である「保護すべき情報は適切に廃棄され、保持されたか」については、前期に8件の違反が確認されていた。そのうち2件は自己申告であり、1件は遵守判断ができなかった。8件のうち2件で監視装置が管轄外に移動した後も保護すべき情報が収集され続けていた。なお、こうした事態の発覚後に連邦警察が該当部分の情報を廃棄する処分を行ったことをオンブズマンが確認している。また、法で許容されている5年を超えて保護すべき情報が保持され続けていた17件の事案があったが、最終的にこれらの情報は廃棄されたことが確認されている。

このように、法執行機関が監視機器規制法の様々なコントロールを迂回して監視を継続したり、報告義務を怠ったりするケースがしばしば確認されている。監視機器の使用全体を対象にした査察報告となっているところ、現在まで位置情報取得捜査に関わって、いかなるコンプライアンス違反が存在したかという詳細は確認できていない。

今後わが国でGPS捜査に関する規制法を定めるとしても、別途、規制内容を遵守させるための仕組みは必要となるであろう。こうした豪州における先例は、中立的な外部機関であるオンブズマンによる査察制度がコンプライアンス遵守のメカニズムとして一定程度効果があることを明らかにしていると考えられる。

(3) 公共空間における監視に対する規制をめぐって

2004-for-the-period-1-January-to-30-June-2017-A1545624.pdf

2010年、ヴィクトリア（以下Vicと略）州法改正委員会は、公共空間における監視問題について最終報告書を取りまとめ、同州における監視が公共空間における監視問題に必ずしも適合していない現状に警鐘を鳴らし、許容しうる水準の決定に必要とされるテクノロジーの進化とプライバシーの保護のバランスを取るために、公共空間におけるプライバシーへの合理的な期待が存在することを最初に明らかにした。それとともに、告知義務や不正使用並びに不当な開示の禁止、正当目的の要件化を盛り込む法改正を求める勧告を行った。また、公共空間における監視を規制する主体としては、プライバシー保護の観点からプライバシー・コミッショナーが妥当であると勧告した。[*13]

　この勧告を受けて、Vic州プライバシー・コミッショナーは2017年5月に監視捜査全般に対するガイドラインを公表した。[*14]ガイドラインは拘束力を持たないものの、情報プライバシーをめぐる重要な遵守事項であると考えられている。

　ガイドラインで掲げられた遵守項目は次のとおりである。①監視の実施は、常に不可欠で、均衡が取れていなければならず、当該機関の活動に関連した正当な目的のためにのみ許容される、②個人は、公共空間においてプライバシーへの合理的な期待を有する、③監視の担当官は、当該監視の開始前にそのインパクトに関するアセスメントを行わなければならない、④監視の実施は、適用可能な法とスタンダードに合致していなければならない、⑤監視活動は、政策並びに運用手続、合意によって営まれなければならない、⑥監視の担当官は、監視機器の使用前にプライバシー訓練を受けておく方が望ましい、⑦監視の担当官は、監視機器の使用について個人に告知を行う合理的な手順を踏まなければならない、⑧自らの個人情報へアクセスする個人の権利は、尊重されるべきである、⑨機器の安全と監視活動を通じて収集される情報を保護するため、合理的な手順が取られる必要がある、⑩監視活動を通じて収集された情報の開示は、明示された目的のため必要な場合、あるいは法執行の目的のためにのみ許されるべきである、⑪監視活動を通じて収集され

＊13　Victoria Law Reform Commission, "The Surveillance in public places: Final report" (2010), http://lawreform.vic.gov.au/projects/surveillance-public-places/surveillance-public-places-final-report

＊14　Office of the Commissioner for Privacy and Data Protection, "Guidelines to surveillance and privacy in the Victorian public sector"(2017), https://www.cpdp.vic.gov.au/images/content/pdf/privacy_guidelines/20170420%20Guidelines%20to%20surveillance%20and%20privacy%20in%20the%20Victorian%20public%20sector.pdf

た情報は、必要がなくなれば消去されなければならない、⑫（監視活動に対する）効果的な審査と外部査察のメカニズムは、法律上の要請や政策が守られること並びに当該監視が意図された目的に合致していることを確実にするために実施されなければならない。

　こうした遵守項目に対する州警察サイドからの反応は、2017年12月現在、まだ見当たらない。

5．おわりに

　豪州における監視捜査規制のあり方は、令状取得という事前規制とオンブズマンによる査察という事後規制を組み合わせて監視機器の使用をコントロールしようという点で魅力的である。オンブズマン報告書を紐解いてみても、監視機器令状の執行記録を一件ずつ調査して関係法令のコンプライアンス状況をつぶさに査察しており、その調査対象項目やコンプライアンスの有無の判断事項も明確にされていて、査察プロセスの透明性も高い。わが国のように通信傍受の実績について国会報告が義務付けられていても、個別に踏み込んだ調査がなされていない状況と比較したとき[*15]、説明責任という観点からも正当性という観点からも豪州のスキームには（細かな点では問題を抱えているにせよ）全般的にみて信頼を寄せることができるように思われる。

　また、GPS捜査が広く法執行機関で活用されてきた理由のひとつとして「費用対便益効果」が指摘されることがある。つまり、テクノロジーの進歩のお陰で得られる情報に比して捜査コストが極めて低いのである。そうした効果が捜査機関において監視捜査を積極的に利用するインセンティブとなっている面は否めないであろう[*16]。豪州法制はそうした監視捜査に対して、担当捜査官の報告、上司の報告、監督官の報告、政府への報告、そしてオンブズマン等の査察官によるコンプライアンス調査といった何重もの負荷を設けることで手続上のコストを人為的に増大させ、それによって監視テクノロジーの

---

*15　国家公安委員会による通信傍受報告は、令状発付件数、個別の被疑事実、傍受回数、逮捕人数の成果が表として示されるだけで、個別の捜査内容等に立ち入って調査は行われていない。平成28年については以下を参照。https://www.npa.go.jp/bureau/criminal/sousa/boujuhoukoku/boujuhoukoku.pdf

*16　GPS捜査のこうした便益効果に関して論じた文献として、稲谷龍彦『刑事手続におけるプライバシー保護　熟議による適正手続の実現を目指して』（弘文堂、2017年）参照。

便益効果を弱めている点が注目されるところである。

　ただし、豪州法制では、監視に当たって事後的な規制のみならず事前規制として監視機器令状の取得が義務付けられているものの、被処分者への告知を要求していないため、適正手続の観点から見たときに正当性に関する疑問も否定できないところである[*17]。また、事後通告制度がないことによって透明性を欠くばかりでなく、被処分者の情報プライバシー保護についての最終責任の所在があいまいとなっているように見受けられる。

　他方で、位置情報取得捜査に対する規制という本書の視点からすると、豪州各法域では、位置情報取得を目的とする追跡監視機器のみならず、包括的な監視機器を規制するアプローチを採っていることから、日本では任意捜査として安易に実施される追跡監視型捜査や行動監視型捜査を規制対象とする点で優れているようにも思われる。

　もっとも、こうした包括的な規制の結果、位置情報取得に伴うプライバシーの侵害が、通信傍受や盗聴に伴うプライバシー侵害の大きさであるとか、近時のドローン監視やCCTVによる路上監視といった規模的にも技術的にも社会的影響の大きい監視問題の陰に隠れてしまって争点化されにくい印象があることは否めない。

　いずれにせよ、今後わが国においても、監視機器を用いて収集された情報の保持に対する事後的な規制の枠組みが必要となるはずであり[*18]、そうした規制には行政的コントロールが不可欠と考えられるところ、豪州におけるオンブズマン制度を用いたスキームは大いに参考とされるに違いない。

（いぶすき・まこと）

---

*17　この点、豪州は憲法上の人権条項を有しておらず、米国の適正手続条項や欧州人権規約の公平な手続原則といった捜査活動を規制する根本原理を持っていない。立法、判例、ガイドライン等による"パッチワーク"的規制が基本となっている。こうした指摘は以前からなされてきた。例えば以下参照。M. D. Kirby, "Controls over Investigation of Offences and Pre-Trial Treatment of Suspects", Australian Law Journal 53, 1979, p.632.

*18　わが国でも近時、こうした監視情報の収集後に焦点を当てた規制を強調し、令状制度を基本とした「取得時中心主義」的な規制から取得後の規制へのシフトを主張する論稿が目立つ。例えば、山本龍彦「警察による情報の収集・保存と憲法」警察学論集63巻8号（2010年）111頁、笹倉宏紀「捜査法の思考と情報プライバシー権──『監視捜査』統御の試み」法律時報87巻5号（2015年）70頁、稲谷龍彦「警察における個人情報の取扱い」大沢秀介監修『入門・安全と情報』（成文堂、2015年）1頁、等参照。

連邦におけるオンブズマン査察項目と対象事項一覧

１．捜査員は監視機器の使用や取り外しに関し妥当な許可を得たか。
我々は、捜査員が以下の項目を確実にしたという政策および手続を調査する。 ・令状、許可、延長および変更が適切に申請されたか ・許可が適切に認められているか ・延長や変更が適切に請求されているか ・令状が適切に取り消されているか
２．監視機器は発付された令状に従って使用されたか
我々は、捜査員が以下の項目を確実にしたという政策および手続を調査する。 ・監視機器が適法に使用されているか ・監視機器のメンテナンスのために監査可能なシステムを有しているか ・監視機器の使用を記録する（capturing）場所に十分なシステムが存在しているか ・令状の条件が遵守されているか
３．保護すべき情報（protected information）は適切に保存され、使用され、開示されたか
我々は、捜査員が以下の項目を確実にしたという政策および手続を調査する。 ・保護すべき情報が法に基づいて安全に保管されているか ・保護すべき情報が法に基づいて使用され、開示されているか ・個人のプライバシーが保護されているか
４．保護すべき情報は適切に廃棄され、保持されたか
我々は、捜査員が以下の項目を確実にしたという政策および手続を調査する。 ・保護すべき情報が法に基づいて廃棄されているか ・保護すべき情報が法に基づいて保持されているか ・保護すべき情報が依然として必要とされているかどうかのアセスメントのため継続的に審査されているか
５．全ての記録は法に基づいて保存されているか
我々は、捜査員が以下の項目を確実にしたという政策および手続を調査する。 ・当該記録が記録作成の要件を満たしているか ・当該記録が正確に一般的なリスト（register）を維持しているか
６．（監視捜査後に作成する）報告書が適切に作られているか
我々は、捜査員が司法長官や本オンブズマン事務所に正確な報告を行なう政策や手続を有しているかを調査する。
７．捜査員は査察に協力的かつ率直であったか
この項目について我々は以下の点を考慮する。すなわち、我々の査察事項に対する捜査員の応答と受容、コンプライアンス違反の事案に関する内部通報のメカニズムの有無、捜査員自らが本オンブズマン事務所や大臣に対して行う自己開示制度、コンプライアンスに向けた捜査員のあらゆる態度。

出典： Commonwealth Ombudsman, "Report to the Attorney-General on agencies' compliance with the Surveillance Devices Act 2004 For the period 1 January to 30 June 2017", http://www.ombudsman.gov.au/__data/assets/pdf_file/0033/78576/Report-to-the-Attorney-General-on-agencies-compliance-with-the-Surveillance-Device-Act-2004-for-the-period-1-January-to-30-June-2017-A1545624.pdf

第6章

EUの個人データ収集と基本権保護の仕組み

GPS捜査とプライバシー権を中心視座において

中西優美子

一橋大学大学院法学研究科教授

1. はじめに

　個人データ保護規則2016/679が2016年4月27日に採択されたが（規則は、一般的適用性があり、EU構成国において直接適用される）、同日に、犯罪の防止、捜査、取り調べまたは訴追のための管轄機関による個人データの処理に関する個人の保護に関する指令2016/680が採択された（指令は、直接適用されず、EU構成国において国内法化・実施されなければならない）。当該指令前文26段では、以下のように述べられている。「個人データ処理は、当該個人に関して合法、公正かつ透明でなければならず、法によって規定される特定の目的のためだけになされなければならない。しかし、このことは、それ自体、法執行機関が秘匿捜査（covert investigations）またはビデオ監視のような活動を行うことを妨げるものではない。そのような活動は、それらが法によって規定され、当該個人の正当な利益に鑑み民主的社会における必要でかつ比例的な措置を構成する限り、犯罪の防止、捜査、取り調べ、もしくは、訴追の目的または公共の安全に対するセーフガード及び脅威の防止を含む刑罰の執行の目的でなされうる」。これは、欧州人権条約8条2項の文言と部分的に類似しているが、GPS捜査であったとしても、それが法律により規定され、民主的社会における必要でかつ比例的な措置であれば、許容されるというスタンスをEUがとっていると捉えられる。実際、例えば、EU構成国のドイツでは、GPS捜査は法律に基づき一定の条件の下で許容されてい

る。また、欧州人権裁判所の判決[*2]においてもGPS捜査は私的生活への介入[*1]であるものの一定の条件の下で正当化され、必ずしも欧州人権条約8条違反とはならない。

EUにおいて、現在のところ、GPS捜査というタイトルの措置は存在しない。しかし、例えば、後述する欧州データ保護監督者（European Data Protection Supervisor）は、交通情報に関する道路安全のデータに関する指令の実施規則に関するコメントで、GPSなど車に取り付けられた装置からのデータ収集を通じ個人が特定される可能性につき言及している。また、後述するが、将来、GPS捜査が法的問題となりそうな措置が採択され、また、立法提案（改正提案を含む）がだされてきている。そのため、本稿では、GPS捜査とプライバシー権を中心視座におきつつ、EUにおけるデータ収集と基本権保護の仕組みの特徴を明らかにすることを目的とする。本稿では、まず、GPS捜査とプライバシー権をめぐる立法権限を整理する。次に、GPS捜査及びプライバシー権にかかわりそうなEUの措置を提示したい。そのうえで、EUにおける捜査をめぐるプライバシー権に対しそれをどのように保護する仕組みになっているのかについての特徴を明らかにし、日本法への示唆としたい。

2. GPS捜査とプライバシー権をめぐる立法権限

(1) 歴史的発展

前提として、GPS捜査とプライバシー権にかかわるEUの権限を歴史的に整理しておくことにする。

1993年に発効したマーストリヒト条約（EU設立条約）により、これまでEC（欧州共同体）（第1の柱）に第2の柱である共通外交及び安全保障政策並びに第3の柱である司法内務協力が加わり、3本柱構造になった。ただ、第2及び第3の柱は政府間協力にとどまったものであった。その後、1999年発効のアムステルダム条約により、EUの枠外で締結されたシェンゲン協定

＊1　BVerfG, Urteil des Zweiten Sentas vom 12. April 2005, 2 BvR 581/1, BVerfGE 112, 304-321; cf. BverfG, Urteil des Ersten Senats vom 20. April 2016, 1 BvR 966/09, BverfGE 141, 220-378.

＊2　Ex. ECHR, Judgment of 2 September 2010, Application no. 35623/05 (Uzun v. Germany); cf. Marianne F.H.Hirsch Ballin, Anticipative Criminal Investigation, Springer, 2012, pp. 47-49.

がEUの中に取り込まれた。それに合わせて、第3の柱における移民、難民等の人の自由移動と民事司法協力が第1の柱に移された（共同体化：EC条約に規定されるようになった）。第3の柱には警察及び刑事司法協力が残された。同時に、1987年発効の単一欧州議定書により創出された概念「域内市場」とは別の新しい概念「自由・安全・司法の領域（area of freedom, security and justice）」が創られた。他方、個人データ保護がEC条約286条（それが改正され、現EU運営条約16条になった）に規定された。

　また、2009年12月1日に発効したリスボン条約により、第3の柱「警察及び刑事司法協力」は第1の柱に移行し（EU運営条約に規定されるようになった）、他方第2の柱「共通外交及び安全保障政策」に対しては依然として特別の規則と手続が適用されることになった（例えばEU司法裁判所の裁判管轄権が及ばない）。また、同条約により、2000年のニース合意では厳粛な宣言として位置づけにとどまっていたEU基本権憲章が法的拘束力を与えられ、EU条約及びEU運営条約と同一の法的価値を有するようになった（EU条約6条）。特に、プライバシー権に関するEU基本権憲章7条と個人データ保護権に関する同8条が規定されていることが大きな意味を有している。同時に、後述するが、EU運営条約16条に包括的な個人データ保護権に関する個別的権限が付与された。EUにおいては、これらの発展により、捜査に関する措置、他方でプライバシー権の保護のための措置が採択され、あるいは、提案がなされている。

(2)　立法権限（法的根拠条文）

　GPS捜査をコントロールしうるまたは許可しうる措置を採択できる立法権限としては、複数考えられる。

　EUは、内部に境界のない、「自由、安全及び司法の領域」をEU市民に提供することを目的の1つとしている（EU条約3条2項1文）。EU運営条約第3部第5編は「自由、安全及び司法の領域」（EU運営条約67条〜89条）と題される。EU運営条約第3部第5編2章の77条は、国境管理に関する措置を定めている。EU運営条約第3部第5編の第4章は刑事分野における司法協力を同5章は警察協力を定めている。

　第4章の刑事分野における司法協力の文脈では主に以下の法的根拠条文が捜査にかかわると考えられる。EU運営条約82条1項に基づき、欧州議会及び理事会は、刑事分野おける司法協力として、相互承認の原則に基づき、構

成国の法令の平準化を含む措置を採択することができる。また、EU運営条約82条2項に従い、国際的側面を有する刑事分野における判決及び司法決定の相互承認並びに警察及び司法協力を容易にするために必要な範囲において、欧州議会及び理事会は、指令の形で最小限の法規を採択することができる。この法規の中に(a)構成国間の証拠の相互許容性、(b)刑事手続における個人の権利が含まれるため、GPS捜査で獲得された証拠の取扱いやGSP捜査自体における基本権の保護などが規律される可能性がある。また、EU運営条約85条は、欧州司法機構（Eurojust）について規定している。欧州司法機構は、複数の構成国に影響を与える重大犯罪または共通の基礎に基づく訴追を必要とする重大犯罪に関して国内の捜査及び訴追機関相互間の調整と協力を支援し強化することを目的とするが、この文脈でGPSを利用した犯罪捜査も対象となる可能性がある。さらに、EU運営条約86条は、後述するが、EUの財政的利益に影響を与える犯罪に対処するために、欧州検事局（European Public Prosecutor's Office、EPPO）を創設できる法的根拠条文となっている。

　また、第5章の警察協力では、EU運営条約87条が、EUは「刑事犯罪の防止、探知及び捜査に関する警察、税関及びその他の専門的な法執行機関を含むすべての構成国の権限ある機関が関与する警察協力を構築する」と定めており、そのための措置を採択することができる。同章のEU運営条約88条は、欧州警察機関（Europol、ユーロポール）について定めている。ユーロポールの任務は、複数の構成国に影響を与える重大犯罪、テロリズム及びEUの政策により規律される共通利益に影響を与える犯罪形態を防止しかつそれと闘うにあたり、構成国の警察機関及び他の法執行機関による行動並びに相互協力を支援しかつ強化することにある(同条1項)。これらの法的根拠条文は、刑事司法協力分野のEUの権限の中でGPS捜査に関連しうる可能性のあるものであるが、後述するように、措置は1つの法的根拠条文を基礎とするのではなく、規定事項が多岐にわたる場合、複数の法的根拠条文を組み合わせて採択される。

　他方、別の分野のEUの権限からGPS捜査に関連してくるものがある。域内市場の設立と運営を対象とする国内法令の平準化のための法的根拠条文である、EU運営条約114条である。プライバシー権にかかわるもの、つまり、EU運営条約16条である。EU運営条約16条1項は、すべての者が個人データ保護権を有していることを規定し、同条2項が個人データ保護に関する法規を採択する法的根拠条文となっている。さらに、テロリズムの対処に関して

は、共通外交及び安全保障政策分野の措置（例えば、個人データ保護に関するEU条約39条）もかかわってくる。

3．GPS捜査とプライバシー権にかかわる法的問題

⑴　捜査またはデータ収集にかかわる措置

EU運営条約86条は、欧州検事局（EPPO）を創設できる法的根拠条文である。2013年に欧州委員会からその創設のための提案[*3]が提出されたが、規定されている特別立法手続では採択できず、代わりに先行統合手続を用い、EU構成国20か国の合意による先行統合（enhanced cooperation）措置[*4]として2017年10月12日に理事会規則2017/1939として採択され、EPPOが誕生した。EPPOは、EUの下部機関であり、法人格を有する（当該規則3条）。EPPOの任務は、EUの財政的利益に影響を与える犯罪の捜査、訴追及び公判開始申請に対し管轄権を有する。EPPOは、欧州訴追主管、欧州訴追副主管、欧州訴追者、欧州派遣訴追者、行政ディレクター、EPPOの職員から構成される。複数の欧州派遣訴追者は、各EU構成国に派遣されており、同様のケースに国内法で適用されていると同じ条件の下で、国内犯罪捜査及び法執行データベース並びに他の公的機関の関連レジスターに蓄積されているあらゆる関連情報を得ることができる（当該規則43条）。このことは、国内法でGPS捜査が許容されていれば欧州派遣訴追者もそこからの情報を入手できることになると捉えられる。また、EPPOはユーロポールとも密接な関係を設定しかつ維持しなければならず、捜査の目的からの必要であれば、EPPOは、ユーロポールがもっている情報を要請して獲得することができる（当該規則102条）。他方で、当該規則はデータ保護のための章（8章）を設定し、個人データ処理に関して規定している。データ保護に関しては、データ処理の原則（例えば、合法性及び公正、目的限定、データの最小化、正確性、保存の限定など）が定められている（当該規則47条）。一方で、犯罪を疑う重要な理由がある

＊3　欧州検察局設置案について論じたものとして、浦川紘子「欧州検察局の創設構想をめぐる現状と課題」立命館国際地域研究43号（2016年）121-135頁; 北村泰三「EU刑事司法と立憲的人権保障の課題」戸波江二先生記念論文集『憲法学の創造的展開　下巻』（信山社、2017年）175、184-187頁。

＊4　先行統合措置について、中西優美子「先行統合」同『EU権限の法構造』（信山社、2013年）327-368頁; 同（巻頭言）先行統合と欧州検事局（EPPO）規則」EU法研究第4号（信山社、2018年刊行予定）。

者など一定のデータ主体にはデータ処理に差異をつけることが定められている（当該規則51条）。データ主体が欧州データ保護監督官に苦情を申し立てる権利がデータ主体に与えられている一方で、EPPOは、EU構成国の公共の安全及び国内安全を保護するためにデータ主体への情報の提供を遅らせたり、制限したり、省略したりすることができる（当該規則58条）。もっともこの場合、そのような措置が当該者の基本権と正当な利益に鑑み民主的な社会における必要でかつ比例的措置を構成していなければならない（同）。個人は、EPPOの決定につき、EU司法裁判所に先決裁定を（国内裁判所がEU法の解釈・有効性についてEU司法裁判所に質問する手続）求めたり、あるいは、取消を求めたりすることができる（当該規則42条）。このようなバランス規定の解釈をめぐって今後EU司法裁判所の事件に上がってくる可能性がある。また、データ処理がかかわっていることから、EPPOは、その任務の遂行に当たっては欧州データ監督官と、要求に応じて、協力しなければならない（当該規則70条）。さらに、欧州データ保護監督官は、EPPOによる個人データの処理に関して個人の基本権及び基本的自由の保護に関して当該規則の適用の監督と確保に対し管轄権を有する（当該規則85条）。

EU運営条約82条1項(a)に基づき、刑事事項における欧州捜査命令（European Investigation Order〔EIO〕）に関する指令2014/41が2014年4月3日に採択された。上述したように第3の柱からリスボン条約によって共同体化した刑事司法協力分野では、若干政府間協力的性質が残っており、通常は欧州委員会が提案権を独占しているが、この分野では構成国の4分の1の発議で提案することができる（EU運営条約76条）。当該指令は、ベルギー、ブルガリア、エストニア、スペイン、オーストリア、スロベニア及びスウェーデンの7か国により発議された。EIOは、証拠を得るための他の構成国（実施国）での特別捜査措置実施のために構成国（発行国）の司法機関より発行されるまたは有効とされる司法決定である。EIOは、隠れたまたは偽のアイデンティティ（秘匿捜査（covert investigations））の下で行動する警察官による犯罪捜査行為において発行国を支援するように実施国に要請する目的でも発行されうる。発行機関は、なぜ秘匿捜査が刑事手続のためにかかわってくると考えるのかをEIOの中で説明しなければならない。EIOの承認の決定は、国内法と手続に鑑み実行国の管轄機関によりケースごとになされなければならない。実施機関はEIOの執行を(a)秘匿捜査の実施が類似に国内ケースで許されていない場合、または、(b)一定の場合、秘匿捜査のための取決めについ

て合意することが可能でない場合には拒否することができる（当該指令29条）。秘匿捜査にGPS捜査が入るものの、構成国においてプライバシー権が考慮されていない場合なども問題になってくると考えられる[*5]。

EU運営条約88条に基づき、法執行協力のためのEU下部機関（Europol）に関する規則が2016年5月11日に採択された。これにより決定2009/371によって設立されたユーロポールにとって代わりかつ引き継いだ（当該規則1条）。ユーロポールは、EUにおける法執行機関間の協力を支援する目的で設立された（同）。ユーロポールは、複数の構成国に影響を与える重大犯罪、テロリズム、また、共通利益に影響を与える犯罪を防止かつ対処するにあたって構成国の管轄機関による行動および相互の協力を支援しかつ強化する（当該規則3条）。ユーロポールは、その目的を達成するために、犯罪情報を含む情報を収集、蓄積、処理、分析及び交換する（当該規則4条）。また、構成国の管轄機関により行動を支援しかつ強化するために、捜査及び操作的活動を調整、組織または実施する（同）。構成国とユーロポールとの協力では、共同捜査チームにユーロポールが参加したり、犯罪捜査の開始をユーロポールが要請したりする（当該規則5条及び6条）。また、ユーロポールは、(a)国内法に従った構成国、(b)EUの機関、第三国及び国際組織、(c)私的団体及び私人により提供された情報のみを処理しなければならない（当該規則17条1項）。ただ、ユーロポールは、インターネットや公的データを含む、公表されている源から個人データを含め、情報を直接検索し、処理することもできる（当該規則17条2項）。他方、欧州データ保護監督官は、ユーロポールによる個人データの処理にあたっての基本権及び基本的自由に関する当該規則規定の適用の監視と確保に対し管轄権を有する（当該規則43条）。

また、提案（改正提案を含む）段階のものとして、以下のものを挙げることができる。EU運営条約85条に基づく刑事司法協力のためのEU下部機関（ユーロジャストEurojust）に関する規則案。これは、決定2002/187/JHAにより設立されたユーロジャストにとって代わり継承するものと位置づけられる。ユーロジャストは、個人データを処理することができる（当該規則案27条）。ただ、一定の条件が付けられており、当該規則案付属書2の1にリス

＊5　イタリアにおけるGPS捜査の問題点を指摘したものとして、Arianna Vettorel, "Global Positioning System Evidence in Court Proceedings and Privacy: The Case of Italy", *Air & Space Law* 42, no. 3 (2017), pp. 295-312.

トされた個人情報に限定されている（同条１項）。もっとも、例外的な場合は、また、期間を限定し、必要性を正当化できる状況の存在、データ保護官（Data Protection Officer）への即座の通知などの一定の条件のもとでリストに挙がっていない個人データも処理することができる（同条３項）。欧州データ保護監督官は、ユーロジャストによるデータ処理の合法性をチェックする機能を担っている。また、欧州データ保護監督官に、データ主体は苦情を訴えることができる（当該規則案36条と規則45/2001の32条２項）。

　国境管理に関して、2016年に複数の提案がされている。EU運営条約77条２項(b)及び(d)並びに79条２項(c)を法的根拠条文にして、これまでのシェンゲン情報制度（Schengen Information System, SIS）を強化するためにSISの設立、運営及び利用に関する規則案がだされている。[*6] その９章案はデータ保護が規定されている。また、刑事事項における警察協力及び司法協力分野のシェンゲン情報制度（SIS）の設立、運営及び利用に関する規則案がだされている。[*7] これにもデータ保護の章が設けられている。2017年６月には、2011年に規則1077/2011により設立された、[*8] 自由、安全及び司法の領域における大規模ITシステムの運営管理のためのEU機関（eu-LISA）の機能に関して報告書が欧州委員会により公表されている。[*9] 同報告書の中では、eu-LISAがEU基本権憲章８条の個人データ保護に考慮しなければならないことの認識が示されている。また、2017年にEUで起こっている諸問題に対処するために、eu-LISAの機能を改善する、同機関に関する規則案も公表されている。[*10]

　さらに、EU運営条約82条１項(d)を法的根拠にして、欧州犯罪記録情報システム（ECRIS-TCNシステム）を補足し支援する第三国国民及び無国籍者に関する有罪判決情報を維持する構成国の識別のための集権化されたシステムの設定のための規則案がだされている。[*11] ここでもデータ保護がかかわっ

＊6　COM(2016)882.

＊7　COM(2016)883.

＊8　当該規則は、EU運営条約第３部第５編「自由、安全及び司法の領域」に規定されている、複数の法的根拠条文、EU運営条約74条、77条２項(a)及び(b)、78条２項(e)、79条２項(c)、82条１項(d)、85条１項、87条２項(a)及び88条２項を基礎としている。その後、申請者の識別（EURODAC）規則に合わせて、規則603/2013により改正された。

＊9　COM(2017)346.

＊10　COM(2017)352.

＊11　COM(2017)344.

ている。また、警察及び司法協力、難民及び移民のEU情報システム間の相互運用の枠組を設定する規則案[*12]、また、国境及びビザのEU情報システム間の相互運用の枠組を設定する規則案[*13]が、個人データ保護に関する法的根拠条文EU運営条約16条2項とEU運営条約第3部第5編「自由、安全及び司法の領域」における複数の法的根拠条文を基礎にしてだされている。さらに、EUの域内市場にかかわる法的根拠条文、EU運営条約114条を基礎にして、サイバーセキュリティ法（Cybersecurity Act）と言われるENISA、EUサイバーセキュリティ機関に関する規則案が出されている[*14]。

(2) 個人データ及びプライバシー権を保護するための措置

個人データ保護については、アムステルダム条約で追加されたEC条約286条に規定された。ただ、EU機関による個人データ保護のみを対象としていた。現行のEU運営条約16条は、EU機関による個人データ保護のみならず、構成国による個人データ保護の処理に関して法規を定めるとされている。

個人データ保護指令95/46は、アムステルダム条約より以前の1995年に域内市場に関するEC条約100a条（現EU運営条約114条）に基づいて採択された。他方、共同体機関（現EU機関）による個人データ処理に関する個人の保護に関する規則45/2001は、EC条約286条（現行のEU運営条約16条）に基づき、2000年12月に採択された。同規則により、独立した監督機関である欧州データ保護監督官（European Data Protection Supervisor、EDPS）が設けられた。EDPSは、基本権及び基本的自由、とりわけプライバシー権が尊重されるように確保することに責任を有する。また、同規則の24条は、各EU機関が少なくともデータ保護官（Data Protection Officer）を任命しなければならないと規定している。

個人データ保護規則2016/679がEU運営条約16条2項に基づき2016年4月27日に採択され、2016年5月24日に発効した。これは、上述した個人データ保護指令95/46にとって代わるものである。2018年5月25日から同規則の適用が開始される。指令とは異なり、一般適用性を有し、直接適用される。同規則は、EU運営条約16条2項を法的根拠条文にしている。同規則において、

＊12　COM(2017)794.

＊13　COM(2017)793.

＊14　COM(2017)477.

欧州データ保護監督官についての規定がある。同規則により欧州データ保護委員会（Board）が法人格を有し、独立したEUの機関として設立された。同委員会は、EU構成国のデータ保護監督機関（supervisory authority）[15]の長と欧州データ保護監督官により構成される（当該規則68条）。各構成国のデータ保護監督機関は、独立した機関でなければならず、個人のデータの処理に関する基本権及び基本的自由を保護し、EU内における個人データの自由な流通を容易にするために当該規則の適用を監視する責任を有する（当該規則51条）。Szydloは、当該データ保護規則に規定されている設定されている国内データ保護監督機関がEUにおける規制機関の中で最も進んだ形の独立性モデルを設定していると指摘している[16]。データ保護監督機関データ主休から苦情を取り扱う機関であり、必要に応じデータ管理者やデータ処理者に対し強制的な権限を行使する（当該規則58条）。

　さらに、個人データ保護規則の採択と同日に、同じくEU運営条約16条2項に基づき、犯罪の防止、捜査、取り調べまたは訴追のための管轄機関による個人データの処理に関する個人の保護に関する指令2016/680が採択された。採択にあたっては、欧州データ保護監督官が諮問を受けている（前文106段）。同指令41条に基づき、構成国はデータ処理に関する基本権を保護するための同指令の適用の監視に責任を有する独立した公的機関（supervisory authority）を設定しなければならない。

4．分析と結語

　アムステルダム条約によりシェンゲン協定がEUの枠組に入り、シェンゲン圏が創設された。それに伴い、国境管理、難民・移民受け入れの基準の設定が必要なり、そのための措置が採択された。リスボン条約が発効し、「自由・安全・司法の領域」に関する権限がEUにこれまで以上に移譲され、EUはそれらの事項だけではなく、警察・刑事司法協力の分野においても権限を有するようになった。さらに、難民の大量流入、また、テロの多発を受け、

＊15　EU構成国におけるデータ保護監督官につき、夏井高人「欧州連合の構成国における独立の個人データ保護監督官の職務」法律論叢89巻6号（2017年）309-363頁。

＊16　Marek Szydlo, "The Independence of Data Protection Authorities in EU Law: Between the Safeguarding of Fundamental Rights and Ensuring the Integrity of the Internal Market", 42 *Common Market Law Review* (2017), p. 369, pp. 373-375.

EUにおいては、既存の措置を改正したり、改正案をだしたり、新たな措置の立法、立法案がだされてたりしている。ユーロポールについては改正規則、また、ユーロジャストについて改正規則案がだされた。また、欧州検事局（EPPO）をはじめとして、複数のEUの下部機関（エイジェンシー）が設立された。それらのEU機関はそれぞれでデータを収集し、処理をしている。それらのEU機関に関する措置は、データ保護についての章や規定を有し、データの収集・処理について定めると同時にデータ保護・プライバシー権を保護するために独立した欧州データ保護監督官に大きな役割を担わせている。また、基本権侵害を受けたと考える個人は欧州データ保護監督官に苦情を申し立てる制度が組み込まれている。さらに、個人データ保護監督官の決定に不服がある場合には、EU司法裁判所に先決裁定を求めたり、取消訴訟を提起したりすることができるようになっており、司法的救済制度が整えられている。これらにより、EU機関によるデータ収集と基本権保護のバランスをとられている。

　また、EU構成国による捜査やそのためのデータ収集に関連して、EUは、構成国の管轄機関と密接な関係を構築し、支援・協力体制を作っている。他方で、データ保護権やプライバシー権を保護するために、EU構成国に独立した国内データ保護監督機関の設立や監視機関の設立を義務づけている。すなわち、EUは、構成国の管轄機関と協力し、そこからデータ収集するとともに、他方で、構成国におけるデータ保護を確保するという仕組みを構築している。

　最近のEUの措置では、EU機関（下部機関を含む）間のデータの相互運用のみならず、EUと構成国機関間のデータ相互運用を効率的に行うことが目指されている。また、第三国へのデータ移転、国際機関との協力についても規定がなされている。他方で、そのような膨大なデータ収集、処理、移転、相互運用からプライバシー権が侵害される可能性が高まっているため、独立した機関（監督官を含む）を設立して、基本権を保護するよう要請し、バランスをとっている。

　EUでは、GPS捜査そのものを規制する措置は存在しないが、将来できるとすると、関連文書から、その際の許容性の基準は、法規によって規定され、当該個人の正当な利益に鑑み民主的社会における必要でかつ比例的な措置であることと考えられる。ビックデータの時代において、また、テロが多発する現代においては、公的・私的機関によるデータ収集・処理は回避できない

ものあるいは甘受しなければならないものとなっているが、それらにより個人が特定化され、不利益を受ける、プライバシー権、個人データ保護権が侵害されるリスクが高まっている。そのような侵害を防ぐ不可欠な制度として、現在EUが示す制度的な処方箋は、①法規、②独立したデータ保護監督機関の設立及び③司法的救済制度である。そこに、セキュリティーと基本権保護のバランス[17]をとる、EU司法裁判所による厳格な比例性原則の適用による実質的な基本権保障が加わる。実際、EU司法裁判所は、データ保護権及びプライバシー権について高度な保護を保障する判断を下してきた。例えば、2014年の通信履歴保存義務指令に関するDigital Rights事件[18]では、同指令が比例性原則に違反するとしてそれが無効であるとした。また、2015年の第三国（アメリカ）への個人データ移転に関するセーフ・ハーバー事件[19]においては、セーフ・ハーバー決定の無効を宣言し、アメリカとの再交渉を迫った。また、2016年のTele2 Sverige事件[20]では、電子通信データにおける個人データ処理及びプライバシーの保護に関する指令2002/58につき、当該指令15条1項は犯罪撲滅のために一般的かつ非差別的なデータの保存を規定している国内法を排除するものとして解釈されなければならないとした。さらに、当該指令15条1項は、トラフィック・位置データの保護と安全、とりわけ保存されたデータへの国内管轄機関へのアクセスを規律する国内法を以下のような場合には排除すると解釈されなければならない。アクセスにより追求される目的が重大犯罪のみに限定されていない場合、アクセスが裁判所または独立の行政機関による事前の審査に服さない場合、及び、EUにおいて関連データが保存されるべきという要請がない場合である。このように判示して、データ保存を規定する国内法をEU法違反とした。さらに、2017年、EU司法裁判所は、EU運営条約218条11項に基づく裁判所意見の中で、EUからカナ

---

*17 これについて、cf. Steve Peers, *EU Justice and Home Affairs Law, Volume II: EU Criminal Law, Policing, and Civil Law,* 2016, Oxford University Press, pp. 276-280.

*18 Joined Cases C-293/12 and C-594/12 Digital Rights Ireland, Judgment of 8 April 2014, ECLI:EU:C:2014:238; 中西優美子「EU個人データ保護権にかかわる比例性原則審査」自治研究90巻7号（2014年）82-93頁。

*19 Case C-362/14 Maximilian Schrems v Data Protection Commissioner, Judgment of 6 October 2015, ECLI:EU:C:2015:650; 中西優美子「EUから第三国への個人データ移転と欧州委員会のセーフ・ハーバー決定」自治研究92巻9号（2016年）96-108頁。

*20 Joined Cases C-203/15 and C-698/15 Tele2 Sverige AB, Judgment of 21 December 2016, ECLI:EU:C:2016:970; 中西優美子「EU電子通信データ分野における個人データ保護及びプライバシー権と国内法」自治研究94巻1号（2018年）96-108頁。

ダへの搭乗者名記録データの移転にかかわるEUとカナダ間の協定案につき、憲章7条及び8条に合致しないと判示し、同協定案の締結を阻止した。[21]

　上述したようにこの分野において欧州委員会は数多くの提案を矢継ぎ早に提出し、EUが直面する危機及び現代的要請に対応しようとしている。今後、採択されていく措置に対し、独立した機関（欧州データ保護監督官及び構成国のデータ保護監督官）並びにEU司法裁判所及び国内裁判所（先決裁定手続に組み込まれている）による個人データ保護及びプライバシー権の保護がますます重要性をもっていくと考える。

（なかにし・ゆみこ）

＊21　Case Opinion 1/15, Draft Agreement between Canada and the EU on the transfer and processing of Passenger Name Record data, Opinion of 26 July 2017, ECLI:EU:C:2017:592.

●コラム||||||||||||||||||||||||||||||||||||||||||||||||||||||||||||||||||||||||||||||||

韓国におけるGPS捜査をめぐる状況

安部祥太

青山学院大学助教

1. はじめに

　韓国では、GPS捜査は法制化されていない。また、実務上も、GPS捜査はほとんど実施されていないという[1]。そのため、GPS捜査の適法性に関する裁判例も存在しない。しかし、捜査機関は、捜査対象者の位置情報をリアルタイムで取得することができる。これは、通信秘密保護法に基づき、裁判所の許可を得た上で「通信事実確認資料」の提供を受けることができるためである。これに対して、学理は、捜査機関がGPS捜査を実施した場合を見据えた議論を展開している。もっとも、その議論の大部分は、Jones判決や日本の議論を紹介したものである[2]。その意味で、韓国におけるGPS捜査の議論は不充分である。他方、韓国法は、近時刑事法分野で注目を集めている。このような理由により、第2部で独立して韓国を取り上げることを諦めつつ、コラムという形で韓国の状況を紹介する。

2. 通信秘密保護法による位置情報取得

(1) 制度の概要

　通信秘密保護法は、「通信と対話の秘密と自由に対する制限について、そ

---

*1　김종구「위치추적장치 (GPS단말기) 를 이용한 수사와 영장주의─미국과 일본의 판례를 중심으로─」비교형사법연구17권4호 (2015년) 106쪽.
*2　United States v. Jones, 565 U.S. 400 (2012).

||||||||||||||||||||||||||||||||||||||||||||||||||||||||||||||||||||||||||||||||||||||||||||||||||||
の対象を限定し、厳格な法的手続を経ることにより、通信秘密を保護し、通信の自由を伸張すること（신장함）」を目的としている。同法13条は、「犯罪捜査のための通信事実確認資料の提供」という見出しであり、「検事又は司法警察官は、捜査又は刑の執行のために必要がある場合、電気通信事業法による電気通信事業者（以下、電気通信事業者という）に、通信事実確認資料の閲覧や提出（以下、通信事実確認資料提供という）を要請することができる。」と規定している（同条1項）。ここでいう「通信事実確認資料」とは、「(a)加入者の電気通信日時、(b)電気通信開始・終了時刻、(c)発着信通信番号等、相手方の加入者番号、(d)使用頻度、(e)コンピュータ通信又はインターネット使用者が電気通信役務を利用した事実に関するコンピュータ通信又はインターネットログ記録資料、(f)情報通信網に接続された情報通信機器の位置を確認することができる発信基地局の位置追跡資料、(g)コンピュータ通信又はインターネット使用者が情報通信網に接続するために使用した情報通信機器の位置を確認することができる接続地の追跡資料」を指す（2条11号）。捜査機関が電気通信事業者に通信事実確認資料の提供を求めるときは、「要請事由、当該加入者との関連性及び必要な資料の範囲を記録した書面」を管轄地方裁判所に提出し、許可を得なければならない（13条2項）。捜査機関が通信事実確認資料の提供を受けたときは、当該資料の提供があった旨など、必要な事項を記載した台帳と、通信事実確認資料提供要請書等の関連資料を、所属機関において保管しておかなければならない（13条5項）。捜査機関は、同法13条の規定によって通信事実確認資料の提供を受けた事件を公訴提起したり、立件しない処分をしたときは、その処分をした日から30日以内に、資料の提供を受けた旨、提供を要請した機関、提供を受けていた期間等を、捜査対象者に対して書面で通知しなければならない（13条の3第1項）。

⑵　運用実態など

　捜査機関は、通信秘密保護法による位置情報取得を積極的に行っている。通信事業者が捜査機関に提供した資料は、2001年は157,162件であったところ、その後増加傾向を見せ、2005年に195,269件、2010年に238,869件となり、2014年は259,184件であった。[*3]

184　第2部　GPS捜査をめぐる諸外国の法制度

この制度に対しては、次の問題が指摘されている。[*4] １つは、同法13条が規定する「捜査又は刑の執行のために必要がある場合」という要件が曖昧であり、捜査機関に濫用され得ることである。もう１つは、裁判所の審査が形式的なものになっていることである。具体的には、2008年から2013年までの間の捜索・押収令状請求に対する棄却率が9.2～14.5％の間で推移しているのに対し、通信事実確認資料提供要請に対する棄却率は4.5～6.9％の間で推移している。

その他の問題として、「裁判所の許可」という司法審査に関する例外規定の存在を指摘することができる。通信秘密保護法は、裁判所の許可を得られない緊急の事由があるときに限り、捜査機関に対し、電気通信事業者への通信事実確認資料の提供を要請した後で、事後的に裁判所の許可を得て電気通信事業者に許可状を送付することを認めている（13条２項但書）。これに対しては、一応の規制がある。捜査機関は、裁判所の許可を事後的に得た場合は、「遅滞なく」電気通信事業者に許可状を送付しなければならない（同但書）。また、事後的に裁判所の許可が得られなかった場合は、捜査機関は、取得した通信事実確認資料を「遅滞なく」廃棄しなければならない（同条３項）。しかし、上記例外は、事実上、「緊急位置情報取得」を認めているに等しい。また、モザイク理論のように、取得した情報それ自体ではなく、取得した情報の総体が描き出す事実によって、捜査対象者の行動・思想その他を把握することができることを危惧すれば、[*5] 裁判所の許可が得られないとして捜査機関が資料を遅滞なく廃棄したとしても、捜査対象者のプライバシー等を明らかにすることはできる。それにも関わらず、通信秘密保護法は、このような事態を回避するための規定を設けていない。

(3) 近時の動向

2014年４月９日、国家人権委員会は、通信秘密保護法と関連して、改善勧告決定を出している。[*6] この決定は、通信事実確認書類から位置情報を除外

년) 403쪽.

＊４　以下の問題点及び関連データは、いずれも権良燮・前掲注3論文403頁以下に依る。

＊５　오길영「통신비밀보호법 개정안 비판」민주법학34호 (2007년) 370쪽.

＊６　국가인권위원회2014.4.9결정「『전기통신사업법』통신자료제공제도와『통신비밀보호법』통신사실확인자료제공제도 개선권고」.

した上で、捜査機関が位置情報を取得するための令状を新たに創設し、嫌疑の相当性、当該事件との関連性、補充性等を追加すべきである旨を勧告している。また、2017年7月13日には、憲法裁判所が、通信事実確認書類による位置情報追跡の違憲性判断と関連して公開弁論を行った。[*7]この審理は、造船所労働者の解雇と関連したデモ行為で起訴された請求人や、国土交通部（日本の国土交通省に相当する）が発表した鉄道事業の民営化反対運動などと関連して起訴された請求人等による憲法訴願を併合審理したものである。請求人側は、通信秘密保護法による位置情報追跡が過度に情報を収集し、私生活の自由、通信の自由、個人情報に関する自己決定権を侵害し、違憲である旨を主張した。これに対して、法務部（日本の法務省に相当する）や警察庁は、裁判所の許可を通じて十分に統制されているとして、合憲である旨を主張した。本稿脱稿時現在、憲法裁判所の判断は示されていない。しかし、国家人権委員会の勧告も踏まえると、今後、通信秘密保護法の改正等が行われることもあり得よう。

3. GPS捜査に関する議論状況

　上述の通り、韓国では、GPS捜査ではなく、通信秘密保護法による通信事実確認資料の提供要請によって、捜査対象者の位置情報取得・追跡を行っている。その一方で、学理は、捜査機関によるGPS捜査の実施を懸念し、GPS捜査が実施された場合に備えた議論を展開している。このような懸念の背景には、2つの理由がある。1つは、通信事実確認資料の提供によって得られる位置情報よりも、GPS装置によって得られる位置情報の方が、精度が高いことである。通信事実確認資料は、携帯電話基地局の分布図によっては、数キロメートルの誤差が生じる。そのため、捜査機関が、より一層正確なGPS装置による位置情報追跡に期待するのは時間の問題であるという。[*8]もう1つは、ある報道が影響していると思われる。2015年7月30日付News Tapaウェブ記事は、次のような捜査実態を報道している。すなわち、国家情報院

＊7　헌법재판소2017.7.13, 2012헌마538변론.

＊8　김종구「GPS추적장치를 이용한 수사의 적법성—미연방대법원 판례의 변천과 관련하여—」숭실대학교 법학논총33집（2015년）185쪽.

へのハッキングと関連した国家保安法違反事件（いわゆる対共捜査）で、韓国の捜査機関が、中国在住の韓国人捜査対象者の車両に、中国人を介して密かにGPS端末を装着し、位置情報を取得し続けたという[*9]。この報道内容は、国内の犯罪と関連したGPS捜査とは、その問題状況が大きく異なる。しかし、韓国の刑訴法学は、このような捜査実務を前提に、GPS捜査が本格的に実施された場合を見据えた議論を始めている。

　もっとも、韓国における議論の大部分は、アメリカ合衆国最高裁のJones判決の評価を巡るものである[*10]。また、日本における議論が紹介されることもある[*11]。いずれにしても、韓国独自の議論というよりは、アメリカや日本から示唆を得た立法論が中心である。その多くは、GPS捜査を強制処分と位置づけ、令状主義によって規制すべきであるとしている[*12]。具体的には、位置情報取得令状を創設し、事件の重大性、位置情報取得の期間・回数の制限、補充性、執行後の捜査対象者への通知などを要件とする必要があるというものである。韓国の現行刑訴法上、捜索・押収令状によるGPS捜査を肯定する見解も示されている[*13]。しかし、GPSによる位置情報取得は「捜索」ではないという理解の方が根強く、現行法によるGPS捜査肯定説は少数と言って良い[*14]（ちなみに、任意捜査説は、筆者が収集した論文を見る限り、探し当てることができなかった）。以上のように、韓国におけるGPS捜査を巡る議論は、未だ発展途上にある。

---

*9　News Tapa2015.7.30「경찰, 불법으로 위치추적... "더 높은 기관도 사용한다"」.

*10　ソウル高等検察庁検事による論稿は、Jones判決を含む合衆国最高裁判例を紹介した上で、韓国において判例が集積されていないことを嘆き、アメリカの判例が韓国の捜査実務を解釈する上で有用である旨を述べている (최창호 「영장 없는 자동차 수색에 관한 연구」 형사법의 신동향44호 (2014년) 291쪽).

*11　最大判平成29年3月15日刑集71巻3号279頁も、憲法裁判所憲法裁判研究院によって既に紹介されている。そのため、同判決の論理や学理の議論を踏まえた議論が今後展開されることが予想される。헌법재판연구원 「영장 없는 GPS수사의 위헌성 (2017.3.15)」 세계헌법재판동향26호 (2017년).

*12　김종구・前掲注1論文108〜109頁。

*13　이윤제 「GPS위치정보와 영장주의」 조선대학교 법학논충20관1호 (2013년) 460쪽.

*14　조기영「최근 주요 쟁점과 관련한 통신비밀보호법 개정방향」형사법연구26권4호(2014년) 132〜133쪽.

4．むすびに代えて

　現時点で、韓国におけるGPS捜査を巡る議論から得られる示唆は少ない。しかし、韓国には、「必要性が高い法律を迅速に制定し、施行し、その後に適切な改正を施していけばよいという柔軟な考え方に基づく立法を許容する社会的背景」がある。[*15] 国民参与裁判や法学専門大学院の導入などは、日本の議論を参照して立法に結びつけた例として良く知られている。前掲2．(3)（近時の動向）で挙げた憲法裁判所公開弁論の結果、通信秘密保護法による位置情報取得に違憲判断が示されれば、加速度的にGPS捜査に関する議論が進み、立法まで実現することも考えられる。GPS捜査と関連しても、韓国刑事法への関心は今後も高まるであろう。

（あべ・しょうた）

---

*15　今井輝幸『韓国の国民参与裁判制度 —— 裁判員裁判に与える示唆 ——』（イウス出版、2010年）3頁。

第3部

ケース研究/GPS捜査と刑事弁護

第1章

最高裁判例と強制処分法定主義、令状主義——1976年と2017年

緑 大輔

一橋大学教授

1. 問題の所在

編者から本稿に与えられた課題は、強制処分法定主義および令状主義に係る「判例の俯瞰」である。

本稿では、警察官の有形力行使の適否について判断した、最高裁昭和51年3月16日第3小法廷決定（刑集30巻2号187頁、以下「昭和51年決定」と呼ぶ）を出発点として設定する。後に見るように、昭和51年決定をめぐる議論が、その後のGPS動静監視に関する議論に大きな影響をもたらしたことは、否めないからである。その上で、自動車に装着したGPSによる動静監視の適否を判断した最高裁平成29年3月15日大法廷判決（刑集71巻3号279頁、以下「平成29年判決」と呼ぶ）に至る経緯を筆者なりの問題意識から俯瞰し、判例上の強制処分法定主義・令状主義に関する理解について、その課題を確認したい（紙幅の都合上、検証概念に関する検討は割愛する）。なお、他の機会にGPS動静監視について触れたところ、筆者は新たな知見を提示するだけの十分な能力を有していないことを、お断りしておかなければならない。

2. 最高裁昭和51年決定と香城敏麿判事

(1) 最高裁昭和51年決定と通説的な読解

昭和51年決定は、酒酔い運転についての呼気検査を求められた被疑者が、取調室から退出しようとした際に、警察官が有形力を行使した事案であった。

事案に直接に関連する説示は、任意処分として有形力行使の限界にあり、当初はそのように認識されていた。このことは、最高裁が「原判決の事実認定のもとにおいて法律上問題となるのは、出入口の方へ向つた被告人の左斜め前に立ち、両手でその左手首を掴んだ加藤巡査の行為が、任意捜査において許容されるものかどうか」だと説示していることからも読み取れる（傍点は引用者による）。

しかし、昭和51年決定の説示内容は、任意捜査の限界のみならず、刑事訴訟法197条1項ただし書の「強制の処分」の意義を説示したものとして解釈が施されてきた。すなわち、「ここにいう強制手段とは、有形力の行使を伴う手段を意味するものではなく、個人の意思を制圧し、身体、住居、財産等に制約を加えて強制的に捜査目的を実現する行為など、特別の根拠規定がなければ許容することが相当でない手段を意味する」との説示である。

周知のように、昭和51年決定の説示の中でも特に注目を集めたのは、「個人の意思を制圧し、身体、住居、財産等に制約を加えて強制的に捜査目的を実現する行為」という部分である。この「身体、住居、財産等に制約を加えて強制的に捜査目的を実現する行為」の意義を「重要な権利・利益を実質的に侵害・制約する処分」だと捉える見解が、通説的な理解として定着するに至る。「個人の意思」の「制圧」という要素については議論があったが、当該処分について相手方の承諾がない場合に、当該処分が相手方の意思に反している場合を意味すると主張された[*1]。なぜ、強制処分として法定が求められる範囲が「重要な権利・利益を実質的に侵害・制約する処分」なのかについては、令状主義の採用を典型例として、刑事訴訟法が現に定めている強制処分が法定している要件・手続がかなり厳格であるところ、そのような規律の厳格さに見合う保護の範囲が「重要な権利・利益を実質的に侵害・制約する処分」だとされている[*2]。

ここでは、強制処分概念が、本来は論理必然的ではないものの、令状主義と近い関係に置かれているように理解できる。重要な権利・利益を実質的に侵害・制約する処分である場合には、「令状主義等の厳格な手続」による法的規律が必要だから、強制処分に該当すると解するべきだ——という論理を採用していることから読み取れるように、例示とはいえ、令状主義が法律に

---

*1 井上正仁『強制捜査と任意捜査〔新版〕』（有斐閣、2014年）2頁以下、7-12頁。
*2 大澤裕「強制捜査と任意捜査」法学教室439号（2017年）58頁以下、64頁等参照。

よって設けられるべき厳格な手続だと考えられており、これが通説的な理解において強制処分法定主義と令状主義が関連づけて意識される、一因だといえよう。令状主義は、事前の司法審査により不必要な権利侵害を予防し、あるいは執行の現場における過剰な権利侵害を防ぐなど、正当な範囲での権利・利益の制約しか行われないよう捜査機関の活動を限界づける。この点で、権利・侵害の程度を関心事とする通説的な強制処分理解と親和性があったことが、強制処分法定主義と令状主義との関連づけを支えているものと思われる。[*3]以上のことが、強制処分の規律手段といえば、まずは令状主義が念頭に置かれて議論されてきたことの背景だともいえよう。[*4]

(2)　香城敏麿判事の理解

　もっとも、昭和51年決定について、強制手段に関する説示に至る部分を読むと、「捜査において強制手段を用いることは、法律の根拠規定がある場合に限り許容される」とする文脈で語られており、「強制手段でなければ、法律の根拠規定はいらない」とは語られていなかった。

　実際、この判例の担当調査官だった香城敏麿判事は、次のように解説していたことは確認されるべきであろう。すなわち、「強制の処分」とは、「概括的には、特別の根拠規定（場合によっては令状）がなければおよそ許されないような捜査方法、つまりは抽象的な捜査根拠規定に基づいては捜査の必要性などの具体的状況がどうであっても許されない捜査方法であって、内容からいうと、個人の意思を制圧して、一般には個人の身体、財産等に対する違法な侵害とされる行為を強制的に実現する捜査方法であるといってよいであろう」と。[*5]ここで注目すべきは、「特別の根拠規定がなければおよそ許されないような捜査手法」との部分が、強制処分の意義として中核的な役割を担わされている点である。そうすると、「特別な根拠規定」が必要な処分、換言すると「個別具体的な法律の根拠規定が必要な処分」とは何かという問いが当然に生じる。これに対して、香城判事は「一般には個人の身体、財産等

＊3　これに対して、強制処分法定主義と令状主義のつながりが、捜査活動の最適化に対して支障となることを主張するものとして、稲谷龍彦『刑事手続におけるプライバシーの保護――熟議による適正手続の実現を目指して』（弘文堂、2017年）68頁以下参照。
＊4　憲法33条・35条は令状主義の保障を定めているが、強制処分と結びつけて定められているわけではない。なお、憲法上は、「逮捕」「抑留」「拘禁」「捜索」「押収」が令状主義の規律対象として挙げられている。
＊5　香城敏麿「判解」最高裁判所判例解説刑事篇昭和51年度（法曹会）64頁以下、72頁。

に対する違法な侵害とされる行為を強制的に実現する捜査方法」だとしている。ここでは、個別具体的な法律の根拠規定が必要な処分の一例として、個人の身体、財産等に対する侵害行為が挙げられていたと読むこともできる。ここでは、必ずしも権利・利益の侵害の程度が中核的な指標とされているわけではない。[*6]

立法府が定める個別具体的な法律の根拠規定が必要な領域に関して、香城判事は、もともと、権利侵害を伴う場合にこだわって理解してはいなかった。日本とアメリカを比較する文脈で、香城判事は、裁判所が定立する法原則には、①権利内容（保護手段・救済手段を含む）を明らかにする法原則、②（当該個別事件において）権利侵害を救済するための手段についての法原則、③（当該個別事件において）権利侵害を事前に防止するための法原則、④将来の権利侵害を予防するための法原則がありうるという。このうち、上記②～④、特に上記③④は「立法的色彩」が強いと指摘する。[*7] その上で、「大陸法においては解釈によりこれを定立することに慎重」であるところ、アメリカ連邦最高裁はミランダ原則や違法収集証拠排除法則を通じて、③④について、裁判所が法原則を定立している点で相違があるとした上で、日本は「単一の裁判制度、検察制度、警察制度を備え、国家機関の廉潔性に対する信頼度が高く、かつ国家機関による内部的コントロールの可能性が大きい国家」であるが、アメリカは「連邦と州の二元国家であり、法制度も複雑であり、人種問題など困難な問題をかかえる」ため、「統一的な権利を実現させるためにドラスティックな手段を採用する傾向が強くなる」と指摘する。それゆえ、日本では、アメリカのように③④についても裁判所が法原則を定立するという姿勢を機械的に導入するわけにはいかないと主張していた。[*8]

日本とアメリカの相違点について、香城判事の認識が妥当か否かについては、議論の余地があるかも知れないが、それはひとまず措いておく。香城判事が裁判所による法原則の定立について積極的な姿勢を示した事項のうち、③当該事件における権利侵害の事前防止について、立法によって当該事案限

---

*6　笹倉宏紀ほか「小特集／強制・任意・プライヴァシー[続]」法律時報90巻１号（2017年）54頁以下、61頁〔笹倉宏紀発言〕は、「担当調査官であった香城敏麿判事も権利論で説明しているわけではありません」と指摘するとともに、昭和51年決定も意思の制圧に至っているか否かに着目していて権利論に親和的な判断をしていたわけではなかったとしている。

*7　香城敏麿「刑事裁判と英米法」ジュリスト600号（1975年）332頁以下、337-338頁（同『刑事訴訟法の構造』成文堂、2005年）63頁以下所収）。

*8　香城・同前338-339頁。

りで対応することを想定していたとは考えにくい。そうすると、実質的には、④将来の一般的な権利侵害予防にかかる制度は、それが法原則の定立にかかわるものであれば、香城理論においては基本的に立法事項とすべきだと考える余地があるといえよう。もっとも、これが昭和51年決定にいう「強制手段」に包含されるものだったのか否かは、香城判事が公刊した論稿からは必ずしも明確に断定はできないというべきかもしれない。[*10]

　つまるところ、香城理論は、①個別具体的な法律の根拠規定が必要な処分の例の1つとして、「個人の身体、財産等に対する違法な侵害とされる行為を強制的に実現する捜査方法」を挙げたにとどまる可能性があること、②少なくとも香城判事自身は、（強制処分に包含されるか否かはともかく）将来の一般的な権利侵害予防にかかる制度は立法府による対応が望ましいと考えていた可能性があることを、それぞれ確認できる。しかし、昭和51年決定はその焦点が任意捜査の限界に当てられていたためか、香城判事による同決定の解説は立法府による対応が求められる範囲に曖昧さが残った。

　その後、最高裁は検証令状による電話の傍受は「通信の秘密を侵害し、ひいては、個人のプライバシーを侵害する強制処分」[*11]、宅配便小包に対するエックス線検査は「プライバシー等を大きく侵害するもの」だとそれぞれ説示して強制処分性を肯定するなど、[*12]権利・利益に対する実質的な侵害・制約の程度を測定して判断した。通説的な理解が、最高裁に対して大きく影響

---

*9　当該事件における権利侵害の事前防止、将来の一般的な権利侵害予防が、捜査機関の権限の濫用と同義であるとすれば、これは稲谷龍彦の見解がいうところのエージェンシー問題を、香城判事は原則として立法で対応すべきだと考えていたと評することも可能である。稲谷説は、昭和51年決定が強制手段の意義にかかわって説示した「特別の根拠規定がなければ許容することが相当でない手段」との表現に、捜査機関の権限濫用への対応を読み取っている。稲谷・前掲注3書280頁以下参照。なお、稲谷説は実体的な権利・利益の保護の観点から刑訴法の強制処分概念等を分析することを批判し、国民の利益の最大化の観点から立法府が捜査手段にかかる制度設計を行うべきだと主張している文脈である点には、注意を要する。また、香城判事の理解も、形式論理に基づいて概念整理をする一方で、その実践的な意義が明確ではないきらいがあるため、香城判事の理論枠組みが刑事司法に係る法令の在り方について、ここで紹介した理解が適用されるのかは必ずしも明瞭ではない点には注意を要する。

*10　緑大輔「GPS装置による動静監視の理論問題」季刊刑事弁護89号（2017年）92頁以下、94頁は、香城判事が強制処分について、以上の問題意識から、強制処分の意義が重要な権利・利益の制約を伴う場合よりも広く解されていた可能性を指摘した。しかし、より正確には、個別具体的な法律の根拠を要する範囲を広くとらえていた可能性があるとすべきであった。上記拙稿の該当部分について、説明を改めたい。

*11　最決平成11年12月16日刑集53巻9号1327頁。

*12　最決昭和21年9月28日刑集63巻7号868頁。

したものということができよう。通説的な理解が現在のように定着した背景
には、第1に、「強制」という語に文理上も適合的な意味を有していたこと
が考えられる。法的義務の賦課を強制ととらえていたかつての理解と対比し
ても、法的義務の賦課の実質として権利・利益の実質的な侵害・制約を伴う
場面が多いことを考えると、従来の理解の延長線上でとらえやすかった側面
もあるだろう。第2に、権利・利益以外で、個別具体的な法定の必要性を測
定する指標が具体的に想定しにくかったことが挙げられる。例えば、香城判
事の手による昭和51年決定の解説は、「一般には個人の身体、財産等に対す
る違法な侵害とされる行為を強制的に実現する捜査方法」を個別具体的な法
定を要する処分だとしたが、「一般」以外の例は示されていない。ただ上述
したように、香城判事は強制処分法定主義の文脈から離れて、英米法と日本
法を対比する文脈においては、将来の権利侵害のおそれが想定される場合等
も、予防的な法制度を裁判所が法原則を定立して対応することは望ましくな
いことを主張はしていた。それにもかかわらず、強制処分法定主義の文脈で
は、「権利・利益の実質的な侵害・制約」の程度以外の要素を適示すること
はなかった。このようなことが、権利・利益の侵害・制約以外の要素につい
て立法事項だととらえる議論を、生み出しにくくしたといえよう。[*13]

3. 最高裁平成29年判決と法定の範囲

(1) 最高裁平成29年判決と強制処分の意義

　以上のような流れの中で、通説的な理解を基礎として昭和51年決定の読解
をすることは、実務家にとって所与の前提となるのが自然であっただろう。
そうすると、自動車にGPS端末を装着して行うGPS動静監視の場合も、重要
な権利・利益の実質的な侵害・制約を伴う処分であることが認定できなけれ
ば、強制処分にはあたらないことになる。そのため、最高裁平成29年判決に
至るまで、GPS端末の利用が争われた各事件の下級審において、被告人・弁
護人は、対象者が乗る自動車へのGPS端末の装着が重要な権利・利益の実質
的な侵害・制約にあたることを主張の基調とした。下級審の各裁判例も、そ
の結論は分かれたものの、重要な権利・利益の実質的な侵害・制約にあたる

---

*13　もちろん、通説的な理解と比べて、強制処分の意義を広くとらえる見解も主張された。し
　　かし、いずれも権利・利益の範囲をどのように設定するかに着目する点では、共通していた。

か否かを意識しつつ判断してきたものと思われる。[*14]

　平成29年判決[*15]は、昭和51年決定を参照しつつ、通説的な理解を採用することを、より明瞭に表現したといえる[*16]。権利・利益の実質的な侵害・制約を指標として強制処分性を判断する枠組みの到達点の１つといえるかも知れない。

　最高裁によれば、GPS捜査は「対象車両の時々刻々の位置情報を検索し、把握すべく行われるものであるが、その性質上、公道上のもののみならず、個人のプライバシーが強く保護されるべき場所や空間に関わるものも含めて、対象車両及びその使用者の所在と移動状況を逐一把握することを可能にする。このような捜査手法は、個人の行動を継続的、網羅的に把握することを必然的に伴うから、個人のプライバシーを侵害し得るものであり、また、そのような侵害を可能とする機器を個人の所持品に秘かに装着することによって行う点において、公道上の所在を肉眼で把握したりカメラで撮影したりするような手法とは異なり、公権力による私的領域への侵入を伴うものというべき」だという。その上で、憲法35条の保障対象である「住居、書類及び所持品」に準ずる私的領域に「侵入」されることのない権利が含まれると説示し、「個人のプライバシーの侵害を可能とする機器をその所持品に秘かに装着することによって、合理的に推認される個人の意思に反してその私的領域に侵入する捜査手法であるGPS捜査は、個人の意思を制圧して憲法の保障する重要な法的利益を侵害するものとして、刑訴法上、特別の根拠規定がなければ許容されない強制の処分に当たる」と判断した。

　上記の説示において最高裁が触れている、(a)車両へのGPS端末の装着行為、(b)個人の行動を継続的・網羅的に把握することを伴う点、(c)プライバシーの保護の必要性の高い私的空間から位置情報を取得する可能性がある点のうち、いずれが被制約利益の中核をなしているのかについては、明確とは言い難い。

＊14　各事件については、本書第３部において展開される各弁護士による論稿を参照。

＊15　事案の詳細は、本書第３部の亀石倫子論文参照。

＊16　この点では、GPS動静監視についての筆者の理解とは異なるものであった。筆者は、位置情報の取得時以上に、利用時こそがGPS動静監視において制御されるべきポイントであり、GPS動静監視によって収集された位置情報が、対象者の統制の及ばないところで捜査機関に濫用的に利用され、その結果として人々に委縮的な効果が生じるため、立法が必要であるという理解である。従前の強制処分概念が情報の取得時の権利・利益の侵害・制約の大きさを測定して、取得時の法的統制を求める発想であることから、強制処分概念ではこの問題をうまく捉えて解決できないのではないか、という問題意識を有している。笹倉ほか・前掲注６小特集58頁以下。

プライバシーの保護の必要性が強い領域からの位置情報を取得する点に被制約利益の中核があり、GPS端末の装着行為はプライバシー侵害の危険の発生を伴うため、装着段階から強制処分に該当するとする見解が主張されている[17]。他方で、平成29年判決の担当調査官の解説は、位置情報の取得を可能にする端末の装着を伴う点を平成29年判決が考慮している点をとらえて、装着行為を伴わないような、携帯電話等の位置情報の取得については平成29年判決の射程外だと説明する一方で、装着行為を伴わないドローン等による追跡ないし継続的な撮影行為について、「強制の処分というべきかどうかについては、本判決の射程外」だとしている[18]。このように、装着にも一定の意義を見出す説明がなされており[19]、最高裁が何を重要な権利・利益の実質的な侵害・制約としてとらえているのかは、上記説示から一義的に読み取ることは難しい[20]。

ただ、少なくともその判断枠組みを見るに、重要な権利・利益の実質的な侵害・制約と評価される際には、「憲法の保障する重要な法的利益」といえるか否かも意味を持つことが、平成29年判決によって確認できたといえる。しかも、GPS動静監視について、現実に捜査機関がどの対象者からどの程度の位置情報を現実に取得したか、あるいは現実にプライバシーの保護の必要性が強い空間からの位置情報を取得したか否かは、強制処分性を判断するに際して、個別具体的には考慮されていない。「憲法の保障する重要な法的利益」か否かの判断は、類型的にどのような態様の捜査手段かという観点から行われている点は、意識されるべきであろう。

また、「憲法の保障する重要な法的利益」に着目した点については、裁判所が立法の不作為に対して、どのような場合に是正を求められるかという問題にかかわって意味がある。平成29年判決の事案のように、GPS動静監視について明文規定が存在せず、かつ司法府が個別具体的な法律の根拠規定が必

＊17　井上正仁「GPS捜査」同ほか編『刑事訴訟法判例百選〔第10版〕』（有斐閣、2017年）64頁以下、67頁。これに対して、プロパティに対する侵害として最高裁の説示の各要素を統合的に説明しようとするものとして、松田岳士「判批」季刊刑事弁護91号（2017年）101-103頁参照。

＊18　伊藤雅人・石田寿一「判解」ジュリスト1507号（2017年）106頁以下、111頁。

＊19　井上・前掲注17論文67頁は、装着行為について、GPS端末の装着によって必然的に位置情報の取得が可能になる点で、強いプライバシー侵害の危険が発生するため、強制処分性の判断に際して考慮されたと指摘している。

＊20　詳細は、堀江慎司「GPS捜査に関する最高裁大法廷判決についての覚書」論究ジュリスト22号（2017年）138頁以下。

要だと考える場合、司法府による強制処分法定主義違反の宣言は、実質的には立法府の立法不作為を問責し、立法を義務づけようとしている側面がある。そうだとすれば、「憲法の保障する重要な法的利益」に対する侵害を伴っている場合には、裁判所は国会に対して立法を求める正統性が認められるという論理を示したものと評価できよう[21]。もっとも、強制処分法定主義の下で通説的な理解を維持しつつ、「強制処分でなければ、個別具体的な法的規定までは必要ない」という理解を採用するならば、自動車への装着を伴うか否かに限らず、GPS動静監視など自己情報のコントロールという意味におけるプライバシーが問題になる場面において、「憲法の保障する重要な法的利益」であるか否かが主戦場となりつづけることになろう。この結果として、平成29年判決の下では、GPS動静監視の態様次第では、立法による統制までは要さないとする場面が生じる可能性もある[22]。平成29年判決は、会話当事者の承諾のない通信の傍受を刑訴法上の「検証」によって許容した最高裁平成11年決定と比べて、後述するようにGPS動静監視に関する立法的な措置を求めた点において、確かに強制処分法定主義を「復権」させる色彩を有するかもしれない[23]。しかし他方で、個別具体的な手続規定の要否が「憲法の保障する重要な法的利益」か否かに左右されるとすれば、最高裁が今後、GPS動静監視を含むプライバシーの法的保護との関係で個別具体的な法規定の制定を十全に要求するか否かは、なお未知数とすべき面があることには注意が必要であろう。

(2) 強制処分法定主義と法律の留保

他方で、強制処分に関する通説的な理解とは別に、法律の留保の観点からは、「憲法の保障する重要な法的利益」を侵害しているとはいえない場合でも、捜査機関による権限濫用や、それによって人々に委縮的な効果が生じる場合

---

*21 「憲法の保障する重要な法的利益」にあたるか否かが議論されなければならなくなると指摘する例として、笹倉ほか・前掲注6小特集61頁〔山本龍彦発言〕。

*22 井上・前掲注17論文69頁は、平成29年判決からの暫定的推論としつつ、プライバシーの保護の必要性が強くない領域のみから位置情報を取得するような態様であれば、強制処分には当たらないことなどを指摘する。

*23 後藤昭「法定主義の復権?——最大判平成29年3月15日を読み解く」法律時報89巻6号（2017年）4頁以下。

にも、立法が必要だと考える余地もあろう。[*24]

　先に見たように、香城判事の考え方は、将来の権利侵害を予防する法原則は、立法的色彩が強く、立法によって制度が設計されることが望ましいとする理解であった。このように、立法によって解決される領域が、刑事訴訟法197条1項ただし書の「強制の処分」に限られないのだとすれば、GPS動静監視の中で「憲法の保障する重要な法的利益」には包含されない態様のものについても、立法によって制度を構築すべき場合があると考えられよう。ドイツ法の影響を受けて形成されてきた、公法領域の法律の留保に関する議論には、なお多様なものがあるが、いわゆる本質性理論や重要事項留保説に依拠した上で、これは刑事司法の領域においても同様に及ぶと解するならば、[*25]重要な権利・利益の実質的な侵害・制約を伴う場面に限られないことになる。[*26]

　このように捜査法領域においても、法律の留保の観点から、個別具体的な法定が求められる事項が設定されうるとすれば、次のような対応が可能となる。第1に、捜査活動において情報の取得時のみに法定の主眼が置かれてきたが、情報の利用時を視野に入れて制度設計を行うことを期待しうる。プライバシーの適切な保護と制約を考える場合には、利用時こそが重要な問題になりうる以上、このような枠組みは有用であろう。情報利用時の制御が十全に行われる場合には、情報取得時の権利・利益の実質的な侵害・制約の程度を測定する強制処分概念に、情報利用時の濫用のおそれを組み込んで強制処分性を判定するという理論的な混乱も回避しうる。第2に、法律の留保の下で、必ずしも刑事訴訟法のみによる捜査手法の規制に限らず、種々の統制規範を柔軟に組み合わせて、当該捜査手法を制御することが可能になりうる。第3に、任意処分でも個別具体的な法規定が設けられている、警察官職務執

---

*24　法律の留保と強制処分法定主義の関係を検討する者として、山田哲史「GPS捜査と憲法」法学セミナー752号（2017年）28頁以下、29-30頁、同「強制処分法定主義の憲法的意義」公法研究77号（2015年）229頁以下参照。

*25　本質性理論を強制処分法定主義に取り込むことを主張するものとして、斎藤司「強制処分概念と任意捜査の限界に関する再検討」川崎英明ほか編『刑事訴訟法理論の探究』（日本評論社、2015年）19頁以下。

*26　立法における比例原則が、公法・刑事手続法の双方において貫徹されるのだとすれば、権利・利益の保護や権限濫用の防止などの目的の重要性に見合った手段が法的に設定されるべきことになり、そこでは公法・刑事法に相違は生じないことになるはずである。笹倉ほか・前掲注6小特集75頁〔笹倉宏紀発言〕。なお、緑大輔『刑事訴訟法入門〔第2版〕』（日本評論社、2017年）37-38頁も参照。

行法等の法令と均衡がとれて、規律の密度が適切なものとなりうる。[*27]

　以上のように解する場合には、強制処分法定主義の趣旨として従前から主張されてきた、「民主主義的なコントロール」という意義が、実質的には法律の留保と一致していくことになり、強制処分法定主義には法律の留保とは異なる独自の意義がなくなっていくように思えるかも知れない。しかし、197条1項は、強制処分について、「この法律」つまり刑事訴訟法に定めるよう求めている。通説的な理解の下で、重要な権利・利益の実質的な侵害・制約を伴うと判定された処分は、「強制の処分」として特に刑事手続の基本法典である刑事訴訟法においてカタログ化される。強制処分法定主義は、このようなカタログ機能を果たすものとして、法律の留保とは異なる独自の意義を有し続けることは可能だろう。[*28]

4．GPS動静監視と強制処分法定主義・令状主義の課題

　平成29年判決は、自動車に装着して行われるGPS動静監視について、憲法35条の保障対象だと説示することによって、令状主義によって規律することを前提とした。さらに、「刑訴法の諸原則に適合する立法的な措置が講じられることが望ましい」と説示した。

　令状主義は、低コストになっているGPS動静監視のような監視型捜査に対して、令状審査に耐えうる疎明資料を求めて人為的にコストを引き上げるとともに、（立法により）令状に記載される監視期間の上限を設定することによって、捜査機関による監視型捜査の濫用を防ぐ機能を期待しうるかもしれない。

　しかし、立法によるとしても、令状審査がGPS動静監視において十全に機能するか否かは、疑問とする余地がある。[*29] 位置情報のように微細な位置情報を蓄積していく捜査手法の場合、対象者のプライバシーは「鈍痛」として

---

*27　以上について、山田・前掲注24論文のほか、笹倉宏紀「捜査法の思考と情報プライヴァシー権」法律時報87巻5号（2015年）70頁以下、笹倉ほか・前掲注6小特集75頁以下〔笹倉宏紀・山田哲史各発言〕参照。

*28　強制処分法定主義に、カタログとしての意義を見出すものとして、緑・前掲注26書43頁以下。法律の留保と強制処分法定主義の意義の相違として、カタログ機能を見出しうることを指摘するものとして、笹倉ほか・前掲注6小特集〔山田哲史・山本龍彦発言〕参照。

*29　以下の記述は、緑大輔「監視型捜査」法学教室446号（2017年）24頁以下に基づく。参考文献を含めて参照を乞う。

侵害・制約されていく。このような「鈍痛」を令状審査の際に裁判官は充分に考慮できるのか（通常の捜索差押え以上に、安易に令状を発付することにつながらないか）。

　また、GPS動静監視の場合には、一般的には被疑事実と関連性のない行動も行われる以上、被疑事実と関連性を欠く位置情報も混入しうる。捜索においても、差押え対象物を発見するまでの過程で被疑事実と関連性のない情報を捜査機関は取得しうる点では、この問題は共通するが、GPS動静監視の実施可能期間が長く設定されると、捜索以上にこの問題が深刻化する可能性がある。では、通信傍受の場合のように、被疑事実と関連性を有する会話か否かを分別するための傍受（スポット・モニタリング）を行ったうえで、被疑事実に関連する会話のときだけ本格的に傍受するという制度を、GPS動静監視においても用いる選択肢はあるか。おそらく、犯罪行為や逃走行為を同時的に監視する場合は別論、そうではない場合は、事後的に位置情報全体を分析して、犯罪に関連する位置情報を浮上させるという手法をとらざるを得ない。そうだとすれば、被疑事実と関連性のない位置情報を含めて、全位置情報を見なければ、被疑事実と関連性を有する位置情報を見つけ出すことは難しいのではないか。

　平成29年判決は、さらに、「第三者の立会い」や「事後の通知」を公正性を担保する手段として触れている。まず、第三者の立会いについては、捜査機関以外の第三者が実効的に位置情報が被疑事実との関連性を分別することまでは期待できまい。そうである以上、令状呈示の代替として、完全に暗黙裡にGPS動静監視が行われることを回避するとともに、第三者の立会いを以て捜査機関がGPS動静監視を行うコストを人為的に引き上げようとするものだと理解できる。この場合、通信傍受法の改正の理由となったところでもあるが、第三者の負担が課題となるであろう。

　GPS動静監視の事後に行われる通知についても、完全に暗黙裡にGPS動静監視が行われることを回避する面があろう。それに加えて、通知がなされれば被処分者は自らが捜査対象であり、発見・探知されていることに気づくことになるため、告知以後、監視型捜査は機能しなくなる。この点で、GPS動静監視の濫用を防ぐ、いわば補充性を支える仕組みとなる。告知が早期に行われるほど、被処分者の利益にはなるが、捜査に対する制約となる。特に、監視型捜査が被疑者を絞り込むために捜査の初期に行われるのだとすれば、早期の告知は捜査機関にとっては大きな制約として受け止められる可能性が

高い。他方で、告知が遅く行われる場合には、その逆の現象が生じ、被処分者にとっての不利益や捜査機関による濫用をもたらす危険性が高まる。この点で、事後的な通知を制度化する場合には、その時期設定が問題となるだろう。[30]

5. おわりに

以上、本稿は不十分ながら、強制処分法定主義と令状主義にかかわって、判例を読み、どのような課題があるかを確認した。プライバシーの保護の在り方については、各法分野において課題となりつつあるが、GPS動静監視に関する平成29年判決も、解決の一端と新たな課題を示した。その課題とは、「どのような場合が強制処分にあたるか」にとどまらず、本稿で確認したように、強制処分法定主義の意義や令状主義の意義そのものを問い直す契機となるものだというのが、筆者の差し当たっての結論である。[31]

（みどり・だいすけ）

---

*30 本稿で直接に引いたもののほか、平成29年判決について論じるものとして、笹田栄司「判批」法学教室442号（2017年）123頁、山本龍彦「GPS捜査違憲判決というアポリア？」論究ジュリスト22号（2017年）148頁以下、池田公博「車両位置情報の把握に向けたGPS端末装着の強制処分該当性（最高裁平成29年5月15日大法廷判決）」法学教室444号（2017年）72頁以下、尾崎愛美「GPS捜査の適法性に関する最高裁大法廷判決を受けて（上）（下）」捜査研究66巻6号（2017年）43頁以下・同8号（2017年）2頁以下、斎藤司「GPS捜査大法廷判決の論理とその影響」自由と正義68巻10号（2017年）15頁以下、中島宏「GPS捜査最高裁判決の意義と射程」法学セミナー752号（2017年）10頁以下等。

*31 以上の諸点については、比較法的知見が、今後、より一層重要な意味を持つであろう。本書第2部の各論稿参照。

第2章

【ケース1】最大判平29・3・15刑集71巻3号13頁

GPS捜査を違法と認定し、立法措置を求める判断

亀石　倫子

弁護士

1．はじめに

　「僕の車に警察がGPSをつけていた」「そんなことが許されるのか」。2013年12月、被疑者と初めての接見をした際、こう訴えられた。警察が令状を取得せずに被疑者の車両にGPSを取り付けて、居場所を把握する——。このような捜査（以下「GPS捜査」という。）が行われていたことを、私は当時知らなかった。持ち帰って調査したところ、国内ではGPS捜査の適法性に関する裁判例はなかったが、2012年に連邦最高裁が令状なしでGPSを使用して得られた証拠を許容することは合衆国憲法修正14条に反すると判断していることがわかった。アメリカの判決に関する論評等、GPS捜査の適法性に関する国内の論文がいくつかあったが、その法的性質については、任意処分とするものと強制処分とするものとに分かれていた。

　GPS捜査は任意処分か強制処分か——。GPSを利用すれば、今どこにいるかという一時的な位置情報にとどまらず、対象者の行動を常時監視することができる。自分の行動を常に他人に把握されても構わないと考える人などいない。GPS捜査は対象者のプライバシーを侵害する強制処分だと主張することに、十分根拠があると思った。

　それと同時に、GPS捜査の違法性を争うことになれば、整理手続の長期化は避けられず、被疑者の身体拘束の長期化が予想された。理論武装と充実し

＊1　United States v. Jones、132 S. Ct. 945（2012）.

た立証のために弁護団体制を整え、研究者の協力を求めることが不可欠になるだろう。他方で、仮に本件GPS捜査が違法であると判断されたとしても、それが量刑に影響しない可能性もある。

それでもGPS捜査の違法性を争うか――。被疑者に判断を委ねたところ、被疑者は、さまざまなリスクを承知の上で、それでも無令状のGPS捜査が許されるのか否かについて裁判所の判断を仰ぎたいと言った。過去にもGPS捜査が行われた事案はいくらでもあったに違いないが、その違法性が争われることがなかったのは、争うことによる被疑者・被告人の負担が大きすぎるからだろう。被疑者が争うと決断したことの意義は大きい。私は弁護人として、責任を全うすることを誓った。

2. 事案の概要

本件は、2012年から2013年にかけて、主犯格である被疑者（起訴後は「被告人」と呼ぶ）と共犯者3名が深夜の時間帯に盗難車両と盗難ナンバープレートを使用して、高速で移動しながら店舗荒らしを繰り返した一連の窃盗事件である。大阪府警は捜査の過程で、約7か月にわたって、被疑者らの使用車両計19台にGPS端末を取り付け、位置情報を取得しながら監視・追尾するなどした。本件の捜査に利用されたGPS端末は、大阪府警の警察官がセコム株式会社（以下「セコム」という）との間で、個人名義で利用契約をしたものだった。

本件捜査は、警察庁が2006年6月30日に各都道府県警察長宛に発した「移動追跡装置運用要領の制定について」と題する通達（以下「本件通達」という。）に基づいて行われていた。本件通達は、捜査対象車両等にGPS端末を取り付けて当該車両等の位置情報を取得する捜査を「任意捜査」であるとし、「使用要件」として、一定の犯罪の捜査を行うにあたって「犯罪の嫌疑、危険性の高さなどにかんがみ速やかに被疑者を検挙することが求められる場合であって、他の捜査によっては対象の追跡を行うことが困難であるなど捜査上特に必要がある」場合にはGPS端末を用いることができるとしていた。そして、対象となる犯罪のひとつに「連続して発生した窃盗の犯罪」を挙げ、「犯罪を構成するような行為を伴うことなく」被疑者の使用車両等にGPS端末を取り付けることができるとしていた。

本件通達に基づいて、本件の捜査員らは令状を取得することなく被疑者ら

の車両にGPS端末を取り付け、その際に私有地に立ち入る必要がある場合でも令状を取得していなかった。また当然のことながら、車両の所有者や使用者からGPS端末を取り付けることについての同意を得ていなかった。GPS端末を取り付けられた車両のなかには、被疑者の交際相手の女性が使用する車両も含まれていた（被疑者は当該車両の助手席に一度乗車したことがあるだけだった）。

2013年8月、捜査員らは被疑者らが犯行に使用する可能性が高いと考えた盗難車両にGPS端末を取り付け、当該車両が動き始めるとGPSの位置情報を取得しながら4台の捜査車両で13時間にわたって追尾し続け、被疑者らによる窃盗事件を現認した。被疑者ら3名は、このときの窃盗事件で同年12月に逮捕され、共犯者のうち1名は、遅れて逮捕された。

最初に逮捕された3名の事件は大阪地方裁判所第7刑事部に係属し、遅れて逮捕された1名の事件は同裁判所第9刑事部に係属した。検察官は、捜査員らが犯行を現認した状況を記載した捜査報告書等を証拠請求した。

第7刑事部に係属した被告人と、第9刑事部に係属した共犯者は、違法捜査が行われた旨の主張をして、それぞれ整理手続に付された（他の共犯者2名はGPS捜査の違法性を争わなかった）。

3．証拠の収集と弁護側立証

被告人の起訴後に開示された検察官の請求証拠のなかに、捜査員らが捜査車両4台で13時間にわたって被告人らの犯行車両を追尾し続け、被告人らによる犯行を現認した状況を記載した捜査報告書があった。報告書にはGPS端末を利用したことを伺わせる記載は一切なかったが、これほど長時間にわたって被告人らを追尾することは、GPSを利用しなければ不可能だった。なぜなら、被告人らは犯行に及ぶ際、高速道路を150キロ以上のスピードで走行し、ETCレーンを突破するなどしていたからである。13時間にもわたって一度も見失うことなく追尾できるはずがなかった。

本件は整理手続に付されたが、本件の捜査でGPSが利用されたことを裏付ける物証がなかったことから、整理手続が始まってからしばらくの間は類型証拠開示請求を繰り返し、GPS捜査に関する何らかの手がかりを得ようと試みた。

しかし、開示された類型証拠（捜査員が犯行車両を追尾しながらハンディ

ビデオカメラで録画した動画を含む）のどこにも、GPSを利用したことを伺わせるものはなかった。

　のちに本件通達の存在が明らかとなり、「移動追跡装置を使用した捜査の具体的な実施状況等については、文書管理等を含め保秘を徹底するもの」と定められていることが判明した。本件の捜査に従事した警察官は、本件通達に従い、本件のGPS捜査に際して作成したメモや記録はすべて廃棄したことを公判廷で証言した。類型証拠開示請求で何も手がかりを得られなかったのも当然である。

　そこで、主張関連証拠開示請求に切り替えることとし、最初の予定主張記載書面を提出した。本件の捜査でGPSを利用されていたこと、GPS捜査はプライバシーを侵害する強制処分であり、令状を取得せずに行われた本件のGPS捜査は違法であることを記載した。GPS捜査を行ったこと自体を否定される可能性もあると考えていたので、賭けだった。予定主張には、被告人がGPS端末を発見したときの状況（経緯、時期、場所、取り付けられていた位置、取り付け方、GPS端末の状態、形状等）を具体的かつ詳細に記載した。

　検察官は、本件の捜査の過程で被告人らの車両にGPS端末を取り付けたことを認め、GPS捜査は任意捜査であり、本件GPS捜査は適法であるとの証明予定事実記載書を提出した。わが国で初めてGPS捜査の適法性に関する判断が示される重要な裁判になる、と思った（実際には、共犯者の事件が係属した大阪地裁第9刑事部で先に判断がなされることになった）。

　この段階で6名の弁護団となり、数か月にわたって主張関連証拠開示請求と求釈明を繰り返した。本件通達やそれに基づいて作成された大阪府警の内部資料（事前承認やGPS端末の貸し出し・返却等に関するもの。なお日々の運用状況の報告は「口頭で行っていた」として資料は開示されなかった）等が開示され、大阪府警が少なくとも40台以上のGPS端末を保有していることや、2013年の1年間に少なくとも70回以上GPS端末の貸し出しを行っていること、本件では合計16台のGPS端末が捜査本部に貸し出され、被告人らが使用する車両合計19台にそれらを取り付けていたことなどが明らかになった。車両にGPS端末が取り付けられていた期間は、短いもので数日、長いもので約3か月に及んでいた。

　弁護団は、本件捜査に利用されたGPS端末の契約番号をもとに、セコムに対し弁護士法23条の2に基づく照会を行って、端末ごとに実際に取得された位置情報の履歴を入手した。位置情報取得履歴には、位置情報を取得した回

数、測位日時、測位結果（衛星や携帯電話の基地局の電波が届かない場合は「検索不能」となる）、GPS端末の位置（緯度および経度と住所で表示される）、精度（実際の位置との誤差がメートル単位で表示される）が記載されていた。本件の捜査では、1台のGPS端末について多いときで1か月に700回以上位置情報が取得されていたことや、ときには数分おき、数十秒おきに位置情報が取得されていたこと、GPS端末の実際の位置と測位位置との誤差が数十メートル程度である場合も多いことがわかった。

　ところで、被告人の整理手続が続いているなか、大阪地裁第9刑事部に係属していた共犯者の公判が始まり、本件の捜査に従事した主任捜査官とその上司にあたる警察官の尋問が行われた。このとき警察官らは、GPS端末のバッテリーを交換するために車両が停車していたコインパーキングや商業施設の駐車場、ラブホテルの駐車場に、管理者の承諾を得ずに立ち入ったことがあると証言し、ラブホテルの駐車場の構造について「周囲に壁がなく、柱で支えられている下駄ばきの構造」と説明した。この証言に疑問を抱いた弁護団は、共犯者の弁護人を通じて共犯者が該当期間中に行ったことのある3か所のラブホテルの場所を聞き出し、セコムから入手した位置情報取得履歴から、実際に2か所のラブホテルの位置情報が取得されていることを確認した。そして現地へ行ったところ、警察官らの証言とは異なり、建物の1階部分にある駐車場はいずれも周囲を壁に囲まれ、出入り口はビニールのカーテンで覆われて公道から内部を目視できない構造になっていた。弁護団はこの状況を写真撮影した報告書を証拠請求した。

　このようななかで、大阪地裁第9刑事部は2015年1月、GPS捜査は任意捜査であり本件GPS捜査は適法であるとの判断を示した（以下「1月決定」という）。[*2]弁護団にとって、先に共犯者の裁判でこのような判断が示されたことは大きな痛手だった。

　しかし同時に、1月決定はGPSの特質や精度に関する事実認定を誤っており、前提となる事実が正しく認定されれば異なる判断に至るはずだと考えた。そして、セコムが提供するGPS位置情報サービスは24時間いつでも位置情報を取得することができ、時間を指定して自動取得することもできること、データとして保存される位置情報をダウンロードして加工できること、最良の条件下では数メートルの誤差しか生じないことなどを、セコムのガイド

ブックやオペレーションセンターへの電話聴取、23条照会で入手した位置情報取得履歴等で立証した。

　さらに弁護団は、実際にセコムと契約してGPS端末を入手し、車両に取り付け、位置情報を取得しながらもう１台の車両で追跡するという実験を行った。実験の目的は、対象車両を見失った場合でもGPS位置情報を取得することによって再び捕捉することができるかを確かめることのほかに、いかなる条件が位置情報の精度に影響を与えるのかを把握することにあった。実験の結果、周囲が厚いコンクリートの壁で覆われている立体駐車場（外部と通じる窓はある）では数百メートル程度の誤差が生じたり、トンネル内を走行している場合に位置情報を取得できないことがあったが、周囲に壁や高層の建物等がない最良の条件下では、実際の位置と測位位置との誤差は十数メートル程度であり、高速道路を走行している場合であっても誤差は百メートル以内だった。当然、公道から目視することができない私有地内に対象車両がある場合でも、ほぼ正確に位置情報を取得することができた。この実験の結果を記載した報告書を証拠請求したが、検察官が不同意の意見を述べたため弁護人が証言することとなった。

４．一審の判断

　2015年６月、大阪地裁第７刑事部は、本件GPS捜査は対象車両使用者のプライバシー等を大きく侵害することから強制処分に当たり、令状を取得せずに行われた本件GPS捜査は令状主義を没却するような重大な違法があるとして、本件GPS捜査によって直接得られた証拠およびこれと密接に関連する証拠計15点の証拠能力を否定した（以下「６月決定」という。）。[*3]

　わが国で初めてGPS捜査は強制処分であるとの判断を示し、本件の捜査において令状主義を没却するような重大な違法があったことを認めた点で、６月決定の判断は重要な意義を有する。

　もっとも６月決定は、弁護人が証拠排除を求めた証拠のうち、一部は違法捜査との関連性が密接でないとして証拠能力を認め、また、弁護人がGPS捜査は性質上法定されている強制処分では行うことができず、実施するために

＊3　大阪地決平27・6・5判例時報2288号138頁、判例タイムズ1424号319頁、LEX/DB25540308。

は新たな立法が必要であると主張したのに対し、「本件GPS捜査は、携帯電話機等の画面上に表示されたGPS端末の位置情報を、捜査官が五官の作用によって観察するものであるから、検証としての性質を有する」と判断した。

5．控訴審の判断

　GPS捜査の法的性質が強制処分であるとして、それは検証として行うことができるのか、そして、本件のGPS捜査と関連性を有する違法収集証拠の範囲の問題が残された。この点を争ったのが、本件の控訴審である。

　GPS捜査の特徴は、低いコストで位置情報を取得し、その情報を保存・利用することができる点にあり、その情報の性質・量と情報コストの低さとにかんがみた場合、捜査機関による不当な目的外利用の危険性がある。また、GPS捜査は、通信傍受と同様に継続性および密行性を本来的性質としており、令状の事前呈示が想定されておらず対象者が位置情報取得の事実および記録内容を知悉し得ないこと、「検証」の枠内にとどまる限り、違法に位置情報を取得された場合にそれを取り消して原状回復を図る機会が与えられないことなどを踏まえると、これを刑訴法上の「検証」と解するべきではない。GPS捜査が法定されている強制処分に該当せず、そもそも適法に行い得ないとすれば、その違法の程度は極めて重大である。

　ところが大阪高裁第２刑事部は、GPS捜査の法的性質について、「実施方法等いかんによっては、対象者のプライバシー侵害につながる契機を含むものである」としながら、「これにより取得可能な情報は、……対象車両の所在位置に限られ、そこでの車両使用者らの行動の状況などが明らかになるものではなく、また、警察官らが、相当期間（時間）にわたり機械的に各車両の位置情報を間断なく取得してこれを蓄積し、それにより過去の位置（移動）情報を網羅的に把握したという事実も認められないなど、プライバシー侵害の程度は必ずしも大きいものではなかったというべき事情も存する」などとして、「一審証拠決定がその結論において言うように、このようなGPS捜査が、対象車両使用者のプライバシーを大きく侵害するものとして強制処分に当たり、無令状でこれを行った点において違法と解する余地がないわけではないとしても、少なくとも、本件GPS捜査に重大な違法があるとは解され」ない

と判断した。[*4]

6. 最高裁大法廷での弁論と判決

　GPS捜査の法的性質をめぐる下級審の判断が分かれるなか、最高裁へ上告していた本件は大法廷に回付され、2017年2月22日に弁論が開かれることになった。弁護人は弁論で、任意処分として行われている尾行や張り込みとGPS捜査との本質的な違いについて、GPS端末を「眠らない警察官」に例えて次のように述べた。

　警察官が知らない間に自動車の底に張り付いている。この警察官は、疲れを知らず、眠たくならない。食事も必要なければトイレに行く必要もない。そして、決して自動車から離れることがない。指示があればいつでも自動車の正確な位置を報告する。しかも、自動車の位置をいつまでも記憶することができる。GPS捜査は、このような警察官による監視を意味する。このような警察官による財産と私生活への両方に対する侵入である。

　2017年3月15日、最高裁判所大法廷は、憲法第35条の保障対象には、住居、書類及び所持品に限らず「これらに準ずる私的領域に侵入されることのない権利が含まれる」とした上で、「個人のプライバシーの侵害を可能とする機器をその所持品に秘かに装着することによって、合理的に推認される個人の意思に反してその私的領域に侵入する捜査手法であるGPS捜査は、個人の意思を制圧して憲法の保障する重要な法的利益を侵害するものとして、刑訴法上、特別の根拠規定がなければ許容されない強制の処分に当たる」と判示した。

　さらに大法廷判決は、GPS捜査について、刑訴法197条1項ただし書が規定する令状を発付することには疑義があるとし、GPS捜査が今後も広く用いられ得る有力な捜査手法であるとすれば、その特質に着目して憲法、刑訴法の諸原則に適合する立法的な措置が講じられることが望ましいとの画期的な判断を示した。

＊4　大阪高判平28・3・2刑集71巻3号171頁、判例タイムズ1429号148頁、LEX/DB25542299。

7. おわりに

　本件の弁護団は全員が法科大学院の出身であり、弁護士登録から10年に満たない若手ばかりだった。令状のないGPS捜査の適法性という新しい論点を考えるために、刑事訴訟法や憲法の基本に立ち返り、最高裁判例を研究し、法科大学院時代の恩師に教えを請うた。納得のいくまで議論し、立証のアイディアを出し合いながら、全員でこの事件に取り組んだ。

　時代が変わり人々の生活がどんなに便利になっても、個人のプライバシーのもつ価値が変わることはない。国民を監視する社会ではなく、個人の尊厳が守られる社会であってほしい。本件の大法廷判決の意義がいつまでも失われないことを願っている。

（かめいし・みちこ／大阪弁護士会）

第3章

【ケース2】水戸地決平28・1・22 LEX/DB25545987

浮き彫りになったGPS機器を利用した安易な捜査

有馬　慧
弁護士

1．事案の概要（裁判の経過を含む）

　被告人は、2014年10月8日、茨城県A市内にある被害者方へ窓の施錠を外して侵入し、現金4万4千円とバック等を窃取したという住居侵入及び窃盗の被疑事実で、逮捕勾留された。なお、以下で年月日の記載がある場合、特に記載がない限り2014年のことを指すものとする。

　被告人は、被疑者段階より一貫して事実を認めていたため、自白調書も複数作成されていた。しかし、起訴後、弁護人は、被告人より、被告人の使用車両にGPS機器を設置されていた旨の説明を受け、それは適法なのかと被告人から疑問を呈された。

　被告人は、当初使用していた車両（第1車両）にGPS機器が設置されていることに気がつき、取り外した上で、自宅に保管していた。その後、次に使用した車両（第2車両）にもGPSを設置されていたとのことであった。なお、第1車両及び第2車両は、いずれも被告人の兄の所有名義となっており、兄もこれらの車両を使用している。

　弁護人から検察官に対し、被告人の使用車両にGPS機器を設置したか、期日間や打ち合わせ期日において釈明を求めたが、回答の要否を検討するとのことであった。

　そのため、被告人の供述に基づき、親族の立ち会いの下、弁護人において被告人の自宅を調査したところ、黒いビニールテープで巻かれたGPS機器を発見したため、写真撮影報告書を作成して証拠請求した。

その後、検察官は、GPS機器を尾行の補助手段として利用し、犯行日にも取り付けていた旨を認めたことから、正面からGPS機器の適法性が問題となり、期日間整理手続に付されることになった。

　期日間整理手続等により明らかとなった本件の捜査経過は次のようなものであった。

　1月から5月にかけて、茨城県北地域において、同一犯によるものと思われる連続窃盗事件が発生した。その犯行手口が被告人の前科における手口と類似していたこと、他県に居住している被告人が兄名義の車両で茨城県内へ訪れていたことなどから、被告人が容疑者として捜査線上に浮上した。

　そこで、7月1日、捜査員5名による合同捜査が開始され、被告人の行動確認が実施されることになった。

　行動確認実施後、捜査員らは、被告人が、尾行を警戒する点検行為（具体的には、狭い路地へ入ったり、急にUターンするなどの行動）を行っていると考えた。

　そこで、捜査員らは、同月3日、警察内部で定めた移動追跡装置運用要領に従ってGPS機器の装着を申請することにした。

　なお、同運用要領によれば、①連続窃盗など一定類型の犯罪の捜査を行うに当たり、犯罪の嫌疑や危険性等に鑑み速やかに被疑者の検挙が求められる場合であって、他の捜査によっては対象の追跡が困難であること、②犯罪を構成するような行為を伴うことなく被疑者の使用車両等に取り付けること、③あらかじめ警察本部捜査主管課長に申請して承認を得た上、捜査主任官は所属長に対し、毎日の移動追跡装置の運用状況を報告し、捜査主任官、所属長及び主管課長は、使用継続の必要性がなくなったときは直ちに使用を終了すること（但し、茨城県警では、主管課長と所属長は、いずれも県警捜査第三課長を指す運用となっていた。）、④移動追跡装置を使用した捜査の具体的な実施状況等については、文書管理等を含め保秘を徹底することなどの条件が規定されている。

　捜査員らは、前記三課長の承認を得て、同月7日、パチンコ店の駐車場に駐車されていた、被告人が使用していた兄名義の車両（第1車両）の車底部へGPS機器を装着した。同GPS機器は、位置検索時に、その時点での位置情報が、捜査官が使用する携帯電話機の画面上に誤差の有無とともに☆印で表示されるが、5メートルないし1キロメートルの誤差が生じる場合や、☆印が実際の位置と離れた位置で表示される場合もあるものであった。

捜査員らは、GPS機器を利用した捜査を続けていたものの、同月24日にGPS機器が第1車両から外れていることに気がついたことから、前記三課長の承認を得て、本件GPS捜査を中断した。

　その後も捜査員らは被告人の行動確認を継続していたものの、被告人と犯人を結びつける決定的な証拠を得ることはできなかった。そのような中、9月になると、被告人が茨城県北地域を訪れる頻度が増えたことから、捜査員らは、再度前記三課長の承認を得て、同月10日、被告人方前路上に駐車されていた、当時被告人が使用していた兄名義の別の車両（第2車両）の車底部へ、GPS機器を装着した。なお、GPS機器は、充電交換のため、被告人方前路上、パチンコ店駐車場、スーパーマーケット駐車場に被告人使用車両が駐車されている際に、適宜取り付け、取り外しがされており、10月17日まで装着が続けられている。

　本件犯行の日である10月8日、捜査員らは、被告人の行動確認を実施するため、被告人方を視察したところ、第2車両は既に駐車されていなかった。捜査員らは、GPS機器を利用して被告人使用車両の位置検索を行ったところ、茨城県A市内に駐車されていた第2車両を発見した。

　捜査員らは、第2車両近くで待機していたところ、被告人が被害品であるバックを所持して第2車両に戻る様子を発見し、写真撮影した。

　この撮影された写真等を疎明資料として逮捕状が発付され、同月30日、被告人は通常逮捕された。なお、この写真以外に、被告人と犯人を強く結びつける客観証拠はない。

2．争点

　①被告人の使用車両にGPS機器を取り付け、位置情報を取得するという捜査手法はプライバシー権を侵害する強制処分にあたるか、②無令状で行われた本件GPS捜査には、令状主義の精神を没却する重大な違法があり、また、仮に任意捜査であったとしても、任意捜査の限界を超え、本件GPS捜査により得られた証拠（具体的には、被告人の犯行直後の姿を捉えた写真が添付された捜査報告書や、他の証拠に添付された前記写真の写し、これらを疎明資料として認められた逮捕勾留中の自白証拠）は違法収集証拠として排除するのが相当か争われた。

3. 弁護活動のポイント（弁護側の主張）

検察官は、次のように捜査の適法性を主張した。

①【GPS機器の能力等】　本件で使用したGPS機器は、位置情報が常時取得され続けるものではなく、誤差も生じることから、プライバシー権侵害の程度は、被告人使用車両のおおよその位置を捜査官に把握される可能性があったにすぎない。尾行の補助手段として行っているものであり、目視で被告人使用車両の移動・位置を把握することを一部代替ないし補完するものにすぎない。

②【GPS機器の危険性】　GPS機器の取り付けによって自動車に何らかの物理的な損傷は生じず、車両の運行に支障が生じるわけでもない。

③【捜査機関の態度】　GPS機器の位置検索を実行するのは、尾行継続中に被告人使用車両を見失ったときに限られた。

④【令状の事前提示】　仮に本件GPS捜査が強制処分であるとすると、これを行うためには検証令状の発付を得ることになるが、検証令状は事前に被処分者に示さなければならず、捜査の実効性がない。

⑤【任意捜査としての適法性】　本件GPS捜査は任意捜査であり、第1車両へのGPS機器の装着、第2車両へのGPS機器の装着は、いずれも必要性相当性が認められ、任意捜査として適法である。

⑥【自白調書との関連性】　被告人の自白調書は、任意性を疑わせる事情はなく、本件犯行後に被告人が被害品であるバックを所持している様子を写した写真を示されて自白に至ったものでもなく、本件GPS捜査と自白調書との関連性は希薄であり、証拠能力は否定されないなどと主張した。

これに対し、弁護人は次のように主張した。

①【GPS機器の能力等】　(i)本件GPS捜査で用いられたGPS機器は、人工衛星を用いた測位システムだけでなく、携帯電話の基地局も利用して位置検索をかけることができ、測位能力が相当高い。実際、本件GPS捜査中にGPS機器がなくなった際、被告人のアパートの真上を指したことがあり、そのため被告人によってGPS機器が外されたことが判明している。(ii)本件捜査に用いられたGPS機器は、携帯電話の基地局も利用して位置検索が可能であるため、極めて広範囲の検索が可能であり、携帯電話のサービスエリアを踏まえると、自動車によって移動する地域は万遍なく検索可能である。(iii)捜査員は

位置検索結果を手書きのメモに取っており、繰り返し位置検索をすることで、設置対象の自動車の動きを容易に推測できる。

②【GPS機器の危険性】　本件捜査に用いられたGPS機器は、車両への設置をサービス対象から外しており、炎天下等、高温になる場所での使用や、ガソリンスタンドでの使用は、火災等の危険があることから禁止されている。本件GPS捜査中、気温30度を超える日もあり、被告人がガソリンスタンドに立ち入ることもあったが、GPS機器を車両に取り付けるにあたり、設置対象車両への安全が一切考慮されていない。

③【捜査機関の態度】　(i)点検行為と捜査員が疑った行動は、7月2日の1回だけであり、点検行為である客観的な根拠も乏しかった。第1車両は被告人の兄名義であるにもかかわらず、その必要性について十分な検討なく、7月3日の時点で安易にGPS機器の設置が申請・承認されている。(ii)本件で使用されたGPS機器は最大240時間の連続使用が可能であった上、二つのGPS機器を交互に使用しており、常時検索できる状態におかれていた。実際、ほぼ毎日検索が実行されており、位置検索が成功しているものだけでも、100回以上の位置検索が実行された月もあり、常にGPS機器が設置された自動車の居場所が把握される状態にあった。(iii)本件GPS捜査において、GPS機器の設置対象車両は被告人の兄名義の自動車であり、同人は本件に関与していないにもかかわらず、同人が車両使用中にも位置検索がされ、被告人以外の者のプライバシーも侵害されている。(iv)GPS捜査の適法性について裁判で争われていることを認識しながら、令状をとることは一切検討されず、かえって、GPS捜査について報告書に記載しないよう組織的に指示が下されていた。

④【令状の事前提示】　携帯電話のGPS情報の取得において、検証許可状は対象者へ事前提示されておらず、事前提示なしの検証も可能である。

⑤【任意捜査としての適法性】　本件GPS捜査が任意捜査であったとしても、GPS捜査を開始した時点で尾行方法を具体的に工夫した形跡もなく、必要性は低い。被告人の犯行手口には他人に危害を及ぼすようなものでもなく緊急性は低く、炎天下でのGPS機器の車両への設置は危険も伴う上、被告人の兄へのプライバシー侵害等もあるため相当性はない。

⑥【自白調書との関連性】　本件GPS捜査によって得られた写真がなければ被告人と被害品の結びつきを示す証拠はなく、逮捕は不可能と思われる一方、裁判官の逮捕状審査時にも、GPS捜査については報告書等に記載されて

おらず、裁判官が捜査の適法性について検討することはなかった。被告人は、GPS捜査に関して警察官に対して複数回質問しているが、曖昧な回答がされ、手続的な問題はない旨を被告人に回答していた。起訴前から検察官は本件がGPS捜査を利用したものであることを知っていったが、被告人には一切告げていないばかりか、GPS捜査の内容を検証して適法性を確認するなど違法性の承継を遮断することは何らされないまま、被告人の自白調書を作成していた。かかる手続と違法の重大性を併せ考えると、被告人の供述調書についても違法捜査との関連性を肯定し、証拠排除するべきである。

4. 決定の概要

　本決定は、本件GPS捜査の強制処分該当性につき、次のとおり述べ、これを肯定した。

　「本件GPS捜査は、捜査対象者の承諾を得ることなく、その使用車両にGPS機器を装着した上、携帯電話で検索してGPS機器の位置情報を取得するというものである。」被告人がGPS機器を第1車両「から取り外した後に捜査員が行った位置検索において、その際にGPS機器があった被告人方が正確に示されていたことや、本件GPS捜査により、捜査員らが、失尾した被告人使用車両を数回は再発見できていた（現に、本件窃盗事件の被害品を所持している被告人を発見できている。）ことに照らせば、本件GPS捜査は、対象車両、すなわちその車両の使用者の所在場所を、相当程度具体的に特定することができるものであったと認められる。」

　「そもそも、人の所在場所に関する情報は、それ自体、当該個人のプライバシーに関わるものであり、捜査機関がこのような情報を取得することによるプライバシー侵害の程度は、捜査対象者が公道上から通常の尾行によって確認できるような場所にいる場合と、他人から目視されることを通常予想しておらず、プライバシー保護に対する合理的期待が高い私的な場所等にいるような場合とで、自ずから違いがあるというべきである。そして、本件のようなGPS機器を使って捜査員が位置検索をする際は、捜査対象者が前記私的な場所等にいる場合であっても、容易にその所在場所を把握され得るという意味で、性質上、常に大きなプライバシー侵害の危険が内在しているというべきであり、この危険は、たとえ捜査員が車両を失尾した後に、目視による捜索を一定程度行ってから位置検索を実施するという配慮をしたとしても、

避けられるものではない。さらに、GPS機器を利用した位置検索は、正確かつ詳細に長期間にわたって捜査対象者の位置情報を集積することが可能であるところ、そのようにして位置情報が集積された場合には、捜査対象者の所在場所にとどまらず、その交友関係や嗜好等、私的な行動性向をも捜査機関が把握できることになるものであって、本件GPS捜査はこれを可能とする性質も有しているといえる」。

「そうすると、本件GPS捜査は、潜在的に、単なる尾行の補助的手段として想定される以上に捜査対象者のプライバシーを大きく侵害する危険を有しているものといえるのであって、本件GPS捜査の具体的実施状況を踏まえても、強制処分に当たるというべきである。」

「そして、本件GPS捜査の方法は、取得された位置情報の内容を五官の作用により認識するものであるから、検証に当たるものと考えられる」。

「この点、検察官は、検証に当たるとした場合、被処分者に対し、事前に検証許可状を示さなければならないが（刑事訴訟法222条1項、110条）」そうすると捜査の目的を達成することができなくなるから、強制処分とすることは不当な結論となる旨主張している。」

「確かに、本件GPS捜査は、事前に令状を呈示することが想定できない性質のものであるが、事前呈示の原則は、令状執行手続の明確性と公正の担保の趣旨によるものであるところ、捜査の必要性や緊急性等、その趣旨に優越する正当な利益がある場合であって、捜査終了後合理的な期間内に対象者に対し処分の内容を告知するといった条件を付すなど他の方法によってかかる趣旨を全うできる場合にまで、全く例外を許さないものであるとは解されない上、そもそも、事前呈示が想定できない性質のものであること自体は強制処分性を否定する直接の根拠にはならないというべきである。」

「なお、弁護人は、本件GPS捜査は、ココセコムが本来予定している用法に従っておらず、GPS機器が発火する危険性もあった旨指摘している。本件において、その危険性が現実的であったか否かはともかくとして、捜査機関が用いるGPS機器の性能や装着方法によっては、故障による発火等の危険や、走行中の落下による後続車両への危険等も想定しなければならないから、その意味においても、司法審査に付し、検証許可状発付の条件として適切な規制をする必要があるといえる」。

このように、本決定は、本件GPS捜査の強制処分該当性を肯定した上で、違法性の程度についても、その重大性も次のとおり肯定した。

「本件合同捜査が開始された時点において、被告人が県北地域における連続窃盗事件の犯人であるという嫌疑が相当程度強い一方で、盗品捜査やよう撃捜査、尾行等の捜査は、いずれも奏功せず、その間にも被告人が度々県北地域を訪れ、被告人の犯行と思われる窃盗被害が増加していたことなどに照らせば、被告人を早期に検挙するため、本件GPS捜査を実施する必要性ないし緊急性があったことは否定できない。しかしながら、本件捜査が、ある程度の期間にわたって継続して行われていることに照らせば、その間に令状の発付を受ける時間的余裕がなかったとまでは認められない」。

　「運用要領の内容に照らせば、その趣旨は、GPS機器等の移動追跡装置を用いた捜査が、対象者のプライバシー等の権利を侵害するおそれがあることなどを踏まえ、必要性と相当性が認められる範囲で謙抑的かつ慎重に実施されることを目的としたものと解され、かかる趣旨が、根本において令状主義の精神と共通するものであることは明らかである。そして、本件GPS捜査を実施するにあたり、捜査機関全体として、かかる捜査が強制処分であって、令状が必要であるとの認識を共有してはいなかったとしても、上記趣旨は、捜査員らも容易に認識し得るところであったといえる」。

　「ところが、本件GPS捜査の申請、承認を得るまでに行った合同捜査がわずか3日間であり、その間の初日は、そもそも被告人を尾行できておらず、また、点検行為と思われる行為は2日目の一度のみであったこと、申請、承認に当たって、捜査の困難性を裏付ける資料は作成されず、口頭報告のみにより判断されたこと、その際、被告人の兄も」第一車両「を使用している可能性があり」第一車両の「使用者が被告人であるか否かについて確認できる資料がなかったにも関わらず」第一車両に「GPS機器を装着することが承認されたことなどに照らせば、本件GPS捜査が、前記運用要領の趣旨に沿った慎重な審査を経た上で承認されたものであるとはいい難く、むしろ、前記運用要領の趣旨が軽視され、本件GPS捜査の申請、承認に当たりその審査が形骸化していた疑いが払拭できない」。

　「また、捜査員らが、GPS機器による位置検索は、あくまでも尾行の補助と捉えて、被告人を失尾した後も、一定程度の目視による捜索を行い、これが奏功しない場合に位置検索を行うなど、ある程度の配慮をしていたこともうかがえる。しかしながら、捜査員らは、近時、GPS機器を用いた捜査の適法性が争われていることを認識していながら、なおも保秘を徹底し、本件GPS捜査の申請、承認の経過を含めて、その実施状況等につき、何らの記録

も残していないのであって、結果として、司法審査はもとより、捜査機関内部においてさえ、捜査の適正確保のための事前事後の審査が著しく困難になっている。このような捜査に対する姿勢は、保秘の徹底を過度に重視した結果、謙抑的かつ慎重な捜査を確保するという視点を見失っているものと言わざるを得ない」。

「以上のとおり、本件の具体的捜査状況等に照らしても、本件GPS捜査が令状の発付を受けずに行われたことについて、やむを得ないといえるような捜査側の事情は見当たらず、本件GPS捜査には、令状主義の精神を没却するような重大な違法があったものというほかない。」

本決定は、以上のとおり述べた上で、被告人の犯行直後の姿を捉えた写真が添付された捜査報告書や、他の証拠に添付された同写真の写しにつき、本件GPS捜査により直接得られた証拠であるとして、これらの証拠能力を認めず、証拠から排除した。

一方で、被告人の自白調書については、違法収集証拠との関連性を肯定したものの、被告人がGPS機器を利用した捜査について取調官に質問したところ、捜査官の態度から本件GPS捜査が裁判所の許可を得たものと誤解していたとしても、被告人は「仮に本件GPS捜査が違法であると知っていたとしても、自分の行ったことであるので、罪を認めていたと思う旨の供述もしている」ことから、「GPS捜査の適法性如何を知ることによって、被告人の供述内容が左右されるというような関係にはなく」「自白調書等と違法収集証拠との関連性は密接なものとまではいえない」として証拠能力を認めた。

5．今後の課題

本件は、警察庁により示された運用要領において「他の捜査によっては対象の追跡を行うことが困難であるなど捜査上特に必要があること」との限定がかけられているにもかかわらず、警察官らがGPS機器の設置申請をするまでに、わずか2日しか尾行をしておらず、安易にGPS機器を利用していた実態が浮き彫りとなっている。

GPS機器の利用は、少数の捜査員であっても、いつでもGPS機器の設置対象物のおよその位置を把握できるという、捜査の有用性・効率化に資するものであることは否定できない。そのため、GPS機器の捜査利用が法制化されることで、安易にこの捜査手法をとろうとする虞があり、通信傍受法のよう

に令状請求権者を限定するなど請求段階での絞り込みのほか、対象者のプライバシー権を守るためには第三者機関である裁判官による司法審査が重要となる。本決定が指摘するように、GPS機器を使って捜査員が位置検索をする際に、対象車両が公道上にいるのか、極めて私的な場所にいるのか判別はできず、プライバシーの制約の程度が大きい場合も想定されるのであって、令状発付の要件として、犯罪の嫌疑のみならず、他の捜査方法による代替可能性も考慮要素として明記するなど、安易な令状発付を抑制する必要があるだろう。

また、本件は、GPS機器の利用申請や利用による報告は全て口頭で行われ、意識的に書面を残していなかった。本件で証拠請求された、犯行直後の被告人の姿を撮影した写真の報告書についても、GPS機器のことは一切記載されず、被告人をよう撃捜査により発見した旨の記載となっているなど、GPS機器の利用そのものを殊更に秘匿する意図がみられた。GPS捜査を法定化した場合、捜査内容や手続の適法性を事後審査するため、位置検索の記録を電子媒体等に残すことを義務づけることも考えられる。

さらに、本件では被告人の兄も車両を運転していたものであるが、本件とは関わりがなかった。このような者が車両を使用していた場合にも位置情報を取得することには合理性がない。捜査対象者以外の者に関する位置情報を取得していることが判明した場合には、直ちに位置情報の取得を差し控えるような規制も必要ではないだろうか。

なお、本決定により自白調書の証拠能力が認められ、判決において被告人に有罪判決が（懲役2年。〔求刑懲役2年6月〕。水戸地裁平成28年3月25日LEX/DB25542721〔第一審で確定〕）下っている。判決前の弁論において、弁護人からは、正義及び公平の見地から、本件GPS捜査の違法性を量刑上考慮すべきとの主張を行ったが、手続上の違法は原則として被告人の行為責任に影響しない旨の理由から、その主張は排斥されている。

本件は、GPS捜査の違法性にとどまらず、捜査機関の本件捜査に対する姿勢について非難した上で証拠排除をしているところ、その程度まで当該捜査の違法が深刻であっても量刑に影響しないとすることで、真に司法の廉潔性の保持や違法捜査の抑止ができるのか、疑問なしとしない。

（ありま・けい／茨城県弁護士会）

第4章

【ケース3】東京地判平29・5・30LEX/DB25545864

秘密裏に行われる捜査手法と弁護活動の困難さ

坂根　真也

弁護士

1．事案の概要

(1) GPS捜査の概要

　警視庁刑事部捜査第三課を主体とした捜査本部は、2012（平成24）年5月ころから発生した盗難車を利用した店舗荒らし等の広域連続窃盗事件の捜査の過程で同年9月ころから、対象者の使用車両にGPS端末を取り付けて捜査を行った。

　2013（平成25）年4月ころに犯行グループの一員として把握されたAさんの使用車両に対しても、遅くとも同年12月頃からGPS端末を取り付け動向把握を行っていた。

　GPS端末を取り付ける際は、コインパークや店舗・ホテルの駐車場に停車中の車両の下部に車両を毀損しない形で取り付けられた。

　一連の窃盗事件の捜査の過程において、Aさん及び共犯者らの使用車両に対して合計約70台のGPS端末が密かに取り付けられていた。

　GPS端末の取り付けに当たり、警察官は、民間駐車場の管理人に立ち入りの連絡をすることもなく、GPS端末を契約していた民間通信事業者においては同意なく第三者の位置情報を取得することが禁止されていたが自動車の使用者の同意を得ることもなかった。

　明らかになっているだけでも、Aさんの使用車両に対して、逮捕される2014（平成26）年6月16日までの約半年間の間、ほぼ間断なく取り付けられていた。

逮捕前Aさんは自身が警察のターゲットになっていることを自覚しており、自身の車両に取り付けられたGPS端末1台を発見し保管していた。

(2) GPS端末の機能等

GPS端末の機能には、一定間隔で自動的に位置情報を検索するスケジュール検索設定、位置情報が3カ月間保存され後に確認できる位置履歴取得、立ち寄り場所等の拠点登録をした場所からの出入りをメールで通知する見守り設定という各機能があり、警察官らは、日中は概ね1時間ごと、夜間は30分ごと、必要に応じて分単位で位置情報を取得していた。

位置情報の精度は、電波状況により「500メートル以上」「500メートル以内」「300メートル以内」「100メートル以内」「50メートル以内」「圏外又は電源オフ」と表示され、地図表示により端末の場所が一点表示される。

警察官らは逮捕前の2014（平成26）年4～6月はほぼ毎晩Aさんの行動確認を行い、Aさんが外出すれば、1分又は5分単位で位置情報を取得しAさんを追尾し、写真撮影等を行っていた。

後述の通り、本件では取得した位置情報についてAさんが発見して保管していた1台及び逮捕時に取り付けていた1台については、位置情報履歴が保存されており、残されている2台のGPS端末の位置情報取得だけでもわずか16日間で1000回以上であった（Aさんの使用車両に取り付けられたGPS端末は判明しているだけで17台である）。

(3) 逮捕の経緯

2014（平成26）年6月16日車両窃盗の逮捕状によりAさんは逮捕されたが、その際Aさんの車両から覚せい剤が任意提出の形で押収され、その後任意で提出した尿からも覚せい剤成分が検出された。

その後、Aさんは覚せい剤取締法違反、車両窃盗、侵入盗等の罪で再逮捕され、覚せい剤取締法違反、窃盗、建造物侵入の各罪で起訴されることとなった。

Aさんが車両内に保管していた警察官が取り付けたGPS端末についても押収されたが、その際AさんがGPS端末と記載するよう要求したものの、警察

官は「衣類等一式」などと記載し、GPS捜査が行われたことを隠匿した。[*1]

　Aさんは検察官の取調べにおいても、GPS捜査が行われていたことを供述したため、担当検察官が警察官に対し、GPS捜査について公判で将来問題となり得るとして、位置情報の履歴を取得し一覧表を作成するように指示し、作成された。

⑷　公判の経過

　公訴提起されたのは4件の侵入盗、4件の車両窃盗、覚醒剤の所持・使用の罪である。これらのうち、1件の窃盗を除き、[*2]Aさんは事実を争っていなかった。起訴された当初Aさん及び弁護人はGPSの違法について主張をせず、GPS捜査の結果作成されたと窺われる行動確認報告書や、覚せい剤の鑑定書等について同意の上取調べられていた。

　その後裁判の途中で、GPS捜査の違法を主張することになり期日間整理手続に付された。[*3]

2．争点

　争点はGPS捜査の違法であるが、具体的には既に取調べ済みのGPS捜査を用いて行われた行動確認の報告書及び、覚せい剤及び尿についての鑑定書等の証拠が違法収集証拠として排除されるべきか否か、という点にあった。

　行動確認報告書は、GPS装置を利用しての捜査そのものであり直接的な証拠であるが、覚せい剤及び尿の鑑定書等の証拠についても、弁護人の主張は、捜査機関がGPS捜査を利用しなければAさんの居場所を把握して逮捕することはできず、その際に覚せい剤を発見押収することも尿を押収することもできなかったから排除されるべきだ、というものであった。

　これに対して検察官は、期日間整理手続終了時点（2017〔平成29〕年1月20日）ではGPS捜査が任意捜査であるというものであったが、その後の2017（平成29）年3月15日大法廷判決により、論告（同年4月12日）においては、

＊1　公判でGPS捜査が問題とされた後、証拠の分割が行われたが、そこでも押収したGPS端末について、「白色塊」などと記載してGPSについて一貫して秘匿の姿勢を貫いた。

＊2　1件の窃盗については共犯者との共謀を争い、判決で無罪となっている。

＊3　期日間整理手続に付されるころに、前弁護人が留学のため解任となり大槻展子弁護士が選任され、その後当職が複数選任で選任された。

GPS捜査は違法であるとしても重大性がない、覚せい剤等の証拠について
GPS捜査との関連性がない、というものであった。[*4]

3. 弁護活動のポイント

(1) 証拠開示について

GPSの違法性を巡る弁護活動において困難であったのは、GPS捜査それ自
体が、2006（平成18）年 6 月30日付けの「移動追跡装置運用要領」（警察庁）
によって、秘密裏に行われていたことから、どのように意思決定され、いか
なる捜査書類が作成されるのかが不明であったことである。[*5]

本件の証拠開示段階では証拠の一覧表交付制度もなく、捜査書類を特定し
求めていくことが最初の関門であった。ただし、警察はGPSに関連する捜査
書類のほとんどを検察官に送致しておらず、弁護人の開示請求の後検察官が
警察から取り寄せて報告書化していたため、一覧表交付制度後も、一覧表に
不記載の証拠の開示を求めていかなければならないであろう。

また、類型や主張関連証拠開示請求に対して検察官が該当証拠を開示せず、
弁護人が裁判所に裁定請求を申し立てた後、検察官が開示してきたという証
拠も数多くあった。

(2) 警察官に対する事情聴取ノートの開示

検察官はGPS捜査が違法でないことを立証するため、GPS捜査を指揮した
警察官やGPS端末を対象車両に取り付けた警察官の証人を請求し、証言要旨
記載書面を開示した。

ところが同書面は具体的な決裁過程やGPS捜査の実態が明らかとなるもの
ではなく、弁護人は、より詳細な証言要旨を明らかにするよう求めた。

これに対し検察官が応じなかったため、裁判所に対し、「公判担当検察官が、
捜査に従事した警察官から事情聴取した際のメモ」の裁定請求を申し立てた。

---

*4　本件ではGPS捜査の違法以外に、逮捕時の警察官のけん銃使用の違法性も争点となって
　　おり、判決ではけん銃使用に引き続く覚せい剤の押収手続には令状主義の精神を没却する重
　　大な違法があるとされ、GPS捜査の違法と相俟って証拠排除されたものであるが、けん銃
　　使用の点は本稿の趣旨ではないので割愛する。

*5　運用要領には、「捜査書類には、移動追跡装置の存在を推知させるような記載をしない」
　　とあり、実際にも決裁書類を除き一切捜査書類には記載されず、行動確認報告書などには、
　　何々県内を警ら中対象車両を発見し、などといういかにも不自然な記載がなされていた。

検察官はこれに対し証言要旨を既に開示していることや、メモが取調べメモとは異なり検察官の公判準備活動において作成されたものであり、検察官の立証方針に関する見解などの記載もあり、当事者主義的訴訟構造に反するなどとして反対したが、裁判所は、検察官が事情聴取の際に作成した大学ノート6冊の開示を命じた（平成28年11月14日付け東京地裁決定〔判例集未搭載〕）[6]。

　この大学ノートの開示はそれまで知り得なかった情報を得て、後の警察官の証人尋問の弾劾に大きく役立つことになった。

(3) 公判

　公判は警察官の尋問がメインであった。本件GPS捜査が杜撰な決裁と運用であったことを明らかにした。公判の途中で最高裁の大法廷判決があったが、同事件の弁護人からは受任してから資料提供やアドバイスをもらい随分と助けてもらっていたので、勇気づけられた。

4. 判決の概要

　東京地裁判決は、大法廷判決を前提とした上で、無令状により行われたGPS捜査は、強制処分法定主義に違反し、違法であるとした。

(1) 違法の重大性について

　判決は、Aさんを含む関係者の車両にGPS端末が取り付けられた期間が全体で1年9月に及び、Aさんだけでも約半年という長期にわたり合計約70台もの端末が車両に取り付けられ継続的かつ間断なく行われていたこと、位置情報の精度は相応に高く行動確認を行う際の情報源として頻繁に利用されていたこと、GPS端末の取付に際しては上司による事前承認が行われていたものの承認内容は「外食店を対象とした連続金庫破り事件」などという漠然とした事件を対象とし個別具体的な対象事件や対象者、対象車両、使用の終期

---

*6　同決定は、検察官の活動が補充捜査と公判準備の両方の性質を有するものであり、聴取メモは検察官の職務を執行するに際して作成した公的な性質を有し職務上保管しているものであり証拠開示の対象となる、とした上で、各警察官の原供述というべき聴取メモの開示が被告人の防御にとって必要性が高いと判断し開示を命じたものであるが、極めて画期的な決定である。

も一切定められていなかったことなどの本件GPS捜査の実施期間、規模及び態様に照らして個人のプライバシーを大きく侵害するものであった、と判断した。

さらに、本件GPS捜査の時点において、捜査本部においてGPS捜査の強制処分該当性や令状請求の要否について検討した形跡は一切認められない上、押収したGPS端末を押収品目録に記載せず、担当検事からGPS捜査が将来問題となり得ることを示唆されたにもかかわらず、公判中にGPS捜査に関する捜査メモを廃棄した点等を捉えて、警察組織全体において、保秘の徹底という形で司法審査を経ることを困難にしていた上、捜査を担当した警察官らの行動にも、基本的人権の保障と適正手続を確保しつつ事案の真相を明らかにすべきという基本的な刑事訴訟法の趣旨を蔑ろにし、司法審査及び令状主義を軽視する態度を見て取ることができ、本件GPS捜査の違法の程度は、令状主義の精神を逸脱し、没却する重大なものである、とした。

⑵ **関連性について**

覚せい剤事件について、検察官が、覚せい剤及び尿の押収手続は、Ａさんの任意提出行為が介在しておりGPS捜査が証拠収集手続に直接寄与していないから密接関連性がないと主張している点について、東京地裁判決は、警察官らが、既に取得した窃盗による逮捕状の執行ではなく、まず覚せい剤などの違法薬物の任意提出を受けて現行犯逮捕する方針を立てていたことから、本件GPS捜査は被告人に対する覚せい剤所持等の捜査の目的も兼ね備えていたものと評価できるとし、本件GPS捜査の結果を直接的に利用して被告人の所在確認及び身柄の確保がなされており、これらの結果を直接利用して被告人から覚せい剤の所在を聞き出した上、任意提出の形式を取って押収したものと認めることができるとした。

その上で、押収した覚せい剤とその押収手続及び鑑定に関する証拠書類は、違法な本件GPS捜査により生じた状態を直接的に利用して収集されたものであり密接な関連性を有する、覚せい剤を押収して約４時間後に任意に提出を受けて押収した尿に関する押収手続書類及び鑑定書書類についても、その間に覚せい剤使用の被疑事実についての令状請求及び令状発付などの司法審査が一切なされていないことなどに照らせば、違法な手続によりもたらされた状態を直接的に利用し、これに引き続いて行われたものであり、違法性を帯びる、と判断した。

(3) **結論**

以上の結果、覚せい剤及び尿の押収手続には、令状主義の精神を没却する重大な違法があり、そのような違法な捜査と密接に関連する覚せい剤及び尿に関する証拠を許容することは、将来における違法捜査抑止の見地から相当でないと認めて証拠から排除する判断をし、覚せい剤所持及び使用の罪について無罪の言い渡しをした。

本件は検察官の控訴なく地裁判決で確定した。

5．今後の課題

平成18年度に運用要領が出されてから、露見しなかっただけで、どれだけ多くのGPS捜査が行われたのか、想像の域を超える。

GPS捜査については大法廷判決により歯止めがかかった。その捜査の内容はもちろんであるが、問題がより根深いのは、そのような捜査手法を秘密裏に行っていたという捜査機関の姿勢である。

今後も技術の発達により様々な科学的捜査手法が生まれるであろうが、秘密裏に行われれば、仮にそれがまた長い年月を経て大法廷判決により是正されたとしてもその間に犠牲になる人が生まれてしまう。

新たな捜査手法を導入する際のルール作りが不可欠である。

（さかね・しんや／東京弁護士会）

位置情報取得捜査の規制方法と
プライバシー保護

指宿　信

成城大学教授

　我が国では、位置情報取得を含め、被疑者のみならず参考人その他の人物から各種の情報を収集する捜査手法（情報収集型捜査）はこれまで任意捜査（任意処分）と位置付けられてきた。情報収集は捜査に必要な範囲で許容されると考えられており、法理論的には捜査比例の原則が主たる規制原理とされ、裁判規範的には任意処分の限界という形で規制されるのが一般であった。

　言うまでもないことであるが、情報とは無体物であることから対象者（被処分者）が情報の取得を覚知できないという点が特徴である。そのため、調書や証言等が法廷に顕出された場合を除いて処分の適法性を争う機会が用意されていない。従って、基本的には情報収集型捜査に対する規律は内部規制や監査といった行政部門で担われなければならないはずだが、わが国にはそうした法的枠組みが備えられていなかった。

　このような情報収集型捜査に対する規制の不在が一気に顕在化した契機が、GPS捜査に関する裁判であったと言えるだろう。

1．情報収集型捜査の類型と具体的手法

　さて、情報収集型捜査には概ね、①対象者の行動を監視・記録する、②対象者に関する多様な情報を収集する、③対象者のコミュニケーション（会話、通信、電話等）を監視・記録する、といった類型が考えられる。

　①としては、旧来型の有人方式である尾行・行動確認があったが、GPS発信装置を利用した捜査では無人で実施できるため極めて安価で実施でき、長期的に継続監視することが可能となり、記録化を容易にした。もちろん尾行

時の動画撮影のように尾行と記録化がセットとなった手法もあった。ハイ[*1]
テク利用例としては、民間の監視カメラ（防犯カメラ）映像を事後的に収集
するほかビデオカメラによる行動監視[*2]が実施されている。

②としては、勤務（出勤）記録や道路通過記録といった個人の行動に関わ
る情報から、借入金であるとか預貯金の引き出しといった金銭に関わる情報
まで、多様な情報が集められる。時には図書館等での書籍の貸し出し記録の
ような思想信条に関わる情報も集められることもある。ハイテク利用例とし
ては、Nシステムが顕著な例である[*3]。これは車両移動情報の国家的な収集
システムであり、証拠として用いられる機会はほとんどないが、捜査には大
いに活用されていると考えられている。

③としては、通信の傍受や会話盗聴といった会話をターゲットにしたもの
から、旧来型の郵便の取得から、メールやメッセージといったテキストの傍
受といったオンライン・コミュニケーションまで、通信技術あるいは通信内
容に応じた多様な手法がある。

こうした捜査手法は、先に述べたような任意捜査として実施されているこ
とから我が国では事前統制が働く機会は乏しい。例えば、②の方法は捜査機
関の協力要請に対して民間がそれを拒むことはおよそ考えられず、統制の機
会はほとんど存在していないし、①の方法についても、証拠化され公判廷に
顕出された場合に任意処分の相当性が争われるだけで、事前・事後の統制は
ほぼ不可能であった。

③の方法については、それが通信事業者を介する場合に限っては、憲法21
条が通信の秘密を保障する関係で令状取得が必要とされていたものの、会話
取得や記録については証拠化されない限り統制を行うことはおよそ不可能で
あった。

＊1　国交省ポスティング事件（通称「堀越事件」）では、警視庁公安部の警察が堀越氏の行動
　　　を　日間にわたって尾行、6台もの小型カメラによって録画記録していたことが明らかに
　　　なっている。
＊2　2016年8月に発覚した大分県警別府署による民主党系労働団体の建物に対する監視カメ
　　　ラ設置事件がその典型である。報道によれば同県警は130台ものカメラを用意しているとい
　　　うことであった。2004年に当時の社会保険事務所職員が休日に政党チラシのポスティング
　　　をしていたことについて国家公務員法違反で逮捕起訴された事案では、尾行監視の際に小型
　　　ビデオカメラ6台が用いられていたとされている。
＊3　Nシステムについては第1部第1章を参照。

２．情報収集型捜査に対する規制・統制のアプローチ

そこで、こうした伝統的な枠組みを前提にした場合に情報取得型捜査を規制・統制しようとすれば、次のような方法が考えられることになる。

第一は、任意処分とされてきた捜査手法の侵害法益を強制処分の範疇に位置付け、任意処分で実施させない、というアプローチである（強制処分類推型）。例えば、その典型例が本書第２部で紹介されたドイツやフランス、米国であろう。

第二は、任意処分と位置付けられるとしても、情報収集捜査による弊害や危険性の可能性は高いことから、収集活動に対して直接・間接に何らかの法的規律を設ける、というアプローチである（活動規制型）。

第三は、最近有力に主張されてきたアプローチで、捜査機関による情報収集時に規制を行うことに代えて、収集された情報の管理や利用といった蓄積された情報の取り扱いを統制しようというものである（取得後規制型）。

また第四として、第一の亜流とも言うべき発想が以前から唱えられてきた。すなわち、被処分者に覚知されない秘匿捜査の発展と新しい技術の到来を踏まえて強制処分の領域を拡大していく（定義・範疇の修正）、という手法もある。故・田宮裕博士の提唱された「新しい強制処分説」がこうしたアプローチに該当するだろう（概念拡張型）。

言うまでもなく、GPS捜査をめぐっては捜査機関による収集が明らかになった後に、被処分者である被告人が証拠能力を公判廷で争うという形で紛争化したことから、第一の手法の必要が公判廷で弁護人から訴えられてきた。すなわち、本来は強制処分として実施されるべきであるので、令状なく実施されたGPS捜査で得られた証拠は証拠能力を欠く、という主張である。

最高裁判所が大阪の事案について大法廷回付を決定したことから、第四のアプローチが登場するのではないかという期待も持たれていたが、結局大法廷判決は旧来の強制処分と任意処分の境界に手をつけることはせず、GPS捜査について立法がなければ実施できないという第一のアプローチを採用することとなった。

3. 大法廷判決と理論的・立法的課題

(1) 理論的課題

このように大法廷判決が昭和51年最高裁決定（最決昭和51年3月16日刑集30巻2号187頁）にいう「強制の処分」の定義を引用していたため、その捉え直しが議論されている。というのも、昭和51年決定の「重要な法的利益侵害」が、強制処分のメルクマールとなると同時に令状主義の規律を受けるとするという、処分の性質決定と規制方法の在り方をリンクさせるという理論的説明と規制方法を一元的に行うアプローチそのものに根本的な疑問が向けられているからであろう（本書第1部斎藤論文及び第3部第1章緑論文参照）。

翻って考えると、そもそも昭和51年の事案は派出所における呼気検査をめぐる有形力行使の形態が、被処分者を拘束するほどの強制的手段であったか否かが争われていたケース（侵襲型）であって、およそあらゆる強制の処分の定義を示す事実的前提を欠いていたとも言えよう。とりわけ秘匿捜査・監視捜査の場合（非侵襲型）には、有形力行使のように被処分者において不利益や権利侵害の有無を覚知し得ないわけであって、そうした捜査類型について強制性の基準を改めて検討することも可能なはずであった。

そうしたところ、今般の大法廷判決が昭和51年決定を引用し、非侵襲型であるGPS捜査についてもその区分が前提とされることとなった。とすると、今後は、強制処分性の基準を動かすことなく、個々の秘匿捜査や監視捜査による被侵害法益を確定しながら類型毎に（例えば通信傍受法のように）立法を定めることとなるのか、あるいは、包括的な秘匿捜査・監視捜査の規律を行うべきか、ということになるだろう。

その際に、事前規制として令状主義の審査に服させる制度を、先の強制処分性の基準といかに整合させるかという理論的課題が生まれるが、これらを必ずしも一致させなければならない必要はないとして包括的な規制をかけていく制度設計も存在するわけであり、第2部各章で紹介されたように包括的な規制法制が諸外国で実際に敷かれているところである。

これに対して、日本ではそうした包括的規制を理論的にどのように説明していくかについて困難がある以上、あくまで令状主義の外側で、監視アーキテクチャーに対する統制や、内規による規律であるとか、もしくは外部的な監査・査察を利用するなど、様々な方法を令状と組み合わせて規制していく

ことが現実的と言えるかもしれない。[*4]

(2) 立法的課題

大法廷判決は「私的領域」に関する定義づけを与えなかった。そのため、本書序章で整理されたように、GPS位置情報取得捜査については様々な類型が想定されるところ、GPS捜査（装着型）のみならず非装着型までその趣旨が及ぶかどうかが議論となっている。

今のところわが国で立法化への具体的な動きは見られないが、議員からの質問に対して、[*5] 内閣は非装着型のGPS位置情報取得捜査の規律について検討中との回答を示すにとどまっていた。しかしながら、非装着型の位置情報取得において相手方に告知がない場合に違法となるのではないかとの再度の質問に対して、[*6] 内閣は"「電気通信事業における個人情報保護に関するガイドライン」の内容も踏まえ、個別具体的な事案に応じ、適切に捜査を行うものと考えている"と回答している。つまり大法廷判決の趣旨は非装着型には及ばず、立法なしに実施可能（あるいは現に実施されている）と考えていることは明らかで、本書の提起するような位置情報取得捜査や監視捜査全般に対する様々な問題が未解決のまま実施されていることは大いに問題があるだろう。とりわけ、第1部第4章の高木論文が示唆するように、非装着型に分類されているGPS位置情報取得の方法については十分に大法廷判決の射程と考えられ、包括的な規制の枠組みが求められていよう。

4. 立法項目

そこで、GPS捜査を含めた位置情報取得捜査を規律する立法を目指す際に必要となると予想される項目を概括しておきたい。

(1) 秘匿・監視捜査の対象

---

*4　事前事後の双方での規制を説く論者として、三島聡「GPS装置による動静監視の解釈論的検討」季刊刑事弁護89号（2017年）116頁等参照。

*5　平成二十九年十一月七日提出　質問第二二号 "「携帯位置情報捜査」も、対象者の所在地に関わらずその位置情報を取得するという点ではGPS捜査と変わりはない。本判決を踏まえ、「携帯位置情報捜査」についても新たな立法措置を講じることなく現行法上行うことは許されないと解すべきではないか。政府の見解を示されたい。"

*6　平成二十九年十二月四日提出　質問第七八号。

イギリスでも音声や画像情報などを含めた秘匿捜査の規制が行われており（第2部第2章参照）、ドイツでも通信はもちろん屋外での会話傍受や通信データ、映像による監視、位置情報収集が事前規制の対象となっている（同第3章参照）。フランスも近年、リアルタイムの携帯電話位置情報取得と過去の位置情報取得が規制対象として法制化された（同第4章参照）。オーストラリアでも、オンブズマンによって事後的に多様な監視機器利用捜査について査察が実施され、収集された情報・記録の保管状況などに対しても規律が及ぶ（同第5章参照）。

　これらの比較法的知見は、わが国における警察等による秘匿捜査・情報収集捜査が任意捜査として、すなわち「重要な権利・利益の侵害がない」レベルの処分として、長年にわたって無規制に実施されてきたことを照射するとともに、包括的な情報収集型捜査に対する規制を必要としていることを示していよう。国民のプライバシーを侵害する可能性の大きい監視捜査全般に対して我が国にはなんら法規制が存在しておらず、もっぱら任意捜査の適法性いかんの問題として司法部の判断に委ねられている現状は、立法府の重大な不作為と呼べるのではないか。

(2)　監視期間

　欧州人権裁判所は、ドイツにおける令状に基づく長期監視について、GPS監視によって得られたデータについて、ドイツ国内裁判所によりドイツ刑事訴訟法100c条で許容されるとした認定は合理的で妥当なものと支持する一方、上訴人が主張していたように、GPS監視期間が無制約であることは許されないという見解にも同意した。[7]

　位置情報の取得期間に関わり、短期であっても令状取得の必要があるアメリカ法のようなあり方がある一方で[8]、極めて短期のGPS捜査による一種の"ふるい分け"機能まで規制することは「捜査活動の最適化という観点」から問題が残ると指摘し、長期にわたる場合に限って令状審査を行う方が捜査活動の最適化に繋がるとの主張もある。[9]

＊7　GPS監視につきドイツ憲法裁判所で合憲判断が示されていたところ、欧州人権条約適合性を争ってストラスブール（欧州人権裁判所）に訴えた事案（Uzun v. Germany事件（Uzun v. Germany, Application No. 35623/05, 2 September 2010.））。

＊8　本書第2部第1章、並びに拙稿「ハイテク機器を利用した追尾監視型捜査──ビデオ監視とGPSモニタリングを例に」三井誠他編『鈴木茂嗣先生古稀祝賀論文集』（成文堂、2007年）165頁参照。

＊9　稲谷龍彦『刑事手続におけるプライバシー保護　熟議による適正手続の実現を目指して』

今般の大法廷判決は令状発付の付帯条件の例として「実施可能期間の限定」として最大値のみに言及する一方で、短期と長期の別についてはなんら触れていないし、米国州法でも実施の上限設定が示されるだけである。

　大法廷のGPS捜査の定義を見ると、「個人の行動を継続的、網羅的に把握する」処分と認識しているが、この"継続的"という意味内容にある程度の実施期間を含めると解釈するとすれば、ドイツのように2日間といった短期の位置情報収集については強制処分性を認めないという分類も想定される。あるいは、通信傍受法第13条1項に定める"スポット・モニタリング"類似の探知的なごく短期の位置情報取得も考えられる。

　しかしながら、GPS捜査（装着型）を含めたGPS位置情報取得捜査は被処分者に何の認識も与えない点が肝要なのであってその期間の多少が被侵害法益を左右するものとは考えられないことと、配送物のエックス線撮影に関する最高裁平成21年決定が内容物の透視状態のいかんを問わずこれを類型的に強制処分と見たこと（平成21年9月28日刑集63巻7号868頁）に照らしてみると、大法廷判決が類型的にGPS捜査を捉えていたといえ、短期長期の区別は不要と考えるべきではなかろうか。

(3)　緊急例外

　巻末資料3が示すように、ドイツを除く法域で緊急事態におけるGPS捜査の例外規定が置かれている。緊急例外とは、位置情報取得の緊急の必要性があるときで、事前規制（具体的には令状発付）のいとまがない場合に捜査現場の判断でGPS機器の装着が行われ、要件該当性の判断を事後的に裁判所が行う事態を指す。

　我が国の法制度で言えば緊急逮捕が類似の制度として考えられるが、かつて最高裁がその合憲性を明らかにした際に言明した立法根拠として、①重大な事案、②罪を疑う充分な理由、③急速の事態が実体的要件として挙げられ、④「直ちに」事後の令状取得があり、⑤逮捕状の発せられない場合の迅速な被処分者の釈放という手続的要件が存在することが合憲判断の根拠とされていた（最大判昭和30年12月14日刑集9巻13号2760頁）。また、大法廷判決が令状の必要性を示すにあたり「現行犯人逮捕等の令状を要しないものとされている処分と同視すべき事情があると認めるのも困難である」としていたところ、①を外して②③のみで実体的要件を満たす場合も想定されるだろう。

　（弘文堂、2017年）336-8頁。

そうすると、緊急GPS捜査を想定するとした場合、実体的、手続的要件を整備することが必要となると共に、令状発付拒否の場合には収集された情報の廃棄といった記録に関するルールも必要となるだろう。

(4)　司法審査・査察の実効性

例えば、アイルランドでは2009年の法律制定以後[10]、カメラ監視や位置情報取得捜査に対する裁判官による事前規制と、事後規制として最高裁判所判事による監査が実施されてきているようだが[11]、裁判官が監視技術に対して専門性を有しておらず、かかる制度の実質的な規制とプライバシー保護の有効性について疑問が呈せられているところである[12]。

今後わが国で事前事後の規制や第三者機関による査察等を導入するとしても、そうした規制を担当する人材にどのような能力が備わっているかによって規律の実効性が左右されることが予想され、専門家の動員を含めた規制・監査・査察の実効性担保に向けた手段・方法が検討されなければならない。

(5)　収集情報の保管・破棄

大法廷の判決文には、令状事前提示に代わる適正手続を保障する手段の例示として「実施可能期間の限定」、「第三者の立会い」、「事後の通知」等が見られるものの、収集情報の保管管理、あるいはデータの保存期間といった事後規制についての言及はなく、令状主義を前提とした事前規制の枠組みのみが例示されているにすぎない。

他方で近時、捜査の規律として情報の取得時規制から取得後規制への視座の転換を促す研究者も少なくなく、本書第2部第2章（イギリス）や第5章（オーストラリア）が示すとおり、第三者機関による審査や査察を通して収集された情報の扱い方について規律する法制を採用している国々も存在している。そうした諸国が、GPS捜査のみならず監視捜査全体を規律の対象としていることを考えると、GPS捜査のような私的領域を明確に侵害する方法に

---

*10 Criminal Justice (Surveillance) Act 2009. http://www.irishstatutebook.ie/eli/2009/act/19/enacted/en/html

*11 詳細は以下参照。https://www.digitalrights.ie/irish-surveillance-documents/

*12 McIntyre, T.J., Judicial Oversight of Surveillance: The Case of Ireland in Comparative Perspective, Scheinin, M., Krunke, H. and Aksenova, M. (eds.), "Judges as Guardians of Constitutionalism and Human Rights" (Edward Elgar, 2016).

ついては事前規制（令状主義）によって統制を行い、その他の監視捜査については事後規制を敷くといった組み合わせも考えられるところであろう。

(6) 被処分者告知・不服申し立て

巻末資料3が示すとおり、位置情報を収集された被処分者に対して監視の実施を告知することは米国州法等で明文化されており、ドイツやフランスでは処分終了後の異議申し立ても承認されている。捜査・起訴等の事情から告知遅延の要がある場合について定める管轄もある。[*13]

こうした諸国の法整備を受けて、欧州では被処分者告知を事後的規制の枠組みに組み込むことが広がってきているように見受けられる。例えば、2011年にベルギーの憲法裁判所がベルギー秘密監視法（Belgian Secret Service Act）に監視終了後の対象者への告知義務を置かれていないことについて憲法違反だと判断した。[*14] また、監視型捜査について欧州人権裁判所において争われた各種事例を見る限り、その濫用に対する防禦策として捜査実施後の事後的告知が必要であると考えていることは様々なケースの判決文から窺えるところで、GPS捜査についてEU法でも今後、発展可能性が残されていると見られている。[*15]

被処分者において自身に対する監視捜査の実施とその内容を告知されることは、我が国の法体系下においても、「私的領域」がその保護対象とされた憲法35条のみならず憲法31条（適正手続の保障）に照らしても強い要請と言えるだろう。

(7) 小括

さて、比較法的な視点に立つと、GPS捜査を含む位置情報取得捜査規制の立法のアプローチとしては大きく分けて、a案（重層型）とb案（一体型）が考えられる。前者は、大法廷が示唆した「私的領域」として憲法35条で保護される領域を侵害する捜査手法について事前規制と事後規制の双方を必要

---

*13 米国州法についての紹介として、松代剛代「GPS及び携帯電話による位置情報取得捜査――アメリカ法を手がかりとして」井田良他編『浅田和茂先生古稀祝賀論文集（下）』（成文堂、2016年）35頁、特に65頁参照。

*14 Belgium Constitutional Court, case No.145/2011, 22 September 2011.

*15 Paul De Hert & Franziska Boehm, "The Rights of Notification after Surveillance is over: Ready for Recognition?" Digital Enlightenment Year Book 2012 (2012)。現在、GPS捜査などの監視捜査に対する司法的規律の要を争うケースが少なくとも二件、欧州人権裁判所に提訴されており今後の判断が注目されるところである。Szabó and Vissy v. Hungary (Application 37138/14); Lüütsepp v. Estonia (Application 46069/13).

とするとし、そうでない非私的領域については、収集された情報やデータについてその管理や保存を事後的に規制する、という方法である。

後者は、私的領域か非私的領域かといった保護領域を厳密に区別することなく、むしろ侵害や監視の手法あるいはそこで利用される機器に焦点を当てて包括的に規律しようというもので、いずれの監視型捜査についても事前規制・事後規制を一体として置く手法である。

前者、後者のいずれの方向で進めるにしても、令状によって事前規制する枠組み以外に、収集データの管理をめぐる法規制と第三者によるプライバシー保護の審査・査察を可能とする仕組みがわが国には決定的に欠けていることを強く指摘しておきたい。

5．まとめ

わが国では、強制処分法定主義によって憲法に保障される個人の重要な権利が捜査機関によって侵害される場合に、令状制度を用いた事前規制を中心として規律する枠組みをとってきた。いわゆる司法部による令状審査を通して不利益処分の正当性を確認する仕組みは物理的な侵襲型の捜査（逮捕や捜索、押収など）については有効に機能することが期待できた。

ところが、非侵襲型（被処分者において権利侵害やプライバシー侵害の有無が認識されないタイプ）、とりわけ秘匿捜査や監視捜査[16]、データ収集捜査[17]については全くといっていいほど野放しにされてきた経緯がある。そうした被侵害型捜査の実態に対して、ようやく今般の大法廷判決が否を突きつけ、立法規制の必要を言明したと言えるだろう。

大法廷判決で扱われたGPS捜査や、その上位類型となるGPS位置情報取得捜査は言うに及ばず、監視捜査全般に対して、令状による事前規制からデータの管理や廃棄等を規律する事後規制にまでわたる包括的な規制立法を一刻も早く定めるべきであろう。

（いぶすき・まこと）

---

*16 防犯カメラについて、星周一郎『防犯カメラと刑事手続』（弘文堂、2012年）は、撮影行為は行政警察活動として行政立法による規制を、撮影データについては個人情報保護法等による規制を提案する。同書271頁以下。
*17 究極の個人情報と言われるDNA型データベースの管理についてすら法整備がないことを指摘する、稲谷・前掲注９書278頁参照。

堀田　尚徳

北海道大学大学院法学研究科助教

1．はじめに

　警察庁は、2006（平成18）年 6 月30日付けで、各都道府県警察に対して、「移動追跡装置運用要領の制定について」と題する通達を発し、移動追跡装置を用いた捜査の実施方法等を定めた。本資料は、上記通達以降に日本国内で公表されたGPS捜査（特に、捜査機関がGPS端末を対象者の車両等に取り付けて位置情報を取得する態様のもの）に関する邦語文献のうち、2018（平成30年）年 1 月 31 日の時点で執筆者が知り得たものについて、「学術論文（座談会等を含む）」、「判例評釈」及び「GPS捜査に関する事件の弁護団による弁護活動」に分けて紹介するものである。GPS端末を用いた対象者の位置情報の取得という点に着目するならば、例えば性犯罪者に対する電子監視の問題等も考えられる。しかし、本資料では、紙幅の関係上これらの問題に関する文献を一律に取り上げないこととした。意図しない見落とし等により、紹介すべき文献の遺脱や位置付けの誤りがあるかもしれないが、ご海容を請いたい。

2．学術論文（座談会等を含む）

　各論文を公表された年ごとに分けた上で、同一年内では執筆者（複数の場合は先頭の者）の名字に沿って五十音順に紹介する。

⑴ 2006年〜2011年

- 指宿信「GPSと犯罪捜査──追尾監視のためのハイテク機器の利用」法学セミナー619号（2006年）4頁以下
- 指宿信「ハイテク機器を利用した追尾監視型捜査──ビデオ監視とGPSモニタリングを例に」三井誠ほか編『鈴木茂嗣先生古稀祝賀論文集〔下巻〕』（成文堂、2007年）165頁以下
- 松前恵環「GPS技術と公共の場におけるプライバシー〜米国の判例を素材として〜」法とコンピュータ27号（2009年）103頁以下
- 大野正博「携帯電話による位置認識システムの活用とプライヴァシー」朝日法学論集39号（2010年）77頁以下
- 滝沢誠「GPSを用いた被疑者の所在場所の検索について」川端博ほか編『立石二六先生古稀祝賀論文集』（成文堂、2010年）733頁以下
- 松前恵環「位置情報技術とプライバシーを巡る法的課題──GPS技術の利用に関する米国の議論を中心に」堀部政男編著『プライバシー・個人情報保護の新課題』（商事法務、2010年）235頁以下
- 清水真「自動車の位置情報把握による捜査手法についての考察」法学新報117巻7＝8号（2011年）443頁以下

⑵ 2012年

- 高橋義人「パブリック・フォーラムとしての公共空間における位置情報と匿名性」琉大法学88号（2012年）145頁以下
- 辻雄一郎「電子機器を用いた捜査についての憲法学からの若干の考察」駿河台法学26巻1号（2012年）39頁以下
- 土屋眞一「捜査官がGPSにより公道を走る被疑者の車を監視することは，違法な捜索か？──最近のアメリカ合衆国連邦最高裁判決」判例時報2150号（2012年）3頁以下
- 眞島知子「アメリカ合衆国におけるGPSを使用した犯罪捜査」大学院研究年報法学研究科篇（中央大学）41号（2012年）217頁以下
- 湯淺墾道「位置情報の法的性質──United States v. Jones 判決を手がかりに──」情報セキュリティ総合科学4号（2012年）171頁以下

⑶ 2013年

- 浅香吉幹ほか「座談会　合衆国最高裁判所2011-2012年開廷期重要判例概

観」アメリカ法2012-2（2013年）225頁以下、280頁〔笹倉宏紀発言〕
- 稲谷龍彦「情報技術の革新と刑事手続」井上正仁＝酒巻匡編『刑事訴訟法の争点（新・法律学の争点シリーズ6）』（有斐閣、2013年）40頁以下
- 清水真「捜査手法としてのGPS端末の装着と監視・再論」明治大学法科大学院論集13号（2013年）163頁以下

⑷ **2014年**
- 大野正博「GPSを用いた被疑者等の位置情報探索」高橋則夫ほか編『曽根威彦先生・田口守一先生古稀祝賀論文集〔下巻〕』（成文堂、2014年）485頁以下
- 小木曽綾「再び『新しい捜査方法』について」研修790号（2014年）3頁以下
- 亀井源太郎「憲法と刑事法の交錯」法律時報86巻4号（2014年）90頁以下
- 清水真「『プライヴァシーの期待』についての考察」井田良ほか編『川端博先生古稀記念論文集〔下巻〕』（成文堂、2014年）579頁以下
- 辻脇葉子「科学的捜査方法とプライバシーの合理的期待」井田良ほか編『川端博先生古稀記念論文集〔下巻〕』（成文堂、2014年）629頁以下
- 三井誠＝池亀尚之「犯罪捜査におけるGPS技術の利用——最近の合衆国刑事裁判例の動向——」刑事法ジャーナル42号（2014年）55頁以下

⑸ **2015年**
- 稲谷龍彦「警察における個人情報の取扱い」大沢秀介監修『入門・安全と情報』（成文堂、2015年）1頁以下
- 指宿信「GPS利用捜査とその法的性質——承諾のない位置情報取得と監視型捜査をめぐって」法律時報87巻10号（2015年）58頁以下
- 大久保正人「新しい捜査方法の適法性について」桃山法学25号（2015年）25頁以下
- 大林啓吾「GPS情報の利用とプライバシー権」大沢秀介監修『入門・安全と情報』（成文堂、2015年）100頁以下
- 尾崎愛美「位置情報の取得を通じた監視行為の刑事訴訟法上の適法性——United States v. Jones判決と以降の裁判例を契機として——」法学政治学論究（慶應義塾大学）104号（2015年）249頁以下
- 小向太郎「ビッグデータと捜査機関との情報共有」大沢秀介監修『入門・

安全と情報』（成文堂、2015年）85頁以下
- 笹倉宏紀「監視捜査とその法的規律」刑法雑誌54巻3号（2015年）145頁以下
- 笹倉宏紀「総説（小特集　強制・任意・プライヴァシー――『監視捜査』をめぐる憲法学と刑訴法学の対話）」法律時報87巻5号（2015年）58頁以下
- 笹倉宏紀「捜査法の思考と情報プライヴァシー権――『監視捜査』統御の試み（小特集　強制・任意・プライヴァシー――『監視捜査』をめぐる憲法学と刑訴法学の対話）」法律時報87巻5号（2015年）70頁以下
- 土本武司「GPS捜査」捜査研究773号（2015年）127頁以下
- 堀田周吾「サイバー空間における犯罪捜査とプライバシー」法学会雑誌56巻1号（2015年）569頁以下
- 緑大輔「監視型捜査における情報取得時の法的規律（小特集　強制・任意・プライヴァシー――『監視捜査』をめぐる憲法学と刑訴法学の対話）」法律時報87巻5号（2015年）65頁以下
- 宮下紘「GPSの捜査利用――位置情報の追跡はプライバシー侵害か」時の法令1973号（2015年）50頁以下
- 山本龍彦「監視捜査における情報取得行為の意味（小特集　強制・任意・プライヴァシー――『監視捜査』をめぐる憲法学と刑訴法学の対話）」法律時報87巻5号（2015年）60頁以下〔同『プライバシーの権利を考える』（信山社、2017年）89頁以下所収〕
- 「令状なしGPS捜査は違法　大阪地裁『プライバシー侵害』初判断」法学セミナー728号（2015年）3頁

⑹ 2016年

- 池亀尚之「GPS捜査――近時の刑事裁判例の考察と法的問題点の整理――」愛知大学法学部法経論集209号（2016年）77頁以下
- 池田公博「法的根拠を要する捜査手法――ドイツ法との比較を中心に（特集　監視型捜査とその規律）」刑法雑誌55巻3号（2016年）20頁以下
- 指宿信「アメリカにおけるGPS利用捜査と事前規制（特集　GPS捜査の問題点と刑事弁護の課題）」季刊刑事弁護85号（2016年）89頁以下
- 指宿信「追尾監視型捜査の法的性質――GPS利用捜査をめぐる考察を通して」美奈川成章先生・上田國廣先生古稀祝賀記念論文集『刑事弁護の原理

と実践』（現代人文社、2016年）119頁以下
- 太田茂「GPS捜査による位置情報の取得について（特集　捜査における位置情報の取得）」刑事法ジャーナル48号（2016年）61頁以下
- 小木曽綾「監視型捜査とその規律――共同研究の趣旨（特集　監視型捜査とその規律）」刑法雑誌55巻3号（2016年）1頁以下
- 尾崎愛美「装着型GPS捜査とプライバシー――情報プライバシー侵害の段階的分析を通じて――」法学政治学論究（慶應義塾大学）111号（2016年）39頁以下
- 亀井源太郎＝尾崎愛美「車両にGPSを装着して位置情報を取得する捜査の適法性――大阪地裁平成27年1月27日決定・大阪地裁平成27年6月5日決定を契機として――」刑事法ジャーナル47号（2016年）42頁以下
- 河村有教「捜査におけるビデオ撮影とGPS等使用の適法性について――大阪高裁平成28年3月2日判決、大阪地裁平成27年7月10日判決、大阪地裁平成27年6月5日決定を素材にして――」海保大研究報告法文学系61巻1号（2016年）57頁以下
- 笹倉宏紀「捜査法の体系と情報プライヴァシー（特集　監視型捜査とその規律）」刑法雑誌55巻3号（2016年）33頁以下
- 清水真「GPSと捜査（特集　トピックからはじめる法学入門）」法学教室427号（2016年）41頁以下
- 高平奇恵「本特集の趣旨（特集　GPS捜査の問題点と刑事弁護の課題）」季刊刑事弁護85号（2016年）83頁
- 滝沢誠「捜査における位置情報の取得――ドイツ法を踏まえて――（特集　捜査における位置情報の取得）」刑事法ジャーナル48号（2016年）41頁以下
- 内藤大海「総合的監視に関する予備的考察――ドイツの議論状況の概観を通じて――」熊本法学136号（2016年）157頁以下
- 中谷雄二郎「位置情報捜査に対する法的規律（特集　捜査における位置情報の取得）」刑事法ジャーナル48号（2016年）48頁以下
- 羽渕雅裕「位置情報とプライバシー――GPS捜査に関する2つの大阪地裁決定を契機として――」法学雑誌62巻3＝4号（2016年）1頁以下
- 松代剛枝「GPS及び携帯電話による位置情報取得捜査――アメリカ法を手がかりとして――」井田良ほか編『浅田和茂先生古稀祝賀論文集〔下巻〕』（成文堂、2016年）39頁以下

- 緑大輔「監視型捜査と被制約利益──ジョーンズ判決を手がかりとして──（特集　監視型捜査とその規律）」刑法雑誌55巻 3 号（2016年） 6 頁以下
- 村井敏邦「GPS捜査の法的規律（特集　GPS捜査の問題点と刑事弁護の課題）」季刊刑事弁護85号（2016年）84頁以下
- 柳川重規「捜査における位置情報の取得──アメリカ法を踏まえて──（特集　捜査における位置情報の取得）」刑事法ジャーナル48号（2016年）30頁以下
- 柳川重規「『プライヴァシーの合理的期待』という概念についての一考察」椎橋隆幸先生古稀記念『新時代の刑事法学　上巻』（信山社、2016 年）131頁以下
- 山田哲史「プライバシー権と刑事手続──どのような捜査がプライバシー権を侵害することになるのか？」大沢秀介＝大林啓吾編著『アメリカの憲法問題と司法審査』（成文堂、2016年）131頁以下

(7)　**2017年**

- 稲谷龍彦『刑事手続におけるプライバシー保護──熟議による適正手続の実現を目指して』（弘文堂、2017年）
- 青葉憲一「GPS捜査の適法性に関する最高裁判断を前に──裁判例を中心とした考察──」捜査研究793号（2017年） 5 頁以下
- 五十嵐二葉「GPS捜査立法化への課題」法律時報89巻13号（2017年）250頁以下
- 指宿信「監視の時代とプライバシー──GPS捜査大法廷判決を踏まえて考える（特集　共謀罪と『監視国家』日本）」世界896号（2017年）46頁以下
- 植村立郎ほか「《座談会》GPS捜査の課題と展望──最高裁平成29年 3 月15日大法廷判決を契機として──（特集　GPS捜査の課題と展望）」刑事法ジャーナル53号（2017 年）26頁以下
- 宇藤崇「GPS捜査大法廷判決について（特集　GPS捜査の課題と展望）」刑事法ジャーナル53号（2017年）59頁以下
- 大野正博「いわゆる『現代型捜査』の発展と法の変遷（特集　GPS捜査とプライバシー──最大判2017・ 3 ・15を読む）」法学セミナー752号（2017年）22頁以下
- 尾崎愛美「GPS監視と侵入法理・情報プライバシー──アメリカ法からの

アプローチ（特集　GPS装置による動静監視）」季刊刑事弁護89号（2017年）103頁以下

- 尾崎愛美「GPS捜査の適法性に関する最高裁大法廷判決を受けて（上）」捜査研究798号（2017年）43頁以下
- 尾崎愛美「GPS捜査の適法性に関する最高裁大法廷判決を受けて（下）」捜査研究800号（2017年）2頁以下
- 尾崎愛美「位置情報取得捜査に関する法的規律の現状と課題（特集　監視型捜査手法の新展開：GPS捜査判決を契機として）」自由と正義68巻10号（2017年）22頁以下
- 後藤昭「法定主義の復活？——最大判平成29年3月15日を読み解く」法律時報89巻6号（2017年）4頁以下
- 斎藤司「GPS監視と法律による規律——ドイツ法のアプローチ（特集　GPS装置による動静監視）」季刊刑事弁護89号（2017年）109頁以下
- 斎藤司「GPS捜査大法廷判決の論理とその影響（特集　監視型捜査手法の新展開：GPS捜査判決を契機として）」自由と正義68巻10号（2017年）15頁以下
- 椎橋隆幸「判例の役割」刑事法ジャーナル51号（2017年）3頁
- 實原隆志「『刑事訴訟法197条1項但書きの趣旨』の予備的考察」福岡大学論叢62巻3号（2017年）559頁以下
- 高平奇恵「GPS装置による動静監視と弁護（特集　GPS装置による動静監視）」季刊刑事弁護89号（2017年）96頁以下
- 髙村紳「捜査機関による侵入を伴わない捜査に対する法的規制のあり方——アメリカにおけるGPSを用いた捜査に関する議論を参考に」法学研究論集（明治大学）46号（2017年）111頁以下
- 辻本典央「監視型捜査に対する法規制の未来——GPS捜査の立法課題（特集　GPS捜査とプライバシー——最大判2017・3・15を読む）」法学セミナー752号（2017年）33頁以下
- 角田正紀「GPS捜査大法廷判決について（特集　GPS捜査の課題と展望）」刑事法ジャーナル53号（2017年）66頁以下
- 中島宏「GPS捜査最高裁判決の意義と射程（特集　GPS捜査とプライバシー——最大判2017・3・15を読む）」法学セミナー752号（2017年）10頁以下
- 西原博史「監視社会と犯罪捜査——防犯カメラとGPS、ビッグデータ、顔認証」佐藤博史編『シリーズ　刑事司法を考える　第2巻　捜査と弁護』

（岩波書店、2017年）53頁以下
- 福本博之「GPS捜査等に関する判例の動向」CHUKYO LAWYER 27号（2017年）31頁以下
- 堀田尚徳「裁判例における強制処分とGPS捜査」北大法学論集67巻5号（2017年）428［59］頁以下
- 松田岳士「刑事法学における学問共同体の課題」法律時報89巻8号（2017年）84頁以下
- 丸橋昌太郎「GPS捜査の規制について──3つの高裁判例を素材に──」信州大学経法論集1号（2017年）431頁以下
- 三島聡「GPS装置による動静監視の解釈論的検討（特集　GPS装置による動静監視）」季刊刑事弁護89号（2017年）116頁以下
- 緑大輔「GPS装置による動静監視の理論問題──企画趣旨（特集　GPS装置による動静監視）」季刊刑事弁護89号（2017年）92頁以下
- 緑大輔「監視型捜査（特集　裁判例からみる捜査法の課題）」法学教室446号（2017年）24頁以下
- 安井哲章「『『強制と任意の区別』とGPS捜査」白門69巻6号（2017年）4頁以下
- 山田哲史「GPS捜査と憲法（特集　GPS捜査とプライバシー──最大判2017・3・15を読む）」法学セミナー752号（2017年）28頁以下
- 渡邉英敬「GPS捜査をめぐる問題点〜近時の下級審の裁判例の概観と最高裁大法廷平成29年3月15日判決の若干の検討〜」警察学論集70巻11号（2017年）70頁以下
- 「GPS捜査を巡り最高裁大法廷が違法判決　強制捜査に当たると認定し、立法措置の必要性も指摘」法学セミナー748号（2017年）8頁

(8) **2018年**

- 笹倉宏紀ほか「強制・任意・プライヴァシー［続］──GPS捜査大法廷判決を読む、そしてその先へ」法律時報90巻1号（2018年）54頁以下

3．判例評釈

　GPS捜査の適法性に関する日本の裁判所による判断のうち、公刊物及び有料データベースに登載済み（あるいは、登載予定）のものとして、次のもの

が存在する（なお、弁護人がGPS捜査の適法性について争ったものの、裁判所は直接判断を示さなかったものとして、福岡地判平成26年3月5日LEX/DB文献番号25503382がある）。

【地方裁判所】
① 大阪地決平成27年1月27日判時2288号134頁
（大阪地判平成27年3月6日LEX/DB文献番号25506064において有罪判決）
② 大阪地決平成27年6月5日判時2288号138頁・判タ1424号319頁
（大阪地判平成27年7月10日判時2288号144頁において有罪判決）
③ 名古屋地判平成27年12月24日判時2307号136頁
④ 水戸地決平成28年1月22日LEX/DB文献番号25545987
（水戸地判平成28年3月25日LEX/DB文献番号25542721において有罪判決）
⑤ 広島地福山支平成28年2月16日WLJPCA02166006
⑥ 福井地判平成28年12月6日LEX/DB文献番号25544761
⑦ 東京地立川支決平成28年12月22日LEX/DB文献番号25544851
（東京地立川支判平成29年7月19日LEX/DB文献番号25449150において有罪判決）
⑧ 東京地判平成29年5月30日LEX/DB文献番号25545864
⑨ 奈良地葛城支判平成29年6月19日LEX/DB文献番号25546108

【高等裁判所】
⑩ 大阪高判平成28年3月2日判タ1429号148頁（②判決の控訴審）
⑪ 名古屋高判平成28年6月29日判時2307号129頁（③判決の控訴審）
⑫ 広島高判平成28年7月21日LEX/DB文献番号25543571（⑤判決の控訴審）
⑬ 名古屋高金沢支判平成29年9月26日LEX/DB文献番号25449013（⑥判決の控訴審）
⑭ 大阪高判平成29年12月6日LEX/DB文献番号25549149（⑨判決の控訴審）
⑮ 東京高判平成30年1月12日Ｄ１-Law.com判例ID28260750（予定）（⑦判決の控訴審）

【最高裁判所】
⑯ 最大判平成29年3月15日刑集71巻3号13頁（⑩判決の上告審）
　以下では、まず日本の裁判所による判断に対する評釈を「地方裁判所の判

断」「高等裁判所の判断」「最高裁判所の判断」に分けて紹介し、その後に「海外の裁判所の判断」に対する評釈を紹介する。「2．学術論文（座談会等を含む）」と同様に、同一年に公表されたものについては、執筆者の名字に沿って五十音順に紹介する。

(1)　地方裁判所の判断

- 黒川亨子「判批」法律時報87巻12号（2015年）117頁以下（①②決定）
- 中島宏「判批」法学セミナー729号（2015年）130頁（②決定）
- 前田雅英「判批」捜査研究770号（2015年）56頁以下（①決定）
- 山本和昭「判批」専修ロージャーナル11号（2015年）49頁以下（①②決定）
- 田淵浩二「判批」判例時報2305号（判例評論693号）（2016年）171頁以下（主に①②決定）
- 羽渕雅裕「判批」『新・判例解説Watch vol.18』（日本評論社、2016年）15頁以下（①決定）
- 緑大輔「判批」『新・判例解説Watch vol.18』（有斐閣、2016年）181頁以下（主に②決定）
- 宮下紘「判批」『平成27年度重要判例解説』（有斐閣、2016年）12頁以下（主に②決定）
- 安村勉「判批」判例セレクト2015－Ⅱ（法学教室426号別冊付録）（2016年）40頁（①②決定）

(2)　高等裁判所の判断

- 宇藤崇「判批」法学教室431号（2016年）145頁（⑩判決）
- 城祐一郎「判批」明治大学法科大学院論集18号（2016年）77頁以下（主に⑩判決）
- 中島宏「判批」法学セミナー741号（2016年）116頁（⑩判決）

(3)　最高裁判所の判断

- 池田公博「判批」法学教室444号（2017年）72頁以下
- 石田倫識「判批」法学セミナー749号（2017年）98頁
- 伊藤雅人＝石田寿一「判解」ジュリスト1507号（2017年）106頁以下
- 井上正仁「判批」同ほか編『刑事訴訟法判例百選〔第10版〕』（有斐閣、2017年）64頁以下

- 伊藤博路「判批」名城ロースクール・レビュー40号（2017年）209頁以下
- 宇藤崇「判批」法学教室440号（2017年）152頁
- 大江一平「判批」『新・判例解説Watch vol. 21』（日本評論社、2017年）33頁以下
- 笹田栄司「判批」法学教室442号（2017年）123頁
- 中曽久雄「判批」愛媛法学会雑誌44巻1＝2号（2017年）129頁以下
- 平江徳子「判批」福岡大学法学論叢62巻1号（2017年）279頁以下
- 堀江慎司「判批」論究ジュリスト22号（2017年）138頁以下
- 堀口悟郎「判批」法学セミナー750号（2017年）104頁
- 前田雅英「判批」捜査研究798号（2017年）28頁以下
- 松田岳士「判批」季刊刑事弁護91号（2017年）99頁以下
- 山本龍彦「判批」論究ジュリスト22号（2017年）148頁以下
- 匿名解説「判批」法律時報 89巻13号（2017年）298頁以下
- 守田智保子「判批」筑波法政73号（2018年）21頁以下

(4) 海外の裁判所の判断

- 川又伸彦「GPSを利用した監視によって得られた認識を証拠として用いることの合憲性」自治研究82巻6号（2006年）147頁以下
- 洲見光男「New York v. Weaver, 12 N.Y.3d 433 (2009)——GPS追跡装置使用の合憲性」アメリカ法2012-1（2012年）206頁以下
- 洲見光男「Jones判決」比較法学47巻1号（2013年）177頁以下
- 眞島知子「United States v. Jones 565 U.S. _, 132 S. Ct. 945 (2012)」比較法雑誌47巻1号（2013年）219頁以下
- 大野正博「GPSによって取得される位置情報の法的性質United States v. Jones, 565 U.S., 132 S. Ct. 945 (2012)」朝日法学論集46号（2014年）199頁以下
- 緑大輔「United States v. Jones, 132 S. Ct. 945 (2012)——GPS監視装置による自動車の追跡の合憲性」アメリカ法2013-2（2014年）356頁以下

4．GPS捜査に関する事件の弁護団による弁護活動

　執筆者（複数の場合は先頭の者）の名字に沿って五十音順に紹介する。公表年順ではないことを予めお断りしておく。

・我妻路人ほか「GPS捜査最高裁判決を導いた弁護活動（特集　GPS捜査とプライバシー──最大判2017・3・15を読む）」法学セミナー752号（2017年）16頁以下
・亀石倫子「事例報告（大阪地決平成27・6・5）GPS捜査は令状主義を没却する重大な違法があるとした事例（特集　GPS捜査の問題点と刑事弁護の課題）」季刊刑事弁護85号（2016年）96頁以下
・亀石倫子「捜査による位置情報の取得と弁護（特集　捜査における位置情報の取得）」刑事法ジャーナル48号（2016年）77頁以下
・亀石倫子「GPS捜査と弁護活動」浦功編著『新時代の刑事弁護』（成文堂、2017年）213頁以下
・亀石倫子「GPS捜査大法廷判決に至るまでの弁護活動（特集　監視型捜査手法の新展開──GPS捜査判決を契機として）」自由と正義68巻10号（2017年）8頁以下
・川上博之「この弁護士に聞く㉒亀石倫子」季刊刑事弁護91号（2017年）4頁以下
・GPS事件弁護団「GPS事件弁論要旨（平成29年2月22日）──平成28年（あ）第442号窃盗等被告上告事件」季刊刑事弁護91号（2017年）95頁以下

（ほった・ひさのり）

資料2 GPS捜査関連判例一覧

番号	判決日（平成）	裁判所	出典	判決の要点
❶	26年3月5日	福岡地裁判決	LEX/DB 25503382	GPS端末使用と捜査及び証拠との関連性がない。
❷	27年1月27日	大阪地裁決定	判例時報2288号134頁、LEX/DB 25506264	GPS端末を取り付ける必要性は高く、プライバシー侵害は大きなものではない。多くの場合は公道上で取り付けられていて第三者の権利侵害もなく、相当な方法である。
❸	27年6月5日	大阪地裁決定（7月10日判決、❷の共犯者）	判例時報2288号138頁（144頁）、判例タイムズ1424号319頁 LEX/DB 25540308	プライバシー保護の合理的期待の高い空間に係る位置情報が取得されており、目視のみによる捜査とは異質で、内在的必然的に大きなプライバシー侵害を伴う捜査で、強制処分に当たり、検証としての性質を有する。
❹	27年12月17日	名古屋高裁判決（❺の共犯者）	高等裁判所刑事裁判速報集（平27）号249頁	違法収集証拠として排除を求められている場合、必ずしも、当該捜査が適法か否かを判断しなければならないというものではない。適法性が問題となっている捜査と排除を求められている証拠の関連性を検討した結果、排除に必要とされるだけの関連性がないと判断して証拠を採用する場合には、当該捜査自体の適法性を判断しなかったからといって、結論としてその証拠を採用したことが違法になるわけではない。
❺	27年12月24日	名古屋地裁判決	判例時報2307号136頁、LEX/DB 25541935	位置情報検索が3カ月以上の長期にわたって多数回行われ、公道上での観察であったとしても任意捜査として許容される尾行等とは質的に異なったもので、プライバシー等の大きな侵害を伴い強制処分に当たる。

❻	28年1月22日	水戸地裁決定（3月25日判決）	LEX/DB 25545987（本書第3部第3章〔ケース2〕）	GPS機器を使用した位置検索は正確かつ詳細に長期間にわたって捜査対象者の位置情報を集積することが可能でありプライバシーを大きく侵害する危険を有しているもので強制処分に当たるというべき。検証に当たる。
❼	28年2月16日	広島地裁福山支部判決	WLJPCA 02166006	GPS発信器によって得られる情報は公道や一般に利用可能な駐車場を示す情報であることからプライバシーや移動の自由への制約になるとは言い難く、財産権の侵害もなく強制捜査であったということはできない。
❽	28年3月2日	大阪高裁判決（❸の控訴審）	判例タイムズ1429号148頁、LEX/DB 25542299	過去の位置情報を網羅的に把握したという事実も認められず、プライバシーの侵害の程度は必ずしも大きくない。無令状で実施した点は違法と解する余地がないわけではないが強制処分法定主義に違反するということはできない。
❾	28年6月29日	名古屋高裁判決（❺の控訴審）	判例時報2307号129頁	他の捜査手段で追跡を行うことが困難であるとは認めがたい場合にも繰り返し位置検索が行われ、GPS端末の位置検索結果は捜査機関において入手可能であったことから、プライバシー侵害の危険性が相当程度現実化し、強制処分に当たる。新たな立法的措置が検討されるべき。
❿	28年7月21日	広島高裁判決（❼の控訴審）	高等裁判所刑事裁判速報集（平28）号241頁、LEX/DB 25543571	磁石による発信機の装着は車体の損傷を来すものとは言えず財産権の侵害可能性は小さく、車両は通常公道を移動し公衆の目に晒されているので一般的にプライバシーとしての要保護性は高くなく、強制の処分に該当しない。
⓫	28年12月6日	福井地裁判決（裁判員裁判）	LEX/DB 25544761	GPS端末の装着が被告人車両を物理的に損傷させたり、性能を大きく阻害するわけではなく、GPS端末での位置情報が類型的にプライバシー保護の合理的期待が高いものとは言えない。

⑫	28年12月22日	東京地裁立川支部判決	LEX/DB 25544851	実質的にみれば、GPS捜査は捜査機関が捜査対象者を監視下に置くことを可能とし、個人のプライバシーを大きく侵害する。強制処分であると解され、検証の性質を有する。
⑬	29年3月15日	最高裁大法廷判決（❽の上告審）	刑集71巻3号13頁、判例時報2333号4頁、判例タイムズ1437号78頁、LEX/DB 25448527（本書第3部第2章〔ケース1〕）	GPS捜査は個人の行動を継続的、網羅的に把握することを必然的に伴うから、個人のプライバシーを侵害し得るもの。憲法35条の保障対象には「住居、書類及び所持品」に限らずこれらに準ずる私的領域に「侵入」されることのない権利が含まれる。GPS捜査は、その私的領域を侵害するもので、刑訴法上、特別の根拠規定がなければ許されない。
⑭	29年5月30日	東京地裁判決	裁判所ウェブサイト、LEX/DB 25545864（本書第3部第4章〔ケース3〕）	合理的に推認される個人の意思に反してその私的領域に侵入する捜査手法であるGPS捜査は特別の根拠規定がなければ許容されない強制の処分に当たる。令状がなければ行うことができず、本件捜査は強制処分法定主義に反して違法。関連する証拠はこの違法な捜査により生じた状態を直接的に利用して収集されたもので違法性を帯びる。
⑮	29年6月19日	奈良地裁葛城支部判決	裁判所ウェブサイト、LEX/DB 25546108	令状の発付を受けずに任意捜査として実施された本件GPS捜査は違法。違法の程度は、令状主義の精神を潜脱し、没却するような重大なものであると評価されてもやむを得ない。他方、GPS捜査と密接な関連性を有しない証拠は証拠能力が認められる。
⑯	29年7月19日	東京地裁立川支部判決	裁判所ウェブサイト、LEX/DB 25449150	GPS捜査は対象車両の使用者のプライバシーを大きく侵害する。GPS捜査は刑訴法が規定する令状を発付することに疑義があり、本件捜査の違法の程度は大きく、令状主義の精神を潜脱、没却する重大なもの。GPS捜査によって直接得られた証拠ないし密接な関連性を有する証拠は証拠能力を否定すべき。

⑰	29年9月26日	名古屋高裁金沢支部判決（⑪の控訴審）	裁判所ウェブサイト、LEX/DB 25449013	個人のプライバシーが強く保護されるべき場所や空間に関わるものも含め、個人の行動を継続的、網羅的に把握することを必然的に伴うから個人のプライバシーを侵害し得る。公権力による私的領域への侵入を伴う。携帯電話の通話明細等はGPS捜査との関係で違法収集証拠に当たらない。
⑱	29年12月6日	大阪高裁判決（⑮の控訴審）	LEX/DB 25549149	GPS捜査が違法であることは原判決が説示するとおり。違法の程度も令状主義の精神を没却する重大なもの。ただし、GPS捜査と関連が密接でない証拠の証拠能力は否定されない。
⑲	30年1月12日	東京高裁判決（⑯の控訴審）	未登載	GPS捜査実施当時に強制処分と解する司法判断が示されるなどしていたわけではなかったことを考慮しても、違法性の程度は令状主義の精神を潜脱没却する重大なもの。ただし、捜査と密接な関連性が認められる証拠に限って証拠能力は否定される。

編著者作成（2018年2月22日）

	米国 （メイン州）	イギリス （特定監視）	ドイツ	フランス	豪州 （NSW州）
事前・事後の規制	事前（令状審査）事後（本人告知）	事前（警視以上の許可）	事前（長期の場合、令状審査）事後（本人告知）	事前（令状審査）	事前（令状審査）事後（オンブズマン査察）
規制対象	位置情報取得捜査	車両の監視（人の監視は「侵害監視」）	技術的手段を用いた監視	位置情報取得捜査	監視装置全般
対象犯罪、保護利益等	制限なし	国家安全保障、犯罪抑止、国家経済利益、安全、公衆衛生、脱税等	重大な犯罪	生命・身体犯については3年以上の罪、それ以外は5年以上の罪	制限なし
設置対象	－	車両の位置情報	－	人、自動車、物	身体、車両、物
実施要件	相当の理由	必要性、相当性	犯罪の重大性、補充性	必要性	犯罪の蓋然性、必要性、相当の理由
実施期間	10日間	3カ月（通常・書面申請）72時間（緊急・口頭申請）	短期監視（最大2日間）長期監視（3カ月）	検察官許可（15日間）裁判官許可（1カ月）特殊な事案で4カ月	90日以内
期間延長	あり（30日まで）	特定の利益の場合6カ月	あり（3カ月ごと）	あり	あり
被処分者への告知	3日以内（90日以内の延長可）	－	あり	－	－
異議申し立て	－	審判所（Tribunal）による審査	処分終了後に命令の管轄を有する裁判所による審査（これに対する即時抗告も可能）	あり	－

	米国 （メイン州）	イギリス （特定監視）	ドイツ	フランス	豪州 （NSW州）
取付け・取外し処分	－	あり	－	あり	あり
中断	－	あり	－	－	あり
緊急例外	あり	あり	－	あり	あり
記録媒体保存規定	－	終了後３年間保存	あり	あり	あり
記録媒体・情報の破棄・廃棄	－	あり	あり	あり	あり
記録保管状況に対する査察	－	Commissioner または Inspector	－	－	あり
捜査実施報告義務	あり（裁判所に。裁判所は議会に）	あり	－	あり	あり
合法取得規定	あり（救急、本人同意承諾、家族の同意承諾）	－	－	あり（被害者、盗品等の発見目的は通常の同意捜査）	あり（本人の明確な、あるいは暗黙の同意）
記録の秘匿化	－	あり	－	あり	あり
情報流用禁止	－	－	他事件利用可	－	あり（罰則、適用除外、免責あり）
証拠禁止措置	あり（規定違反の場合）	あり	－	あり	－
域外捜査	－		－	判例あり	規定あり

※本書各章の内容・情報等を元に編著者作成

GPS捜査とプライバシー保護
位置情報取得捜査に対する規制を考える

2018 年 4 月 10 日　第 1 版第 1 刷発行

編著者…………指宿　信
発行人…………成澤壽信
発行所…………株式会社現代人文社
　　　　　　　　〒160-0004 東京都新宿区四谷2-10八ッ橋ビル7階
　　　　　　　　振替 00130-3-52366
　　　　　　　　電話 03-5379-0307（代表）
　　　　　　　　FAX 03-5379-5388
　　　　　　　　E-Mail henshu@genjin.jp（代表）／hanbai@genjin.jp（販売）
　　　　　　　　Web http://www.genjin.jp

発売所…………株式会社大学図書
印刷所…………株式会社ミツワ
カバー・表紙デザイン…………Malpu Desgin（柴﨑精治）
目次・部扉デザイン…………Malpu Desgin （陳湘婷）